2010年度浙江省高等学校重点教材
编号：ZJG2010270

U0692480

XINBIAN DAOYOU YEWU SHIXUN JIAOCHENG

新编导游业务实训教程

主　编　朱红霞　佘曙初
副主编　李　妍　徐　峰

ZHEJIANG UNIVERSITY PRESS
浙江大学出版社

图书在版编目（CIP）数据

新编导游业务实训教程 / 朱红霞，佘曙初主编.
—杭州 :浙江大学出版社，2012.7(2017.5 重印)
ISBN 978-7-308-09874-8

Ⅰ. ①新… Ⅱ. ①朱…②佘… Ⅲ. ①导游－业务－
－教材 Ⅳ. ①F590.63

中国版本图书馆 CIP 数据核字（2012）第 068694 号

新编导游业务实训教程

主　编　朱红霞　佘曙初
副主编　李　妍　徐　峰

责任编辑　王元新
封面设计　刘依群
出版发行　浙江大学出版社
　　　　　（杭州市天目山路 148 号　邮政编码 310007）
　　　　　（网址:http://www.zjupress.com）
排　　版　杭州中大图文设计有限公司
印　　刷　浙江省邮电印刷股份有限公司
开　　本　787mm×960mm　1/16
印　　张　14.25
字　　数　282 千
版 印 次　2012 年 7 月第 1 版　2017 年 5 月第 3 次印刷
书　　号　ISBN 978-7-308-09874-8
定　　价　33.00 元

前　言

近年来,我国旅游业发展迅猛。据世界旅游组织预测,到 2020 年中国将成为世界第四大旅游客源国、第一大旅游接待国和世界上最大的国内旅游市场。但是在发展的背后,旅游行业人才紧缺,特别是作为旅游接待灵魂人物的导游更是各大旅行社的紧俏人才,这也使得各大院校培养导游人才的任务越来越重。

本书《新编导游业务实训教程》是在原有《导游业务》基础上,强化了理论与实践的结合,突破了同类教材重理论、轻实践的不足,从旅游行业发展的实际情况出发,结合高职培养目标及行业对应岗位的实际需求,采用项目导向、任务驱动的模式,实现了理论与实践的并重、教学做的统一。一方面,将大量案例引入课堂,改变传统的纯理论模式,让学生在情境中学习;另一方面,通过共同实施一个完整的项目工作进行教学活动,在每个模块下都有多个项目任务,教师提出任务,同学讨论,明确分工,合作完成。

此外,近年来各大旅行社也反映,才艺在导游人员带团过程中的地位日益显现。多才多艺的导游更容易拉近与游客的距离,营造良好的车厢氛围。因此,本书也加入了才艺的部分,既可增加学生学习的兴趣,也契合了旅行社的需求。

目 录

新编导游业务实训教程

模块一　导游人员的概念与素质

实训目标

1.熟悉导游人员的基本类型和工作职能,区分不同类型的导游人员,初步了解其工作职能。

2.掌握导游人员所需的知识素养。

3.理解导游人员职业道德。

实训手段

案例分析;走访旅行社;实地跟团。

实训项目一　导游人员的概念与职能

一、实训目的

通过对资料的分析,帮助学生建立初步的导游人员形象,理解导游人员的概念,了解导游人员的不同类型,让学生充分了解导游人员的工作内容、工作职责。

通过下企业参观,与旅行社专职导游人员对话,认识各类导游人员的具体职能。

通过班级讨论,培养学生的演讲技能。

二、基本知识点

(一)导游人员的概念

导游可谓世界上最古老的职业之一。人类自出现以来就在地球上漫游,那些历史上记载的带路的人,如探路者、带富家子弟旅行的家庭教师、帮助自己国家的人去国外旅游的人和大旅行时代的旅行家庭教师都可以作为今日的导游员的前身。

例如,唐代杜牧在《清明》中写道:"借问酒家何处有,牧童遥指杏花村。"从目前导游人员的工作内容分析,牧童扮演的就是导游人员的角色。

"导游"一词来自于英语 Tour Guide,其中 Guide 一词既可以作为名词,也可以作为动词。按《牛津词典》解释,其作为名词词义为"指路的人",作为动词,词义为"引导"。Tour Guide 按美国威斯康星大学哲学博士查理斯·梅特尔编著的《住宿、旅行和旅游辞典》的解释是"领有执照并受雇带领旅游者在当地观光旅行的人"。

"导游"这个词最早使用的时间虽然难以考证,但毫无疑问,它是人们在长期旅游实践中对引导游客旅行的行为进行科学概括而形成的。自托马斯·库克旅行社成立以来,旅游活动便作为一种商品来经营。旅行社为了从旅游活动的组织中获得利润,在市场上树立良好的品牌形象,必须提高游客的满意度,使旅行社组织的旅游活动能够安全顺利地进行。为此,就需要做好各项旅游服务工作,如引导游客顺利地旅行,向游客介绍游览项目,讲解和描述旅游景点的历史典故、人文景观的文化内涵,帮助游客解决旅游中遇到的各种问题。"导游"一词就是对这类工作进行的高度概括。

严格地说,"导游"与"导游人员"两者并不完全等价。导游是指导游服务,即旅行社按照合同或约定的内容和标准向旅游团(者)提供旅游接待服务,包括旅游向导、讲解、翻译及生活服务(含上下站联络、生活照料、票证服务、行李服务、委托服务、其他服务等),导游强调的是服务。导游人员是导游服务工作的从业人员,根据中华人民共和国国务院于 1999 年 10 月 1 日颁布的《导游人员管理条例》第二条,导游人员是指依照该条例取得中华人民共和国导游证书,接受旅行社委派,为旅游者提供向导、讲解、翻译及相关旅游服务的人员。

(二)导游人员的分类与职责

由于导游人员的业务范围、业务内容并不相同,服务对象和使用的语言各异,业务性质和服务方式也不尽相同,所以,目前世界上还没有统一的分类标准。我国目前根据导游人员的业务范围、职业性质、使用语言和技术等级对导游人员进行分类。

1.按业务范围划分

导游人员按业务范围划分,可分为出境领队、全程陪同导游人员、地方陪同导游人员和景区景点导游人员。具体如表 1-1 所示。

表 1-1 导游人员按业务范围划分类型及对应的职责

导游人员类型	概 念	主 要 职 责
出境领队	受国家旅游行政管理部门批准的可以经营出境旅游业务的旅行社的委派,全权代表该旅行社带领旅游团在境外从事旅游活动的工作人员	1.介绍情况,全程陪同 2.落实旅游合同,监督旅游计划的实施 3.组织、团结工作 4.联络工作 5.维护旅游者的人身和财物安全
全程陪同导游人员	受组团旅行社委派,作为组团社的代表,在领队和地陪的配合下实施接待计划,为旅游团(者)提供全程陪同服务的工作人员	1.实施旅游计划 2.联络工作 3.组织协调工作 4.维护安全、处理问题与事故 5.宣传、调研
地方陪同导游人员	受接待旅行社委派,代表该接待社实施接待计划,为旅游团(者)提供当地旅游活动安排、讲解、翻译等服务的工作人员	1.安排旅游活动 2.做好接待工作 3.导游讲解和翻译 4.维护安全、处理问题
景区景点导游人员	在某一旅游景区景点内,负责为旅游团(者)进行导游讲解服务的工作人员	1.导游讲解 2.安全提示

2.按职业性质划分

导游人员按职业性质划分,可分为专职导游人员和兼职导游人员。

专职导游人员是指在一定期限内以导游工作为主要职业的导游人员。这类导游人员一般与旅行社签订了正式的劳动合同,属于旅行社的正式员工。

兼职导游人员是指利用业余时间从事导游工作的人员,其主要职业不是导游。在我国,这类导游人员主要有两种:一种是经国家导游资格统一考试取得导游资格证书,从事兼职导游工作的人员;另一种是具有特定语种语言能力,受聘于旅行社并领取临时导游证的临时导游人员。

3.按使用语言划分

导游人员按使用语言划分,可分为中文导游人员和外语导游人员。

中文导游人员是指能够使用普通话、方言或少数民族语言从事导游工作的人员,他们的服务对象主要是国内旅游者,以及入境游中的港、澳、台胞及部分华侨旅游者。

外语导游人员是指能够运用非中文语言从事导游工作的人员。他们的服务对象主要是入境旅游的外国人和出境旅游的中国公民。

4.按技术等级划分

根据我国导游人员职业等级标准,可将导游人员划分为初级导游人员、中级导游人员、高级导游人员和特级导游人员。

三、实训内容、组织方式及步骤

实训内容Ⅰ:导游人员的分类与职能

实训要求:请学生根据材料,总结导游人员的类型。

实训形式:资料分析。

实训步骤:

第一步:实训前准备。要求参加实训的同学,课前查阅相关书籍,初步了解本次实训所涉及的基础知识。

第二步:以5～6人的小组为单位,进行资料的分析与讨论,各人充分发表各人的观点。

案例分析 1-1

导游人员的分类

美国波士顿某旅行社委派史密斯先生带领美国哈佛大学美术学院教授一行30人从北京入境,他们想了解中国的历史、中国的刺绣、中国的碑林和参观上海世博会,与中国国际旅行社签订旅游合同,根据客人要求,中国国际旅行社安排的线路是北京—济南—苏州—上海,并派了一名英语口语流利的中级导游员小李来落实此次旅游接待计划。小李带领美国教授一行在北京游览了故宫博物院,并邀请故宫博物院的导游人员小张对该景点进行了详细的讲解。在济南曲阜,参观了孔庙大成殿陈列的碑碣石刻,美国游客对曲阜的导游员小孔的工作非常满意。随后在苏州参观了刺绣厂。在上海参观了世博园,在世博园,由学生导游小陈为美国教授一行做介绍。最后由北京的小李和上海的小陈一起将客人送往上海虹桥机场离境返回美国。

第三步:对小组成员的各种观点进行记录。

"导游人员的分类"资料分析记录

专业班级		组　别		
记录人		时　间		
小组成员				
讨论记录	1.根据以上材料,说说案例中共有哪些类型的导游人员? 2.说说导游人员的分类标准。 3.根据自己的旅游经历,说说各类导游人员的职责。			成绩
	组员1			
	组员2			
	组员3			
	组员4			
	组员5			
	组员6			

第四步:各小组选出一名代表发言,对小组讨论结果进行总结。

第五步:实训指导教师对小组成员的讨论情况进行总结。

实训内容Ⅱ:下企业参观,与旅行社专职导游员对话,认识各类导游员的具体职能

实训形式:走访旅行社。

实训要求:请学生围绕导游工作内容和职能,准备与旅行社导游人员交流的问题,并在进行交流的过程中寻找问题的答案,以巩固对导游人员分类、导游人员工作职能的理解。通过走访旅行社,了解导游人员的真实工作情景。

实训步骤:

第一步:实训前准备。学生围绕导游工作内容,准备需要与旅行社导游交流的问题提交给实训指导老师,由指导老师对要交流的问题进行筛选。

第二步:由实训指导老师联系旅行社,并与旅行社沟通,组织学生走访旅行社,了解导游的实际工作情况。

第三步:学生按照指导老师筛选的问题与旅行社导游进行交流,并记录交流过程中涉及问题的答案。

第四步:学生返回课堂,整理与导游的交流记录,并完成走访报告。

第五步:学生交流走访心得。

与导游交流记录稿

姓　　名		专业班级		学　　号	
交流对象		所在单位		联系方式	
导游类型			成绩		

问题1：_____

导游回答：_____

问题2：_____

导游回答：_____

四、实训时间及成绩评定

(一)实训时间

实训内容Ⅰ：资料分析、讨论时间以15分钟为宜，各小组代表发言时间控制在3分钟以内。

实训内容Ⅱ：学生准备交流的问题、联系旅行社利用课余时间，实际走访旅行社时间30分钟，与导游交流时间控制在20分钟以内。

(二)实训成绩评定

1. 实训成绩按优秀、良好、中等、及格、不及格5个等级评定。

2. 实训成绩评定准则：

(1)是否弄清导游人员的概念，能否准确区分各类型的导游人员，并准确说出划分标准。

(2)能否准确表述各类导游人员的职责。

(3)是否为本次实训活动制订了很好的计划并付诸实施，是否能很好地对讨论的内容进行总结和概括。

(4)是否能有效地与旅行社导游进行交流。

知识点链接

1. 导游资格证与导游IC卡

导游资格证是导游从业人员必须具备的职业资格证书。获得全国导游人员资格证书的唯一途径是通过由国务院旅游行政部门委托省、自治区、直辖市人民政府旅游行政部门组织的全国导游人员资格考试。全国导游人员资格证书由国家旅游局统一印制。各省级旅游局将考试合格人员名单及证书编号上报国家旅游局,由国家旅游局核发证书。证书全国有效。

取得了全国导游人员资格证书,是从事导游工作的第一步。

取得全国导游人员资格证书的人员,须与旅行社签订劳动合同,或者在导游服务公司登记,方可持所签订的劳动合同或登记证明材料,向省、自治区、直辖市人民政府旅游行政部门申请领取导游证,即 IC 卡。取得导游证(IC 卡)的导游人员才有资格从事导游工作。

具有特定语种语言能力的人员,虽未能取得导游人员资格证书,旅行社需要聘请临时从事导游活动的,由旅行社向省、自治区、直辖市人民政府旅游行政部门申请领取临时导游证。

2. 导游证的有效期限

取得导游资格证 3 年内必须申请换导游证,否则导游资格证自动作废。

导游证的有效期限为 3 年。

导游证持证人需要在有效期满后继续从事导游活动的,应当在有效期限届满前 3 个月,向省、自治区、直辖市人民政府旅游行政部门申请办理换发导游证手续。

临时导游证的有效期限最长不超过 3 个月,并不得展期。

3. 导游技术等级的晋升

(1)初级导游员(elementary tour guide):获得导游人员资格证一年后,就技能、业务和资历对其进行考核,合格者自动成为初级导游员。

(2)中级导游员(intermediate tour guide):获初级导游员资格两年以上,业绩明显,经考核、考试合格者晋升为中级导游员,他们是旅行社的业务骨干。

(3)高级导游员(senior tour guide):取得中级导游员资格四年以上,业绩突出、水平较高,在国内外同行和旅行商中有一定影响,经考核、考试合格者晋升为高级导游员。

(4)特级导游员(special class tour guide):取得高级导游员资格五年以上,业绩优异,有突出贡献,有高水平的科研成果,在国内外同行和旅行商中有较大影响,经考核合格者晋升为特级导游员。

实训项目二　导游人员的知识素养

一、实训目的

通过资料分析和讨论，要求学生了解导游人员应具备的知识素养。

二、基本知识点

随着时代的发展，现代旅游活动更趋向于对文化、知识的追求。人们出游，除了消遣和休闲外，还想通过旅游来获取信息、领略异国情趣、增长知识、丰富阅历。为了适应不同旅游者的需求，导游人员必须涉猎各方面、各领域的知识。导游人员的知识面越广、信息量越多，就越有可能把导游工作做得有声有色。导游知识是包罗万象的，通常，一名合格的导游人员应具备以下六方面的知识。

(一)丰富的语言知识

导游讲解是一项综合性的口语艺术，要有很强的口语表达能力，所以语言是导游人员最重要的基本功，是导游服务的工具。导游人员若没有过硬的语言能力和扎实的语言功底(特别是外语导游翻译人员)，就不能与旅游者顺利地进行文化交流，也就不可能完成导游工作的任务，更谈不上优质服务了。导游人员必须借助声音来介绍旅游目的地的风土人情、民俗文化、自然山水、文物古迹，把原本毫无生气的景物渲染得栩栩如生，吸引旅游者的注意力，最终使旅游者对导游服务感到满意。

口语表达时，发音要准确，口齿要清楚，语法不出错，词汇丰富，反应灵敏，翻译时力求做到信、达、雅。不过，导游人员的口语艺术应置于丰富的知识宝库之中，知识宝库是土壤，口语艺术是种子，两者结合就能获得良好的导游效果。

(二)史地文化知识

史地文化知识是导游人员应掌握的最基本的知识，包括历史、地理、宗教、民族、民风民情、风物特产、文学艺术、古建筑园林等方面，这些知识是导游讲解的"实"的内容，是导游词的基本素材。

导游人员要努力学习，力争使自己上知天文、下知地理，对本地及邻近省、市、地区的旅游景点、风土人情、历史掌故、民间传说了如指掌，对国内外的主要名胜也应有所了解。在讲解时，善于将本地的风景名胜与历史典故、文学名著、名人轶事、民间传说等有机地联系在一起，做到有实有虚、生动有趣。

导游人员还要不断地提高艺术鉴赏能力。艺术素养不仅能使导游人员的人格更加完善,还可使导游讲解的层次大大提高,从而在中外文化交流中起到更为重要的作用。

目前,我国导游人员在这方面存在的问题主要是,知识面较窄,只求一知半解,对其包含的科学内容不进行深入研究。有的导游人员只满足于背诵导游词,在导游讲解时,单调生硬,不能激发起旅游者的兴趣;更有甚者杜撰史实,张冠李戴,胡言乱语,欺骗旅游者,这不仅有违导游人员的职业道德,而且有损于我国导游服务的声誉,不利于我国旅游业的发展。

(三)政策法规知识

政策法规知识是导游工作的指针。导游人员在导游讲解、回答旅游者的问询或与旅游者讨论有关问题时,必须以国家的方针政策和法规作指导,不给旅游者造成不必要的误解。在处理旅游过程中出现的问题时,要以国家的政策和有关法律法规为依据,正确处理。

导游人员应该掌握的政策法规知识主要包括:国家现行的方针政策、有关的法律法规知识、旅游者的权利和义务(特别是外国旅游者在中国的法律地位及他们的权利和义务)、与旅游业相关的法律法规。

(四)心理学、美学知识

导游人员在实施接待服务的过程中,时刻要与形形色色的旅游者、参与接待的其他工作人员打交道。导游人员的工作对象是人,不同的接待对象,其思维方式、价值观念、生活习惯、文化传统往往差异较大,而且导游人员与他们相处往往是短暂的,掌握必要的心理学知识有助于导游人员了解旅游者的心理活动,有的放矢地做好导游讲解工作和旅途生活服务工作,有针对性地提供心理服务,从而使旅游者在心理上得到满足,在精神上得到享受,导游人员才能更轻松地完成导游接待工作。

导游活动又是一项综合的审美活动。导游人员不仅要向旅游者传播知识,还要传递美的信息,帮助他们获得美的享受。一名合格的导游人员不仅要懂得什么是美,还善于用生动形象的语言向不同审美情趣的旅游者介绍美,也要能用美学知识指导自己的仪容、仪表、仪态。因为导游人员本身也是旅游者的审美对象。

导游人员应具备的美学知识包括:自然景观美学(山地景观、水体景观、动植物景观、气象景观等)、人文景观美学(建筑、园林、民风民俗等)、艺术美学(书法、绘画、音乐、舞蹈、戏剧、手工艺品等)、生活美学(饮食、服饰等)。

(五)旅行生活常识

旅行生活常识对于导游人员做好旅游接待工作有很大的帮助,在旅游接待过程中出现的许多问题,都可以依靠旅行生活常识来解决。

导游人员应具备的旅行生活常识包括两方面的内容：一是旅行常识，如交通知识、通信知识、海关知识、货币保险知识、急救知识、旅游业知识等；二是生活常识，如卫生防疫知识、待人接物常识、选购商品知识等。

这些知识一部分可以通过书本学习和培训获得，但大部分则需要在日常生活中不断积累。

(六)旅游客源地与目的地知识

导游人员应具备的旅游客源地知识主要包括客源地居民的文化传统、风俗习惯、礼俗禁忌、思维方式、价值观念，以及客源地国家（地区）的历史、政治、经济、社会的基本概况等。

旅游目的地知识，主要包括目的地国家（地区）的旅游设施基本条件，经济水平，服务方式，历史、地理、文化、风物、特产、礼俗禁忌，当地居民和政府对旅游者的态度等。

如果是出境旅游，还应了解目的地国家的货币兑换、海关、边检等规定。

三、实训内容、组织方式及步骤

实训内容Ⅰ:导游人员应具备的知识素养

实训要求:通过以下两个案例分析，要求学生总结作为一名合格的导游人员应该具备的基本知识。

实训形式:资料分析。

实训步骤:

第一步:实训前准备。要求参加实训的同学，课前查阅相关书籍，初步了解本次实训所涉及的基础知识。

第二步:以5～6人的小组为单位，进行资料的分析与讨论，各人充分发表各人的观点。

案例分析 1-2

一问三不知的导游

小王是××旅行社新招聘的导游员，对所在城市游览点的导游词已经背得滚瓜烂熟，对自己的工作充满信心。

一天，他带领游客去游览岳王庙。在正殿，小王讲解道:"这天花板上绘的是松鹤图，共有372只仙鹤，在苍松翠柏之间飞翔，寓意岳飞精忠报国精神万古长青。"一位游客听了后，就问小王:"为什么是372只仙鹤，而不是371只或是373只？这有什么讲究吗？"小王倒是很爽快，回答说:"这个我不清楚，应该没什么讲究吧!"

　　来到碑廊区，小王指着墙上"尽忠报国"四个字，说这是明代书法家洪珠所写。团中一位年轻人不解地问小王："为什么前面正殿墙上写的是'精忠报国'，而这儿却写成'尽忠报国'呢？"小王考虑了一会儿，支支吾吾道："这两个字没什么区别，反正它们都是赞扬岳飞的。"那游客还想些说什么，小王却喊道："走了，走了，我们去看看岳飞墓。"

　　到了墓区，小王指着墓道旁的石翁讲解："这三对石人代表了岳飞生前的仪卫。"游客们没有听懂，要求小王解释一下"仪卫"是什么，小王犯难地说："仪卫嘛，就是为岳飞守坟的。"游客反问道："放几个石人在这儿守坟有什么用呢？"小王说："这个，我不知道。"

案例分析 1-3

练就十八般武艺

　　一个导游人员，做在旅游车上，手拿麦克风，如数家珍地向游客介绍广州城的历史沿革，介绍她开放而生机勃勃的今天，这时，你是一个名副其实的导游讲解员。

　　当你置身在装饰精巧、富丽堂皇的陈氏书院，博物院的工作人员用中文向外宾讲述这别具特色的岭南庭院的建筑艺术风格时，你又是一位博学的翻译员。

　　长途坐车旅行，又遇到交通不畅，游客难免会感到烦躁和不安。为了活跃气氛，你会给游客们讲"三个和尚"、"曹冲称象"或"西门豹"的故事，尽管你会唱的歌曲不多，但至少能唱美国的"雪绒花"、加拿大的"红河谷"、澳大利亚的"剪羊毛"及中国民歌"浏阳河"。在笑声和掌声中，你又成了游客心中的演员和歌星。

　　由于旅游团成员之间兴趣和爱好各不相同，有时对参观线路意见各异，你需要在最短时间内，根据绝大多数人的要求以及当时当地的实际情况，雄辩地提出你的最佳方案，这是你又必须是一个出色的演说家和指挥家。

　　当你看到游客中的老太太拖着沉重的皮箱走出机场，看到游客在友谊商店聚精会神地挑选名贵的首饰而顾不上手袋里钱包打开时，你绝不要忘记你同时又是行李员、保卫员和服务员。

　　外国人不远万里来到中国，除了渴望游览我国的美丽河山和名胜古迹外，还希望通过中国之行，了解人民的生活，体会我国的民俗风情，他们常常会提出参观工厂、农村、医院、学校甚至普通人的家庭，因此导游人员还须学习工业、农业、文教、卫生、法律、考古、烹调等基本知识。六榕寺内，一石碑文，常令游人百思不得其解。镇海楼上，一联巧对，又急然多少翻译员。正是"神州大地如书卷，旅程万里是考场"。这里需要十八般武艺，需要广泛的知识，其中包括懂得一点心理学，要研究一下中西方思想文化的异同。

在过去一段时间里,我们在安排游览节目时,曾存在很大的主观随意性,甚至认为自己喜欢看的东西,外国人就一定喜欢,这种强加于人的做法在接待效果上往往适得其反。我曾多次注意到,导游材料上介绍的当地人常引以为豪的一些高楼大厦,或者刚刚竣工的立体交通桥,并没有引起游客多大的兴趣,尽管导游们"言者谆谆",而游客们却"听者藐藐",但突然间,全车人却不约而同地扭身注视车外,把摄影机、录像机一齐对准马路旁鞭炮齐鸣的迎亲车队,好奇地目送着精心打扮的新郎新娘的背影消失在路旁小巷中。

他们不愿意听那枯燥无味的说教宣传,却会兴致勃勃地走进相见的古老大屋,欣赏屋檐的彩塑,看看院子的水井,与农妇闲话家常;乡镇百货大楼里琳琅满目的商品未必能引起他们的购买欲,但一位应邀来访的美国州长夫人却看中了村前小店的一扎农家用的竹筷子和两个响亮的单车铃。

(摘自广州中国国际旅行社导游翻译张植林的文章《十年风雨说导游》。

第三步:对小组成员的各种观点进行记录。

案例分析讨论记录稿

专业班级			组　别	
记录人			时　间	
小组成员				
讨论记录	1.根据材料Ⅰ,说说案例中的小王存在什么问题? 2.根据材料Ⅱ,说说一名合格的导游人员应该具有哪些基本的知识?			成绩
	组员1			
	组员2			
	组员3			
	组员4			
	组员5			
	组员6			

第四步:各小组选出一名代表发言,对小组讨论结果进行总结。

第五步:实训指导教师对小组成员的讨论情况进行总结。

四、实训时间及成绩评定

(一)实训时间

实训内容 I：资料分析、讨论时间以 30 分钟为宜，各小组代表发言时间控制在 3 分钟以内。

(二)实训成绩评定

1. 实训成绩按优秀、良好、中等、及格、不及格 5 个等级评定。

2. 实训成绩评定准则：

(1)是否弄清导游人员应具备的基本知识。

(2)是否为本次实训活动制订了很好的计划并付诸实施，是否能很好地对讨论的内容进行总结和概括。

实训项目三　导游人员的职业道德

一、实训目的

通过资料分析和讨论，要求学生了解导游人员应具备的职业道德。

二、基本知识点

旅游职业道德不仅是每个导游人员在工作中必须遵循的行为准则，也是人们衡量导游人员职业道德行为和服务质量的标准。

(一)自尊自强、敬业爱岗

自尊自强是指导游人员应当具有民族自尊心和民族自豪感。应该包括两个方面的含义：一方面，导游人员首先要"爱国"，"爱国"是各国伦理道德的核心，是导游人员必备的情操修养，也是合格导游人员的首要条件。只有爱国的导游人员才会具有民族自尊心和民族自豪感，才会把热爱祖国美好河山的情感传递给外国旅游者。另一方面，由于种种原因，导游人员的职业压力增大，并由过去的"精英职业"向"大众化职业"转变，导游人员必须增强对职业的认同感，认识到导游职业的崇高与伟大，才能有干好这一行的动力与激情。

对导游人员来说，敬业就是敬重从事的旅游服务业，爱岗就是热爱自己的本职工作。这是从事导游职业的人都应遵守的基本道德规范。

导游职业工作繁杂,艰辛劳累,意志不坚定、心态不稳定的从业人员很容易滋生敷衍、应付、抱怨的心理。导游人员接受旅行社的委派,领取接待计划之后,旅行社的利益和信誉以及全体游客的消费和安全都交付给了导游人员,导游人员对工作的负责程度同时影响到两方面的利益。如果导游人员不够敬业,缺乏责任感,致使旅游活动受损,旅行社要蒙受损失,而旅游者美好的假期也会蒙上阴影。因此,敬业爱岗是从事导游职业的人应该遵守的最基本的道德规范。

(二)热情友好、宾客至上

热情友好、宾客至上是旅游工作最显著的一个职业特征,也是旅游工作者必须遵循的行为准则。

国际上许多学者把"好客"视为旅游业的重要资源,我国也将"友谊为上、经济受益"作为旅游业的指导方针。

现代社会竞争激烈、生活节奏紧张,人和人之间的交往变得功利、直接。现代人在旅游过程中期待身心的放松和情感的慰藉,因此导游人员在接待过程中,应发扬我国热情好客、礼仪之邦的优良传统,做到微笑服务、文明礼貌、敬语称道。初次见面,导游人员笑脸相迎,会使游客在"宾至如归"的温暖氛围中消除陌生感和不安心理。有的国家,如日本,已把能否保持热情的态度作为录取导游人员的标准之一。把宾客放在首位,一切为宾客着想,努力满足宾客的合理、正当要求,克服冷淡、粗暴、懒散等违反导游职业道德的不良行为。

(三)不卑不亢、光明磊落

不卑不亢就是导游人员要正确对待自己和自己的职业。导游人员的工作虽然是服务性工作,但是高尚的,我们的人格、地位与旅游者是平等的,切不可表现出自卑情绪,以至于低三下四,盲目崇洋;同时,切不可妄自尊大、贬低别人。当对方的言行有损于我们的国格时,导游人员应理直气壮,坚持有理、有礼、有节的原则,维护祖国的尊严。

光明磊落有两层含义:一是对待旅游者要一视同仁,不因其国籍不同、地位不同、贫富不同、肤色各异等而厚此薄彼;二是不搞小动作,行事要落落大方,要给旅游者以"信任感"。

(四)真诚公道、信誉第一

真诚公道、信誉第一是正确处理旅游企业与旅游者之间实际利益关系的一项行为准则。

真诚就是真实诚恳,讲究信用,信守承诺和合同,不弄虚作假,不欺骗或刁难旅游者;公道就是公平合理,买卖公道,价格公道。

信誉第一,就是把企业的信誉放在第一位。导游人员是旅行社的窗口,导游人员

新编导游业务实训教程

的诚信程度直接影响到旅行社的信誉。

导游人员接待旅游者,要言行一致、表里如一,做到"言必信,行必果",在职业活动中,还应与人为善、诚实可靠,要把旅游者看成是朋友,尊重他们,关心他们,做到急客人之所需,想客人之所虑,谋客人之所求。

(五)意志坚定、沉着冷静

导游人员在旅游者面前应时时处处表现出充分的自信心和抗干扰能力,坚定不移地维护旅行社的信誉和旅游者的正当权益,坚决要求相关服务方面不折不扣地按事先达成的合同或合作协议提供各项服务。

在遇到突发事件时,导游人员应沉着、冷静地分析问题,果断、坚定地采取适当措施处理问题,使事件的影响或损失减少到最低限度。

(六)遵纪守法、廉洁奉公

遵纪守法、廉洁奉公既是行政和法律的要求,又是道德规范的要求。

导游人员应自觉遵守下列禁止性规定:

(1)严禁嫖娼、赌博、吸毒;也不得索要和接受反动、黄色书刊画报及音像制品。

(2)不得套汇、炒汇;也不得以任何形式向海外游客兑换、索取外汇。

(3)不得向游客兜售物品或者购买游客的物品;不偷盗游客的财物。

(4)不能欺骗、胁迫游客消费或者与经营者串通欺骗、胁迫游客消费。

(5)不得以明示或暗示的方式向游客索要小费,不准因游客不给小费而拒绝提供服务。

(6)不得收受向游客销售商品或提供服务的经营者的财物。

(7)不得营私舞弊、假公济私。

廉洁奉公就是不贪、不占、不损公肥私、不化公为私、一心为公、秉公办事;就是处处为国家和集体利益着想,以人民利益为最高利益,抵制不正之风,维护旅游业的声誉。

(七)团结协作、顾全大局

旅游服务是关联性很强的综合性服务,虽是旅游接待服务的重要环节,然而靠导游人员单方面难以完成旅游计划,必须与许多部门、单位、企业或个人进行合作。在合作过程中一旦发生矛盾和冲突,导游人员应以大局为重;要个人利益服从集体利益,局部利益服从整体利益,眼前利益服从长远利益。在一些非原则性问题上,导游人员要委曲求全,尽量做好耐心解释工作,力争各方的谅解和合作,这样才能确保旅游服务的质量。

(八)身心健康、积极向上

导游工作是一项脑力劳动和体力劳动高度结合的工作,工作纷繁,量大面广,流动性强,体力消耗大,而且工作对象复杂,诱惑性大。因此,导游人员必须是一个身心健康的人,否则很难胜任工作。身心健康包括身体健康、心理平衡、头脑冷静和思想健康四个方面。

总之,一名合格的导游人员应精干、老练、沉着、果断、坚定,应时时处处显示出有能力领导旅游团,而且工作积极、耐心,会关心人、体谅人,富于幽默感,导游技能高超。

(九)文明礼貌、仪容端庄

礼貌待客是导游员的职业内功。"不学礼,无以立",礼貌待客是对导游员文化知识和技术能力的要求,更是对导游思想品质和职业道德的要求。

导游员的工作性质和特点要求导游一定要注意穿着得体,离开了得体的穿着就谈不上导游员的文明礼貌。我国的导游员还没有统一的着装,然而每一个导游员都要认真把握自己的着装问题,把着装看成是关乎"德诚于中,礼行于外"的大事情。

(十)耐心细致、优质服务

耐心细致是衡量服务人员工作态度和工作责任心的一项重要标准。导游人员待客要虚心、耐心,关心要细致入微,俗话说得好:"细微之处见真情。"

所谓优质服务,应该是规范化和个性化相结合的服务,是高效率、高附加值的服务。

旅游职业道德不仅是每个导游人员在工作中必须遵循的行为准则,而且也是人们衡量导游人员的职业道德行为和服务质量的标准。

三、实训内容、组织方式及步骤

实训内容Ⅰ:导游人员的职业道德

实训要求:通过对材料的分析,要求学生体会作为一名合格导游应该具备的职业道德。

实训形式:资料分析。

实训步骤:

第一步:实训前准备。要求参加实训的同学,课前查阅相关书籍,初步了解本次实训所涉及的基础知识。

第二步:以5~6人的小组为单位,进行资料的分析与讨论,各人充分发表各人的观点。

案例分析 1-4

杭州导游蔡玮玮泰国海啸亲历记

回想起 48 小时前目睹的海啸场面,25 岁的女导游蔡玮玮说:"和美国大片《后天》一模一样。"

28 日上午 7 点 50 分,杭州中国旅行社导游蔡玮玮带着旅行团乘坐东航班机从泰国普吉岛回到上海浦东国际机场,26 名游客一人不少。他们是 24 日出发到达普吉岛的。

26 日上午 8 点,旅行团一行 27 人乘船从普吉岛出发,前往附近的披披岛。快要到达目的地的时候,当地导游接到邻近岛屿的电话:"发生了地震。"此时,海水已经悄然后退,船只无法靠岸,只能搁浅在滩涂上。

旅行团上岸后,海水又开始上涨,一些游客以为是潮起潮落,一些游客拿出手机和DV 拍摄。蔡玮玮连忙提醒大家跑向附近三层楼高的酒店。跑到酒店门口的时候,第一排浪头已经追了上来。慌乱中,旅行团分成两拨跑上酒店主楼二楼,水位迅速上涨。

"你跑到哪里,水就涨到那里。只听见波浪打破玻璃的声音和人们的尖叫声、哭喊声。海水把酒店的家具电器卷起来了,相互碰撞,砰砰响。"蔡玮玮回忆说。

众人又连忙撤到三楼,此时已经无路可退。清点人数时才发现少了 4 人。蔡玮玮以为四个人受了惊吓,躲到三楼的客房里去了,她和另外一个游客找遍三楼客房,也没有客人的踪影。"这个时候我只想赶紧把人找到,也不管海浪还会不会涨上来。"好在海水没有继续上涨,过了十多分钟就慢慢退下了。

23 个中国人轮番呼喊 4 名失踪同伴的名字,终于从酒店副楼平台上传来了应答声。两名同伴(同时也是一对夫妻)躲到了那里,其中的女游客右手臂血流不止,她是被海浪击碎的玻璃划伤的。"也不知是伤了动脉还是静脉,反正血就是不住地往外喷,用一条脏毛巾捂着。"蔡玮玮说。

趁着第一波海浪退却的空隙,蔡玮玮和一个年轻的男游客赶紧下到酒店大堂,跑到副楼,用桌椅搭成"楼梯",把受伤的女游客送上副楼楼顶。"当时我们已经没有力气了,房顶上好多外国游客,大家七手八脚把我们拉了上去。"

随后,第二波海浪又卷了过来,等水位再次下降,已经隔了快 3 个小时。大家又连忙把伤员送到主楼的三楼,和大部队会合。蔡玮玮到处找懂一点医术的外国游客,帮女游客止了血,用一条被海水染脏了的床单缠住右臂。

此时酒店的工作人员又通知说,楼下瓦斯泄漏,要求游客赶紧撤离。大家把客房的门全部拆下来,伤员躺在门板"担架"上第一批往外撤。"等我们走下楼,到酒店大堂的时候，不知道是瓦斯还是别的气体，呛得我们都睁不开眼。酒店里吃的用的，只要派得上用处的，大家都拿走了。"

跑到外面，许多人才发现自己光着脚，还有的人则拿酒店的拖鞋充数。为了躲避可能来袭的下一波海浪，当地工作人员组织游客往酒店后的小土山上跑，许多人跑到30 米高的地方就没力气了。"这时候他们说下一波海浪有 30 米高，大家只好拼命往山上跑。"蔡玮玮说。跑到土山上，大家砍下树枝生火，把酒店里拿来的毛毯烤干，裹在身上休息，熬过了不眠的一夜。

27 日清晨 6 点半，众人开始下山。蔡玮玮一路上还看到不少遗体，都裹着白布躺在地上，"我相信天亮了肯定会有船来接，所以叫团友集合在码头最前面的泊位上等"。在码头等了十多分钟，第一艘船靠岸，25 个中国人幸运地上了船首批撤出。但还有两名游客没有消息。

到了普吉岛，中国驻泰国的使领馆通知蔡玮玮，另外两名游客已经找到了，他们已随其他旅行团先撤回普吉岛。见面后才知道，这两名游客下船后，发现有东西遗失在船上就回头去找，两人在船上经历了惊天动地的海啸。他们被解救上岸后，以为前面25 个人生还无望，还焦急地去找过大家的"遗体"。

"大家都到齐了，我才放了心。"蔡玮玮说，她到了普吉岛，看到当地旅行社的员工来迎接，才放声痛哭起来。

这支浙江旅行团是几经辗转才联系上我国驻泰国的使领馆的。蔡玮玮在 26 日中午 11 点 50 分，打电话告诉同事张金蓓："发生了海啸！"张金蓓回忆说，自己一点思想准备都没有，"现在想起来，我可能是国内第一个知道海啸消息的人"。

杭州中国旅行社副总经理李慧说，接到蔡玮玮的电话后，旅行社连忙向杭州市旅游委和浙江省旅游局汇报，然后又和外交部、泰国旅游局驻北京办事处取得联系。26名游客中，有 19 人是中国联合工程公司的员工。海啸发生后，被困员工也打手机向杭州的公司总部求助，公司也立即通过中国外交部请求紧急救援。中国驻泰国大使馆闻讯采取了应急措施，派员赶赴现场抢险。两名"失踪"游客就是通过中国大使馆和大部队恢复联系的。

蔡玮玮和她的旅行团 28 日下午回到了杭州，此时杭州已是满天飞雪，在旅行社总部，她接受了多家媒体的采访。在回忆 48 小时的惊险经历时，蔡玮玮的表情非常平静，只是提到"一个人都不少"时，脸上才流露出自然的笑容。

（材料来源于浙江省 2007 年导游年审培训读本第七章优秀导游员先进事迹汇编）

第三步：各小组根据实训指导教师提问进行讨论，并记录讨论结果。

图 1-1　12 月 28 日,杭州中国旅行社的导游蔡玮玮(右)平安抵达杭州后向
记者讲述在泰国遭遇海啸的经历。(新华社记者　王定昶　摄)

案例分析讨论记录稿

专业班级		组　别	
记录人		时　间	
小组成员			
讨论记录	1.根据材料,说说蔡玮玮具有哪些优秀的导游职业道德? 2.根据材料,说说蔡玮玮具有哪些导游人员的基本知识? 3.谈谈蔡玮玮导游的优秀事迹对你的启发。		成绩
	组员 1		
	组员 2		
	组员 3		
	组员 4		
	组员 5		
	组员 6		

第四步:各小组选出一名代表发言,对小组讨论结果进行总结。

第五步:实训指导教师对小组成员的讨论情况进行总结。

实训内容Ⅱ:导游人员的职业道德

实训要求:要求学生实地全程跟团,体会导游接待服务过程中所扮演的角色,思考作为一名合格导游人员应具备的基本知识和职业素养。

实训形式:实地跟团。

实训步骤：

第一步：实训前准备。教师与校外实训基地联系，确定实训时间、实训线路及实训指导老师（旅行社导游）。

第二步：以学生学号为依据，每个实训基地安排 2 名学生实地跟团。

第三步：教师与旅行社共同制订跟团实训计划。

第四步：跟团学生实训前了解跟团线路，阅读相关书籍，了解实地导游需要的知识、职业道德。

第五步：跟团学生按照旅行社要求按时实施实训计划。

第六步：跟团结束后撰写总结，进行实训交流。

四、实训时间及成绩评定

(一)实训时间

实训内容Ⅰ：资料分析、讨论时间以 20 分钟为宜，各小组代表发言时间控制在 3 分钟以内。

实训内容Ⅱ：联系旅行社、制订跟团实训计划、学生了解实训线路、做好实训准备、撰写跟团总结等工作利用课余时间；实训跟团学习利用周末，不超过两天；实训交流时间利用课堂时间，不超过 20 分钟为宜。

(二)实训成绩评定

1.实训成绩按优秀、良好、中等、及格、不及格 5 个等级评定。

2.实训成绩评定准则：

(1)是否为本次跟团实习制订了很好的计划并付诸实施。

(2)旅行社导游反馈意见。

(3)跟团实训总结是否结合导游人员所需要的知识素养，是否体现了导游人员的职业道德要求。

(4)跟团实训总结交流时，是否能清楚准确地表达自己的观点。

模块二 地陪服务工作程序

实训目标

1. 了解地陪的概念与职责。
2. 掌握地陪带团前应做的各项准备工作。
3. 掌握地陪带团过程中的各种程序与标准。
4. 熟悉导游人员各工作环节的要领和技巧,学习旅途讲解、生活服务等方法。

实训手段

案例分析;模拟导游。

实训项目一 地陪接团前的准备工作

一、实训目的

通过资料讨论和分析,让学生能够充分理解地陪的概念和工作职责。

通过分析和讨论,使学生明白地陪带团前准备工作的重要性,提高学生的信息收集和整理能力。

通过旅行社实际任务书,使学生对地陪带团有个具体的印象,明确要准备的知识。

二、基本知识点

(一)地方陪同导游人员的概念

地方陪同导游人员(简称地陪)的服务程序,是指地陪从接到旅行社下达的接团任务起到送走旅游团,并做好善后工作为止的全过程。

(二)地陪接待程序

整个过程依照工作次序先后可分为八大程序:准备工作,接站服务,入店服务,核实、商定日程,参观、游览服务,其他服务,送行服务,善后工作。

(三)地陪接团前的准备工作

俗话说:不打无准备之仗。做好充分的接团准备工作,是整个导游工作顺利完成的重要保证。地陪的准备工作主要是业务准备、知识准备、物质准备、形象准备、心理准备。

1.业务准备

地陪在旅游团抵达前应认真阅读接待计划和有关资料,详细、确切地了解该旅游团的基本情况、日程安排及服务项目和要求,重要的事宜记录在陪同日志本上。

地陪在弄清并分析了旅游团基本情况后,要制订出合理的活动日程。在制订活动日程时,应注意以下几个方面:

(1)应本着"宾客至上、服务至上"的原则,切忌主观、片面地将自己的兴趣爱好和私人目的强加给旅游者;

(2)活动内容的安排要适合旅游团的特点,注意点面结合,要留有余地、劳逸结合,要使参观、游览和购物相结合,避免雷同;

(3)要尽可能地满足旅游者的要求,以达到他们求全、求新、求知的旅游目的。

地陪应在旅游团抵达的前一天,与旅行社各有关部门或人员联系落实,检查旅游团的交通、住宿、行李运输等事宜。

2.语言、知识准备

在接团前,地陪要根据旅游团的特点和参观游览节目的安排,对自己和客方有充分的了解,做到知己知彼。

根据接待计划上确定的参观游览项目,对重点内容,特别是自己不太熟悉的内容,要提前做好外语和导游知识的准备。

对旅游团大部分成员所从事的专业知识,要做好相关专业知识准备。如所接待的旅游团成员系外国人,还应做好外语词汇的翻译准备。

了解当前的热门话题、国内外重大新闻及旅游者感兴趣的话题。

掌握旅行常识。地陪应熟悉并掌握在服务过程中所涉及的交通、通信、货币、海关、卫生等方面的常识。

3.物质准备

地陪在接团前必须携带好旅游接待计划、导游证、胸卡、导游旗、接站牌、扩音器、门票结算单、团队结算凭证、行李牌(或行李标签)、必要的费用、记事本、意见表等必备物品。

4.形象准备

导游人员是一名旅游服务人员,但外国旅游者往往首先将其看作一名中国人,是中国人的代表。所以导游人员自身美不是个人的行为,在宣传旅游目的地、传播中华文明时起着重要作用。对导游工作而言,给旅游者一个美好的第一印象,有助于在其心中树立良好形象,获取旅游者的信赖。因此,地陪要注重自身的形象美。

形象美主要指人的内在美和外在美。内在美需长期努力培养,不是一朝一夕可以准备出来的。外在美经过修饰即可达到。所以要求地陪每次上团前要做好仪容、仪表方面的准备。

5.心理准备

导游员需要具备良好的心理素质,在接团前可在以下三方面做好心理准备。

(1)准备面临艰苦复杂的工作。导游工作既是一项脑力劳动,又是一项体力劳动。除了依照导游工作规范,热情地向旅游者提供正常的导游服务外,对需特殊照顾的旅游者,还要提供个性化服务。在接待工作中,常有可能会发生各种各样的问题与事故需要导游去面对和处理。

(2)准备承受抱怨和投诉。在旅游接待过程中,有时可能遇到下列情况:导游员已尽其所能向旅游者提供热情周到的服务,但由于其他接待环节出现差错或非人为因素造成旅游过程中的不愉快,导致旅游者的抱怨和投诉;甚至还有一些旅游者会无故挑剔或提出苛刻要求。为此,导游人员必须有足够的心理准备,冷静、沉着地面对,并继续以自己的工作热情感化旅游者。

(3)在接待过程中,导游人员必须具备高尚的情操,时刻准备面对各种"旅游污染",即"精神污染"和"物质诱惑"。

三、实训内容、组织方式及步骤

实训内容Ⅰ:地陪出团准备

实训要求:通过讨论,要求学生掌握地陪出团前应做的准备工作。

实训方式:讨论分析。

实训步骤:

第一步:实训前准备。要求参加实训的学生,课前查阅相关书籍,初步了解本次实训的理论基础知识。

第二步:以小组为单位对以下资料进行讨论,各人充分发表各人的观点。各小组总结写出具体方案。

案例分析 2-1

2010 年 6 月 22 日上海某旅行社有一行 25 人的商务旅游团坐汽车到浙江义乌参

观中国国际旅游商品博览会,顺便去国际商贸城购物,义乌某地接社要派一名导游去接团。请问,如果你是地陪,出团前,你该做哪些准备?

第三步:小组成员分析讨论,各自写出具体准备的材料,写出合理的日程安排。

案例分析发言记录

专业班级		组　别	
记录人		时　间	
小组成员			

	讨论记录	1. 根据以上案例,谈谈你该做哪些准备? 2. 根据当地的情况,如何安排行程?		成绩
		组员1		
		组员2		
		组员3		
		组员4		
		组员5		
		组员6		

第四步:小组总结,每组提供一份最终方案,各小组组长发言总结。

第五步:实训指导教师公布较为正确的方案。

第六步:指导教师让学生看旅行社的实际接待计划,试着填写该表,对接待有个具体的印象。

表2-1　旅游团队接待计划表

团　号		领队姓名/电话	
出团单位			
出团日期		业务员/电话	
接团时间地点		收费(元/人)	
出团人数	大　　儿童　　司陪	地接社电话	
司　机		地接社计调	

续表

日　期	景　点		住宿/酒店	用　餐		
				早	中	晚
月　　日						
门票(元/人)		合计:	帽:			
住宿(元/人)		合计:　　人	保险:	旅游意外险:		
司陪住宿		合计:	正餐:＿＿＿元/人			
地接导服		合计:				
备注	1. 2. 3. 4.					
计划报告人签字			计调经理			
计划执行人签字			部门负责人			

四、实训时间及成绩评定

(一)实训时间

实训内容Ⅰ:资料分析、讨论时间以 20 分钟为宜,各小组代表发言时间控制在 3 分钟以内。

(二)实训成绩评定

1.实训成绩按优秀、良好、中等、及格、不及格 5 个等级评定。

2.实训成绩评定准则:

(1)是否能准确说出地陪导游出团前的准备工作内容。

(2)是否能准确安排行程。

(3)是否能清楚地表达自己的观点。

(4)是否能按要求填写旅游团队接待计划表。

实训项目二　地陪接团过程中的工作

一、实训目的

通过培养学生的团队协作能力,对校园导游工作流程及分工进行具体操作实践,训练学生导游讲解能力。本实训亦可结合各校对外接待工作进行,针对校外专家进行校园导游。

二、基本知识要点

地陪接团是整个工作中最重要的,涉及的内容很多,各个方面都要兼顾到,主要分为:接站服务;入店服务;核实、商定日程;参观、游览服务;其他服务;送行服务。

(一)接站服务

所谓接站服务,是指地陪前往机场(车站、码头)迎候旅游者,并将旅游者转移到所下榻饭店过程中所要做的工作。要求地陪服务应使旅游团在接站地点得到及时、热情、友好的接待,了解在当地参观游览活动的概况。

1. 旅游团抵达前的服务安排

(1)确认旅游团所乘交通工具的准确抵达时间,以免漏接

接团当天地陪应提前去旅行社落实或打电话询问旅游团计划有无变更情况。出发前,向机场(车站、码头)问讯处问清所接旅游团所乘班次的准确抵达时间。(一般情况下,至少应在飞机抵达预定时间前 2 小时,火车、轮船抵达预定时间前 1 小时向问讯处询问)

(2)与旅行车司机联络

电话通知司机出发的时间,商定碰面地点。与司机碰面后,告知活动日程和具体安排。

(3)提前抵达接站地点

地陪应提前半小时抵达机场(车站、码头),与司机商定车辆停放位置。如已安排行李员,地陪应与行李员取得联络,并向行李员交代旅游团的名称、人数,通知行李运送地点,了解行李抵达饭店的大体时间。

(4)再次核实班次抵达的准确时间

地陪在落实上述工作后,还需再次向问讯处确认或通过班次抵达显示牌确认班次

准确抵达时刻。如被通知所接班次晚点,推迟时间不长,地陪可留在接站地点继续等候,迎候旅游团;推迟时间较长,地陪应立即与旅行社有关部门联系,听从安排,重新落实接团事宜。

(5)持接站标志迎候旅游团

在旅游团出站前,地陪持接站标志,站在出口处醒目位置,热情迎候旅游团。接小型旅游团或无领队、全陪的散客旅游团时,要在接站牌上写上客人姓名,以便客人能主动与地陪联系。

2.旅游团抵达后的服务

(1)认找旅游团

旅游团所乘班次的客人出站时,地陪要设法尽快找到所接旅游团。地陪举接站牌站在明显的位置上,让领队或全陪(或客人)前来联系,同时地陪应根据旅游者的民族特征、衣着、组团社的徽记等作出判断,或主动询问,问清该团领队(或客人)姓名、人数、国别、团名,一切相符后才能确定是自己所要接待的旅游团。

(2)核实人数

地陪在找到所要接待的旅游团后,向领队(或客人)作自我介绍,并介绍全陪,及时向领队核实实到人数,如与计划人数不符,则要及时通知旅行社,以便作相应的服务更改。

(3)集中清点行李,并交接行李

如果旅游团是乘坐飞机抵达的,地陪应协助所接待旅游团旅游者将行李集中到指定位置,提醒他们检查各自的行李物品是否完好无损。与领队、全陪、行李员一起清点并核实行李件数,并填好行李卡(一式两份),与行李员双方签字,一份交予行李员。如果在检查过程中发现有行李未到或破损现象,地陪应协助当事人到机场失物登记处或有关部门办理行李丢失登记和赔偿申报手续。

若所接旅游团乘坐火车抵达,在接到旅游团后,地陪应向全陪或领队索取行李托运单,并将单据交接给行李员,同样需填写行李卡,行李卡上应注明团名、人数、行李件数、所下榻饭店,一式两份,并双方签字。

(4)询问团队情况

地陪还应向领队询问团内旅游者的身体状况、有无特殊要求,如团队系白天到达,则应与全陪、领队商定是先回饭店还是马上进行游览。

(5)集合登车

地陪要提醒旅游者带齐手提行李和随身物品,引导其前往乘车处。旅游者上车时,地陪应站在车门一侧恭候客人上车,并向客人问好,必要时可助其一臂之力。旅游者上车后,应协助其就座,礼貌地清点人数,等所有人员到齐坐稳后,方可示意司机开车。

3. 转移途中的服务

转移是指导游员带旅游者离开机场（车站、码头）前往所下榻饭店的行车途中，是导游员给客人留下良好第一印象的重要环节。地陪在此过程中要做好以下几个方面的工作。

（1）致欢迎词

一般情况下，在客人上了旅游车后赴饭店途中致欢迎词，但如果遇到有领导前往迎接或在机场逗留时间较长或旅游团人数较多不能保证每辆车上都有陪同时，则可在机场（车站、码头）致欢迎词。欢迎词的内容应视旅游团的性质、国籍、旅游者的年龄、文化水平、职业、居住地区及旅游季节等不同而有所不同，不可千篇一律，说话要符合导游身份，做到诚恳、亲切，切忌做作。要做到简明扼要、精彩纷呈。

一般来讲，一份地陪的欢迎词内容应包括：

①问候语；

②代表所在接待社、本人及司机欢迎旅游者来本地参观游览；

③介绍自己姓名和所属旅行社名称，介绍司机；

④表明自己提供服务的工作态度和希望得到合作的愿望；

⑤预祝旅游愉快、顺利。

（2）调整时差

接入境团，地陪要介绍两国（两地）时差，请旅游者调整好时间，并告知在今后的游览中将按北京时间为作息时间标准。

（3）首次沿途导游

在进行首次导游时，导游人员应做到：

①站在车的前部、司机的右后侧，如旅行车辆系小型车辆，地陪应坐在前排，以能见到每一位旅游者为合适；

②面带微笑、表情自然；

③使用话筒时，切忌向话筒吹气或以手拍打话筒来试音，而应以问好的方式来询问客人音响效果和音量适度；

④应注意音量适中、节奏快慢得当，使车内每一个旅游者都能听清楚；

⑤对重要的内容要重复讲解或加以解释。

地陪可根据旅游者的年龄、文化层次来调整讲解节奏和讲解内容。一般地，年龄大的、文化低的可放慢速度，反之则可适当加快些讲解节奏，但要避免上气不接下气。

旅游者初到一地，总有求安全心理和好奇心理，也总希望碰上一位知识渊博、处事能力强、值得信赖的导游人员，所以地陪应针对旅游者这一阶段心理特征，做好充分准备。在沿途导游时，充分显示自己的知识、导游技能和工作能力，让旅游者对导游产生信任感和满足感，从而在他们心目中树立起导游员的良好形象。

首次导游的内容主要包括风光、风情及饭店概况介绍和在当地活动日程的安排等。

①风光导游。地陪应向旅游者介绍沿途所见到的有代表性的景物。讲解时,注意触景生情、点面结合、简明扼要;注意讲解速度和旅游车行进速度相一致;准确地对景物进行指向;适当采用类比的方法,使旅游者听后更有亲切感。

②风情导游。在进行沿途景物导游时,地陪应适时地介绍当地的政治、经济、历史、文化、风土民情、风物、特产及注意事项。

③饭店介绍。地陪应向旅游者介绍所下榻饭店的基本情况:饭店名称、位置、行车距离、星级、规模、主要设施及设备的使用方法、入住手续等(根据路途距离和时间长短酌情增减,也可在入店时进行介绍)。

④宣布当地活动日程。一般地讲,地陪可在沿途讲解中见缝插针地向旅游者宣布当地活动日程安排,有时甚至在车上就可确定日程(对一般观光旅游团而言)。

⑤分发资料。根据旅行社规定,向旅游者分发旅游图和社徽等资料。必须说明的是,地陪在沿途导游服务时,必须见机行事,穿插进行以上讲解内容,避免机械、生硬和杂乱无章。

(4)宣布集合时间、地点及停车位置

①旅游车驶至下榻饭店,地陪应在旅游者下车前向全体成员讲清并请记住车牌号码、停车位置、集合地点和时间;

②提醒旅游者将手提行李和随身物品带下车;

③向司机交代清楚第二天出发的时间。

(5)帮助旅游者下车

地陪应在旅游者下车前首先下车,站在车门一侧,在旅游者下车时做必要的帮助。

(二)入店服务

导游员在旅游者进入饭店时,为其提供周到的服务非常重要,因为饭店是旅游者在游览地"临时的家"。作为地陪应尽快地协助领队办理旅游团入店手续,让旅游者了解饭店基本情况和住店注意事项,照顾旅游者进房并取得行李;让旅游者知道当天或第二天的日程安排。具体地讲,地陪在这一阶段应做好以下几方面工作。

1.协助领队帮助旅游者办理住房登记手续

(1)旅游者抵达饭店后,地陪可在饭店大堂内指定位置让旅游者稍作等候,并尽快向饭店总服务台讲明团队名称、订房单位。

(2)帮助填写住房登记表,并向总服务台提供旅游团队名单,拿到住房卡(房间号)后,再请领队分配房间。

(3)地陪应记下领队或全团成员的房号。

2. 确定叫早时间

待一切安排妥当后,地陪应与领队、全陪一起商定第二天的叫早时间,并请领队通知全团成员,地陪还应将叫早时间通知饭店总服务台,办理叫早手续。

3. 介绍饭店设施、设备和服务项目

地陪在协助办理完旅游团入住手续后,应向全团介绍饭店内设施。

(1)介绍外币兑换处、商场、娱乐场所、公共洗手间、中西餐厅等设施的位置;

(2)说明旅游者所住房间的楼层和房间门锁的开启方法;

(3)提醒旅游者住店期间的注意事项及各项服务的收费标准;

(4)如果旅游者系晚间抵达(需用晚餐),还应宣布晚餐时间、地点、用餐形式。

4. 带领旅游团用好第一餐

旅游团第一餐安排在旅游者进房前还是进房后,要根据旅游者入店时间和旅游者的要求来定。

(1)地陪应与旅游团全体成员约定集中用餐的时间和地点;

(2)等全体成员到齐后,亲自带领旅游者进入餐厅,向餐厅领座服务员询问本团的桌次,然后引领旅游团成员入座;

(3)等大家坐好后,应向旅游者介绍就餐的有关规定,如哪些饮料包括在费用之内,哪些不包括在内,若有超出规定的服务要求,费用由旅游者自理等,以免产生误会;

(4)地陪还应向餐厅说明团内有无食素旅游者,有无特殊要求或饮食忌讳;

(5)将领队介绍给餐厅经理或主管服务员,以便直接联系;

(6)等客人开始用餐,地陪方可离开并祝大家用餐愉快;

(7)如果所带旅游团的第一餐安排在外宴请,品尝风味或用便餐,地陪必须提前通知餐厅用餐的大概时间、团名、国籍、人数、标准、要求等。

5. 重申当天或第二天的活动安排

地陪应向全团旅游者重申当天或第二天的日程安排,包括叫早时间、用餐时间及地点,集合地点、出发时间,用餐形式和地点等;提醒旅游者作必要的游览准备。一般在第一餐将要结束旅游者还未离开之前重申。

6. 照顾旅游者和行李进房

旅游者进房时,地陪必须到旅游团所在楼层,协助楼层服务员做好接待工作,并负责核对行李,督促行李员将行李送至旅游者的房间,因为旅游者进房并不意味着万事大吉,常常会发生以下问题:门锁打不开;客房不符合标准;房间不够整洁或卫生漏打扫;重复排房;室内设施不全或有损坏现象;卫生设施无法使用;电话线不通;不是夫妻的男女被安排在同一房间等问题。这时,地陪要协助饭店有关部门及时处理。

同时,还会发生行李没有及时送到,或个别旅游者没有拿到行李、错拿行李、行李有破损等情况。这时,地陪应尽快查明原因,采取相应的措施。

(三)核对、商定活动日程

旅游团抵达后,地陪应把旅行社有关部门已经安排好的活动日程与领队、全陪一起核对、商定,征求他们的意见。这样做,一则表明对领队、全陪、旅游者的尊重;二则旅游者也有权审核活动计划,并提出修改意见;同时我们可利用商谈机会了解旅游者的兴趣、要求。所以,核对、商定日程是做好接待工作的重要环节,也是地陪和领队、全陪之间合作的序曲。

日程一经商定,须及时通知每一位旅游者,各方面都应遵守。

1. 核实、商定日程的时间、地点和对象

商定日程的时间宜在旅游团抵达的当天,最好是在游览开始前进行。对一般观光旅游团,甚至可在首次沿途导游过程中,在宣布本地游览节目时用最短的时间确定日程安排;也可在旅游团进入饭店,待一切安排完毕后再进行;对重点团、学术团、专业团、考察团,则应较慎重地在旅游团到达饭店后进行。商谈日程的地点可因地制宜,一般在饭店的大堂,有时也可在旅游车上,对重点团、记者团、专业团、考查团,必要时可租用饭店会议室。商谈日程的对象,可视旅游团性质而定,对一般旅游团可与领队商谈,也可由领队请团内有名望的人参加,如果旅游团没有领队,可与全团成员一起商谈;对重点团、专业团、记者团,除领队外,还应请团内有关负责人参加。

2. 商谈日程的原则

商谈日程时,必须遵循的原则是:宾客至上、服务至上的原则,主随客便的原则,合理而可能的原则,平等协商的原则。

日程安排既要符合大多数旅游者的意愿,又不宜对已定的日程安排做大的变动,因为变动过大,可能会涉及其他部门的工作安排。

(四)参观游览中的导游、讲解服务

参观游览活动,通常在日间进行,故也称"日间活动",是旅游者在华活动的最重要的部分,是旅游者购买的旅游产品的核心内容,也是导游服务工作的中心环节。地陪必须要按照规范要求提供优质服务,要认真准备、精心安排、热情服务、主动讲解,使旅游者详细了解参观游览对象的历史背景、景观特色、艺术价值、形成原因,以及旅游者感兴趣的其他问题,使旅游计划得以顺利、安全地完成。须指出的是,地陪在讲解时,要彻底避免低级庸俗、迷信、黄色的内容,杜绝张冠李戴现象。

途中讲解内容主要包括以下内容。

1. 沿途风光讲解

地陪在沿途讲解时要不失时机地有选择地介绍途中所见景物,回答旅游者提出的问题,讲解时要注意所见景物与介绍"同步",并留意观察旅游者的反应。

2.介绍所参观游览景点的概况

在到达游览景点前,地陪应简明扼要地介绍景点概况,包括历史沿革、艺术价值、形成原因、景观特色等,以满足旅游者见树先见林的心理,激起其游览的欲望。

如果出发地到达游览景点路途较长,地陪可讲一些长话题、讨论一些旅游者感兴趣的问题,也可组织适当的娱乐活动,以活跃车内气氛,使旅途变得轻松愉快。这就需要地陪具备渊博的知识、较强的组织能力及丰富的才情。

(五)其他活动的导游服务

其他活动是指旅游者所需要的购物、社交活动、健康文明的文娱活动及自由活动等,它是参观游览活动的延续和补充。安排好这类活动能使旅游活动变得更加丰富多彩。

1.购物导游服务

购物是旅游者的一项重要活动,既推销商品,又满足旅游者的购物需求。为了使购物的活动圆满,地陪必须做好以下几方面工作。

(1)严格按照旅行社规定提供服务

地陪必须带旅游团去定点商店购物,应遵循旅游者"需要购物、愿意购物"的原则,避免次数过多(按旅游团队接待计划规定的次数)、强行推销。

(2)了解对象,因势利导

根据旅游团特点,向旅游者介绍本地商品特色,当旅游者是外宾,则须做好翻译工作。

(3)当好购物参谋

地陪必须熟悉商品的产地、质量、使用价值和艺术价值等商品知识,并向旅游者介绍;介绍有关商品的托运种类,以及海关对旅游者携带物品出境的有关规定。

(4)维护旅游者的利益

如果遇小贩强买,地陪有责任提醒不要上当受骗,切不可放任不管;如果遇商店不按质论价,推销伪劣商品,不提供标准服务,地陪应向商店负责人反映,采取措施,以维护旅游者利益。事后也可向旅行社报告,通过旅行社的交涉,避免以后出现类似问题。

购物活动既可安排在前往景点的途中顺便进行,也可作专门的安排,主要取决于对象及游览计划的安排。

2.社交活动导游服务

旅游团体的社交活动的形式主要有会见、宴请、品尝风味、舞会等。

(1)会见

会见时,地陪要做的工作是:

①事先了解会见时是否有互赠礼品。如果知道客方要送礼品,则要事先通知主

方。如果赠送的礼品属应税物品,应提醒有关人员办妥必要的手续,以备旅游者出关时被海关查验。

②承担翻译任务。必要时地陪可充当翻译,若是重要会见,特别是涉及政治问题、科技问题的,一般有专职翻译,地陪则在一旁认真倾听,做好记录,起协助作用。

③旅游者若会见在华亲友,地陪应协助安排,一般没有充当翻译的义务。

(2)宴请和品尝风味

宴请和品尝风味主要包括宴会、冷餐会、鸡尾酒会和风味餐等。

①宴会。参加宴会,地陪应做到准时出席、服装整洁大方(最好按要求着装),注意宴会礼节。地陪要做的具体工作是介绍主宾双方,当好翻译(翻译时要注意气氛,切忌边吃东西边翻译)。

②品尝风味餐。品尝具有地方特色的风味,是旅游者在旅游过程中经常参加的形式自由的活动项目。风味餐有两种形式,一种是计划内风味(在旅游接待计划中已安排,费用含在团费中),另一种是计划外风味(由旅游者自费品尝的风味)。不管是地陪陪同旅游者品尝计划内风味餐,还是被邀请参加计划外风味餐,地陪充当的角色主要是向旅游者介绍餐馆的历史、特点、名气、菜肴名称、特色、吃法、制作方法及著名菜肴的来历等,切忌喧宾夺主、主动敬酒、夹菜给客人或对菜肴评头品足。

③舞会。旅游者参加有关单位组织的舞会时,地陪应陪同前往。旅游者自行购票(或由地陪代购)参加的娱乐性舞会,地陪一般不主动参加,若旅游者邀请,可一同前往,但没有陪舞的义务。无论参加哪一种形式的舞会,地陪都必须向旅游者交代有关安全注意事项。

(3)文娱活动导游服务

文娱活动也是旅游者晚间活动的重要内容之一。地陪应预先了解剧情,向旅游者简单介绍节目内容和特点,引导旅游者入座;在观看节目过程中,地陪要向旅游者作剧情介绍,解答旅游者提问,并始终不离旅游者;提醒旅游者不要走散,并注意旅游者动向和周围环境,以防不测。

(4)自由活动导游服务

晚间,旅游者提出要求自由活动,且不影响团体旅游活动计划,不涉及不对外开放的场所,一般应予以满足,并提供必要的帮助。

三、实训内容、组织方式及步骤

实训内容Ⅰ:欢迎词欣赏及写作

实训要求:通过实训,要求学生掌握欢迎词的写作方法,欢迎词应包含的内容,能准确根据接待对象自然流利地说欢迎词。

实训方式:讨论分析、写作。

实训步骤：

第一步：实训前准备。要求参加实训的同学，课前查阅相关书籍，初步了解导游欢迎词应具备的基本内容。

第二步：以小组为单位对下列材料进行讨论，个人充分发表各自的观点。

案例分析 2-2

各位叔叔阿姨、大爷大妈、哥哥姐姐、弟弟妹妹老少爷儿们！大家好！首先我自我介绍一下，我姓刘，叫刘峰，有一首歌大家都很熟悉《东北人都是活雷锋》，一百年后没准这首歌就要改改了，改什么《东北人都是活刘峰》！我这话说的是大了点，但是我为大家尽心尽力服务的决心可不小，所以在您的旅途过程中如果有什么需要我帮忙的地方，无论分内还是分外，只要我力所能及，一定竭尽全力为您服务，东北话讲——有事您说话！

案例分析 2-3

各位游客您们好，首先请允许我代表旅行社和司机张师傅对大家的到来表示热烈的欢迎。我是大家的导游员，我姓孔。初次见面，朋友们对我都不熟悉，但大家都会知道我的老祖先。谁呀？对了，孔圣人。正如圣人所言"有朋自远方来，不亦乐乎？"所以，我非常欢迎大家的到来，也希望我们合作愉快……

案例分析 2-4

各位客官，各位嘉宾，旅行开始之际，导游李成林给您请安！

大家也许会奇怪，怎么先上来称呼各位叫客官，水是有源的，树是有荫的，这么说也是有原因的。现在都喊：顾客是上帝！过去可不是这样讲，过去说衣食父母，演员的衣食父母是看客，司机的衣食父母是乘客，饭店的衣食父母是吃客，妓院的衣食父母是……，这个不好说了。

对于我们导游来说，衣食父母就是在座的各位游客，我们导游就是靠各位领工资、拿薪水，吃回扣，收小费，严肃地打劫各位口袋里的人民币。但是人生在世，不能对不起父母，为人处世，也不能对不起自己的衣食父母，更不能为了利己而损人，我觉得这应该是所有人的做事原则，也包括我们导游！

很荣幸能为各位的本次旅行提供导游服务，我的名字很简单，也很好记：李成林，"李"是李连杰的"李"，"成"是成龙的"成"，"林"是林子祥的"林"（众人笑），以后各位客官可以称呼我为李导，要不叫伙计也行，听着也亲切。在这里我还要代表我们××旅行社东家、掌柜以及所有的伙计欢迎各位衣食父母，祝大家一路平安、双喜临门、三阳

开泰、四季平安、五谷丰登、六六大顺、七星高照、八方来财、九九归一,旅途生活十分美好!(掌声)

第三步:对小组成员的各种观点进行记录。

案例分析发言记录

专业班级		组　别	
记录人		时　间	
小组成员			
讨论记录	1.根据以上材料,评析一下以上导游词的特点。 2.分析不同的旅游团应该采用什么形式的欢迎词为好?		成绩
	组员1		
	组员2		
	组员3		
	组员4		
	组员5		
	组员6		

第四步:各小组选出一名代表发言,对小组讨论分析结果进行总结。

第五步:每位学生完成一篇欢迎词,纸张另附。在下一堂课上教师点评。

实训内容Ⅱ:校园模拟导游

实训要求:要求学生能模拟从接团到送团的全部过程。

实训方式:角色扮演。

实训步骤:

第一步:实训前准备。要求参加实训的学生分组,各小组内同学分别作为游客、导游员、酒店、餐馆、景点工作人员等,也可邀请校内其他院系的同学作为游客。以校园为旅游区,以宿舍楼区为宾馆,以食堂为旅游餐厅,以校车进行车上导游,以校园超市为购物点,以其他教学区、操场为景点,设计一次旅游团队活动,模拟从接团至送团的全部流程,并设计期间的活动,安排导游讲解,规划旅游路线,体现团队合作与个性创意。在校内实地考核。

第二步:迎接工作(可从学校门口开始),每个小组派一名扮演地陪的同学讲解。指导教师应提供导游旗、导游证、扩音器,使学生真正体验当导游的感觉。

第三步:按照导游带团程序,将校园内景物模拟成旅游景点,分别进行校园讲解、用餐、入住饭店、送别等各个程序。

第四步:同学互评,指导教师打分。

表 2-2 模拟导游实训评分表

项　目	内容和要求		分　值	得　分
礼节礼貌 (10 分)	仪容		2	
	礼貌用语		3	
	举止		5	
沿途讲解 (35 分)	内容	完整	15	
	讲解效果	语言准确	4	
		重点突出	4	
		逻辑性强	4	
		形象生动、灵活	4	
		有创意	4	
景点讲解 (35 分)	内容	完整	15	
	讲解效果	语言准确	4	
		重点突出	4	
		逻辑性强	4	
		形象生动、灵活	4	
		有创意	4	
导游知识题回答 (10 分)	全国范围知识题		5	
	本地区知识题		5	
导游业务题回答 (10 分)	导游规范题		5	
	导游应变题		5	
总　分				
备　注				

新编导游业务实训教程

四、实训时间及成绩评定

(一)实训时间

实训内容Ⅰ:资料分析、讨论时间以 30 分钟为宜,各小组代表发言时间控制在 3 分钟以内。

实训内容Ⅱ:校园模拟导游时间以半天时间为宜。

(二)实训成绩评定

1.实训成绩按优秀、良好、中等、及格、不及格5个等级评定。

2.实训成绩评定准则:

(1)是否能准确说出地陪导游带团的整个流程。

(2)是否能准确讲解导游词。

(3)是否能准确使用导游器材。

(4)是否能注意导游人员的礼仪形象等。

实训项目三　地陪接团后的总结工作

一、实训目的

通过学习,使学生掌握整个后续工作的流程。

通过案例分析,能够让学生充分体会到送团以后的工作的重要性。

二、基本知识要点

(一)送站导游服务

送站导游服务是旅游团接待工作的最后阶段。如果说迎接是导游员树立好形象的开端,接待是保持良好形象的关键,那么送行是旅游者对导游员良好形象的加深。因此,导游人员必须善始善终,以饱满的工作热情和良好的精神状态做好最后阶段的工作,使旅游者顺利、安全地离开。

在这一阶段,地陪要做的是送行前的业务准备、离店服务和送行服务三项工作。

1.送行前的业务准备

(1)核实交通票据

旅游团离开本地的前一天,地陪应认真做好旅游团离开的交通票据核实工作,核对团名、代号、人数、全陪姓名(如非集体票,则要核对每一位旅游者的姓名是否与有效证件吻合)、航班(车次、船次)和始发到达站、起飞(开车、起航)时间(要做到四核实,即计划时间、时刻表时间、票面时间、问讯时间的核实);弄清启程机场(车站、码头)的位置等事项;如班次有变更,应问清内勤是否已通知下一站,以免漏接;提醒全陪向下一站交代有关情况。

假若地陪系送乘飞机离境的旅游团,应提醒或协助领队提前72小时向民航确认机票(团体机票确认一般用传真向有关民航售票处确认即可)。

(2)确定出行李的时间和方法

地陪应在旅游团离开的前一天与领队、全陪商定出行李的时间,并通知每一位旅游者;然后与旅行社行李部(或行李车队)联系,告知该团体出行李的时间、抵达启程站的大致时间等,并通知饭店行李部行李交接的时间。

(3)商定第二天叫早、早餐、集合及出发时间

在叫早和早餐、集合、出发时间确定后,地陪要通知饭店有关部门和旅游者。如果该团所乘交通工具班次时间较早,无法在饭店餐厅用早餐,地陪要及时做好相应的准备工作(如带饭盒),并向旅游者作说明。

(4)协助饭店结清与旅游者有关的账目

地陪应在旅游团离店前一天提醒、督促旅游者尽早与饭店结清所有自费项目账单(如洗衣费、电话费、饮料酒水费等),如果有损坏客房设备,地陪应协助饭店妥善处理赔偿事宜;同时,地陪应通知饭店总台或楼层旅游团离房的时间,提醒他们及时与旅游者结清账目。

(5)提醒有关注意事项

地陪应提早告知旅游者行李托运的有关规定,提醒其将有效证件、所购买的贵重物品及发票放在手提包里随身携带,如系离境团,还应该提醒其准备好海关申报单,以备出关时查验。

(6)及时归还证件

旅游团离开的前一天,地陪应检查自己的行李,是否保留有旅游者的证件、票据等。若有应立刻归还,当面点清。一般情况下,地陪不应保留旅游团的旅行证件,若需用,可通过领队向旅游者收取,用完后,立即归还。

2.离店导游服务

(1)集中交运行李

离店前,地陪应按商定的时间与领队、全陪、饭店行李员一起检查行李是否捆扎、上锁,有无破损等,在每件行李上加贴行李封条,然后共同清点、确认行李件数,并填写好行李交运卡。

(2)办理退房手续

地陪到酒店前台办理退房手续、清点房卡、结清相关费用、保存好住宿发票。

(3)集合登车

旅游者上车后,离开饭店前,地陪要清点人数,并得到领队的确认,并再次提醒旅游者有效证件是否随身携带,有无遗漏物品等。一切妥当后方可开车。

3. 送行导游服务

（1）致欢送词

致欢送词能加深彼此间感情，增加告别气氛，令人难忘，所以地陪在致欢送词时要真诚。致欢送词的场合多选择在行车途中，也可选择在机场（车站、码头）。内容主要包括：

①回顾旅游活动、感谢合作；

②表达友情和惜别之情；

③征求旅游者对工作的意见和建议；

④旅游活动如有不尽如人意之处，地陪可借机会向旅游者表示歉意；

⑤期待重逢；

⑥美好祝愿等。

（2）提前到达离开地点，照顾旅游者下车

如旅游者乘坐出境或沿海城市的航班离开，则要求提前 3 小时抵达机场；如旅游者乘坐国内航班离开，则要求提前 2 小时抵达机场；如旅游者乘火车、轮船离开，则要求提前 1 小时抵达车站、码头。

旅行车抵达机场（车站、码头），下车前，地陪应提醒旅游者带齐随身行李物品，准备好旅行证件，照顾全团旅游者下车，请司机协助检查车内有无旅游者遗留物品。

（3）移交交通票据和行李卡

如系送国内航班（车、船），到达机场（车站、码头）后，地陪应尽快与行李员联系，取得交通票据和行李卡，将交通票据和行李卡交给全陪或领队，并一一清点、核实。如系送国际航班（车、船），地陪应请领队、全陪一起与行李员交接行李，并清点检查后将行李交给每一位旅游者。

（4）协助办理离站手续

进行完交通票据和行李卡移交工作后，地陪仍不能马上离开旅游团。若系乘坐国内航班（车、船），地陪应协助旅游者办理离开手续（帮助旅游者交付机场税、领取登机牌，并请领队分发登机牌；帮助办理超规格行李托运手续）；若系乘坐国际航班（车、船），地陪将旅游团送往隔离区，由领队帮助旅游者办理有关离境手续（因为地陪、全陪不能进入隔离区），但地陪要向他们介绍办理出境、行李托运和离站手续的程序。

（5）告别

当旅游者进入安检口或隔离区时，地陪应与旅游者告别，并祝他们一路平安。如旅游者系乘坐火车或汽车离开，地陪应等交通工具启动后方可返回；如旅游者系乘坐飞机离开，地陪应等旅游者安检结束后，才能离开。

（6）结算事宜

若接待国内段团，地陪应在团体结束当地游览活动后，离开本地前与全陪办理好拨款结算手续;若接待离境团,地陪应在团体离开后,与全陪办理好财务拨款结算手续,并妥善保管好单据。

(二)善后总结工作

送走旅游团后,并不意味着全部接待工作的结束,地陪还必须做好善后总结工作。

1.处理遗留问题

地陪应按有关规定和旅行社领导的指示,妥善处理好旅游者临行前的委托事宜,如委托代办托运、转交信件、转递物品等。

2.结清账目,归还物品

送走旅游团后,地陪应在旅行社规定时间内及早与财务部门结清账目,归还有关资料、表单及物品。

3.总结工作

地陪应认真做好陪同小结,实事求是地汇报接团情况。如果旅游中发生重大事故,要整理成书面材料向旅行社领导汇报。对旅游团的有关资料进行整理归档。具体地讲,地陪应向旅行社提供发票、结算单、支票存根、签单、门票存根等资料;团队行程执行情况报告;团队额外旅游销售和购物情况报告;如果系外聘导游,还应交还相关证件,由旅行社保管。地陪还可根据在接待过程中所存在的问题作自我批评,这样有助于自身提高。

三、实训内容、组织方式及步骤

实训内容Ⅰ:送团总结

实训要求:要求学生能根据旅游接待情况进行总结。

实训方式:讨论分析。

实训步骤:

第一步:实训前准备。要求参加实训的学生,熟悉地陪送团及总结工作的要点,初步了解本次实训的理论基础知识。

第二步:以小组为单位对以下资料进行讨论,个人充分发表自己的观点。各小组总结写出具体方案。

案例分析 2-5

某年8月的一天晚上,上海的导游员唐小姐在车站接到了一个由苏州来的旅游团。她把客人送到静安希尔顿酒店后,就让司机回家了。那时游客们突然告诉她,大家还没有吃晚饭,请她安排一下。唐小姐听后很吃惊,因为按照计划安排,晚饭应该在苏州吃,她只需要在接到客人后把他们送到饭店,当天的任务就完成了。唐小姐因为没有思想准备,也没带旅行社的用餐结算单,又把司机放回家了,所以有些手足无措。那时已经是晚上8点钟了,游客们显得情绪很低落。她连忙和旅行社联系,叫出租车把游客们送到一家餐馆用餐,并向大家解释,这种失误是由于苏州旅行社与上海旅行社交接不清楚所造成的。由于导游的努力补救,游客终于用上了餐,并对唐小姐的工作表示满意和感谢。

此事对于唐小姐触动不小,回家后她立即在工作日志上写道:①接团前应有充分的准备;②注意团队到达时间是否与就餐时间冲突;③接待中随时都要带齐餐票与票据;④到达饭店后将客人安排妥当后,再让司机回家。

第三步:小组成员分析讨论。

案例分析发言记录

专业班级		组 别		
记录人		时 间		
小组成员				
讨论记录	根据以上案例,谈谈你的感想。			成绩
	组员 1			
	组员 2			
	组员 3			
	组员 4			
	组员 5			
	组员 6			

第四步:小组总结,每组提供一份最终方案,各小组组长发言总结。

实训内容Ⅱ:欢送词欣赏写作

实训要求:通过实训,要求学生掌握欢送词的写作方法,欢送词应包含的内容,能准确根据接待情况自然流利地说欢送词。

实训方式:讨论分析、写作。

实训步骤:

第一步:实训前准备。要求参加实训的同学,课前查阅相关书籍,初步了解本次实训的基础理论知识。

第二步:以小组为单位对下列材料进行讨论,个人充分发表个人观点。

案例分析 2-6

"忆江南,最忆是杭州。山寺月中寻桂子,郡亭枕上看潮头。何日更重游?"这是白居易为颂扬西湖给后人留下的回味无穷的千古绝唱。各位朋友,当我们即将结束西湖之行时您是否也有同样的感受呢?但愿后会有期,我们再次相聚,满觉陇里赏桂子,钱塘江上看潮头,让西湖的山山水水永远留在您美好的回忆中。

案例分析 2-7

只有在离别的时候,才深深地感到我们相处的时间太短。在此期间,大家亲如兄弟,胜过亲人。得到大家的关照,使我顺利地完成了任务,说真的,我真有点舍不得离开你们,我会想念大家的。下面我给各位唱根据《路边的野花不要采》改编的歌:"送朋友送到飞机场,有句话儿要交代。虽然旅游已结束,但我们的友谊却永存在。记住我的情,记住我的爱,记住我们有缘还会来相会,我呀衷心期待着这一天,千万不要把我来忘怀,欢迎大家再来玩。"

第三步:对小组成员的各种观点进行记录。

案例分析发言记录

专业班级		组 别	
记录人		时 间	
小组成员			
讨论记录	1. 根据以上材料,评析一下各自的特点。 2. 分析不同的旅游团应该采用什么形式的导游词为好?		成绩
	组员 1		
	组员 2		
	组员 3		
	组员 4		
	组员 5		
	组员 6		

第四步:各小组选出一名代表发言,对小组讨论分析结果进行总结。

第五步:每位学生完成一篇欢送词(纸张另附),在下一堂课上讲解,教师点评。

四、实训时间及成绩评定

(一)实训时间

实训内容Ⅰ:资料分析、讨论时间以 30 分钟为宜,各小组代表发言时间控制在 3 分钟以内。

实训内容Ⅱ:欢送词写作时间以 30 分钟为宜,学生讲解欢送词每人不超过 5 分钟。

(二)实训成绩评定

1.实训成绩按优秀、良好、中等、及格、不及格 5 个等级评定。

2.实训成绩评定准则:

(1)是否准确总结接团情况。

(2)是否能按要求写出欢送词。

(3)是否能声情并茂地讲解欢送词。

知识点链接

一、导游员迎送礼仪

旅游团队接送是导游人员的一项十分重要的工作,接团工作的礼仪是否周全,直接影响着旅行社和导游本人在客人心目中的第一印象;而送团则是带团的最后一项工作,如果前面的工作客人都非常满意,但送团工作出现了礼貌不周的问题,同样会破坏旅行社和导游人员在客人心目中的整体形象,并使陪团前期的努力前功尽弃。为此,搞好导游服务工作,迎送礼仪是十分重要的。

二、导游迎送规范要求

1.凡导游人员到机场、车站、码头迎接客人,必须比预订的时间早到,等候客人,而绝不能让客人等候接团导游。

2.接团应事先准备好足够旅游团客人乘坐的旅游车,并督促司机将车身和车内清洗、清扫干净。

3.备好醒目的接团标志,最好事先了解全陪的外貌特征、性别、装束等,当客人乘交通工具抵达后,举起接团标志旗帜,向到达客人挥手致意。

4.接到客人后,应说"各位辛苦了"。然后主动介绍自己的单位及姓名。

5.介绍过后,迅速引导客人来到已安排妥当的交通车旁,指导客人有秩序地将行李放入行李箱后,再招呼客人按次序上车;客人上车时,最好站在车门口,用手护住门顶以防客人碰头。

6.客人上车后,待客人稍作歇息后,将旅游活动的日程表发到客人手上,以便让客人了解此行游程安排、活动项目及停留时间等。为帮助客人熟悉城市，可准备一些有关的出版物给客人阅读，如报纸、杂志、旅游指南等。

7. 注意观察客人的精神状况，如果客人精神状况较好，在前往酒店途中，可就沿途街景做一些介绍；如果客人较为疲劳，则可让客人休息。

8. 到达酒店后，协助客人登记入住，并借机熟悉客人情况，随后，将每个客人安排妥帖。

9. 客人进房前先简单介绍游程安排，并宣布第二天日程细节。第二天活动如安排时间较早，应通知总台提供团队客人的叫早服务，并记住团员所住房号，再一次与领队进行细节问题的沟通协调。

10. 不要忘记询问客人的健康状况，如团队客人中有身体不适者，首先应表示关心，若需要应想办法为客人提供必要的药物，进行预防或治疗，以保证第二天游程计划的顺利实施。

11. 与客人告别，并将自己的房间号码告知客人。

三、VIP 客人的迎送

1. 迎送贵宾时，应事先在机场(车站、码头)安排贵宾休息室，并准备好饮料、鲜花。

2. 如有条件，在客人到达之前可将酒店客房号码或乘车牌号通知客人。

3. 派专人协助办理出入关手续。

4. 客人抵达前，应通知酒店总台，在客人入住的房间内摆上鲜花、水果。

5. 宾客抵达住所后，一般不易马上安排活动，应留一些时间让宾客休息。

四、送客的礼仪

1. 客人活动结束前，要提前为客人预订好下一站旅游或返回的机(车、船)票；客人乘坐的车厢、船舱尽量集中安排，以利于团队活动的统一协调。

2. 为客人送行时，应使对方感受到自己的热情、诚恳、有礼貌和有修养。临别之前应亲切询问客人有无来不及办理、需要自己代为解决的事情，应提醒客人是否有遗漏物品并及时帮助处理解决。

3. 火车、轮船开动或飞机起飞以后，应向客人挥手致意，祝客人一路顺风，然后再离开。如果自己有其他事情需要处理，不能等候很长时间，应向客人说明原因并表示歉意。

导游工作的性质与任务，不仅仅是景点介绍、讲解，还包括许多其他的工作。简单地说，在游览过程中游客的一切需要和需求，都属于导游工作的范畴。让客人玩得开心、游得尽兴，是导游工作者的基本职责。

带团旅游，涵盖了旅游六大要素中吃、住、行、游、购、娱的方方面面。团员中，兴趣、爱好、要求各不相同，素质参差不齐，要使每个团员满意确实相当不易。对于导游人员来说，既要做好沟通协调工作，也应遵循一定的礼仪规范。

模块三 全陪服务工作程序

实训目标

1. 了解全部的概念与职责。
2. 掌握全陪带团前应做的各项准备工作。
3. 掌握全陪带团过程中的各种程序与标准。
4. 熟悉全陪同志的填写。

实训手段

案例分析；模拟带团。

实训项目一 全陪接团前的准备工作

一、实训目的

通过资料讨论和分析，让学生能够充分理解全陪的概念和工作职责。

通过分析和讨论，使学生明白全陪带团前准备工作的重要性，提高学生的信息收集和整理能力。

通过旅行社实际任务书，使学生对全陪带团有个具体的印象，并且明确要准备的知识。

二、基本知识点

(一)全程陪同导游人员的概念

全程陪同导游人员（简称全陪），是指受接待方旅行社派遣或聘用，负责为跨省、区、市范围旅游的旅游者提供全程旅游导游服务的人员。

全陪作为组团社的代表,在领队和地方陪同导游人员的配合下实施接待计划,处于整个导游工作集体的中心,起着保证中外旅行社和国内接待社之间的联络、保证旅游活动的连贯性和多样性、全面落实旅游接待计划的重要作用。

(二)全陪接待程序

全程导游的服务程序,与地陪服务程序的概念相似,是指全陪从接到旅行社的接团任务起到送走旅游团的整个工作程序。

整个过程依照工作次序先后可分为九大程序:准备工作;首站(入境站)接团服务;入店服务;核对、商定行程;各站服务;离站服务;中途服务;末站(离境站)服务;善后工作。

(三)全陪接团前的准备工作

俗话说"磨刀不误砍柴工"。全陪接团前,做好准备工作是完善全陪工作质量的必要环节。全陪的准备工作主要是熟悉接待计划、物质准备、知识准备、形象准备、与地接社联系。

1. 熟悉接待计划

接待计划是组团社委托各地方接待社组织落实旅游团活动的契约性文件,是导游人员了解该团基本情况和安排活动日程的主要依据。全陪在接受旅游团的接待任务后,应该认真阅读接待计划,掌握旅游团的具体情况,研究旅游团成员特点及掌握重点游客情况,以便提供有针对性的个性化服务。

具体来讲,全陪应熟悉接待计划中的以下内容:

(1)听取该团外联人员或旅行社领导对接待方面的要求及注意事项的介绍。

(2)熟记旅游团名称、人数、领队姓名,了解团体成员的性别构成、年龄结构、宗教信仰、风俗习惯等,掌握重点游客的信息(旅行商、记者、老弱病残等)。

(3)掌握全程旅游线路,熟悉各站的主要参观游览项目,了解各站安排的文娱节目、风味餐、额外游览项目的收费情况,准备途中讲解和咨询解答的内容,了解旅游团抵离各站的时间、所乘交通工具及所需要的有关票证。

(4)记下各地接待社的联系(昼夜联系)电话及团体作业人员联系号码,以便及时与地接社取得联系。

2. 物质准备

全陪带团前要准备身份证、导游证、接待计划、旅游宣传小册子、行李牌、旅行社社徽、全陪日志及必需的生活用品,结算单据、支票和借款等。

3. 知识准备

(1)了解最近的天气预报、热门话题、国际动态等及时信息。

(2)根据旅游团的不同类型和实际需要准备相关知识:沿途各站点的政治、经济、地理、民俗风情及各游览景点内容和主要特色等方面的概况知识。

若接待的是专业旅游团队，全陪则更应该在专业知识方面做好相应的准备，尤其是接待国际游客，在专业单词、专业术语上做好充分准备。

4.形象准备

同地陪工作的形象准备大致相同。需要注意的是，全陪导游全程陪同旅游者旅行、游览，陪同旅游者时间相对较地陪长，因此全陪应带好足够的换洗衣物，以保证工作期间的个人卫生。

知识点链接

1.导游形象基本要求

导游人员应注意给游客留下良好的第一印象。可以从形体、服饰、妆容等方面着手。

（1）形体基本要求（见表 3-1）

表 3-1　导游人员形体基本要求

内　容	宜	忌
站姿	抬头、挺胸、收腹，双手平放身体两侧或相叠放于腹部	一腿直、一腿弯，弯着身子，驼背，摇头晃脑，手插进裤袋中，叉腰，双臂交叉
坐姿	两腿自然弯曲，双脚平落地面，双脚并拢（男士可稍稍分开），两手放在膝盖上或小臂平放在座椅两侧的扶手上	摇腿跷脚、前仆后仰、把腿跨放在椅子上
走姿	上身需自然挺拔，立腰收腹，身体重心随着步伐前移；脚步从容轻快、干净利落	摇头晃肩、低头无神、步履蹒跚、手插在裤袋里
目光	正视，视线平行接触游客	正视时间过长，眼神飘忽不定
手势	握手时，上身要稍前倾，立正，目视对方，面带微笑。摘帽，脱掉手套。初次见面，握一下手即可，送别时，握手时间可稍长	握手时，另一只手插在裤袋里，边握手边拍对方肩头或点头哈腰；用左手握手；交叉握手

（2）服饰基本要求

导游的着装应与工作质量结合起来，要注意穿戴大方、得体，清洁、卫生。

导游人员的夏装要透气、吸水，不能暴露太多，更不能太"透"。女导游切勿穿短裙。可以光脚穿鞋，若穿袜子，则袜口不能让人看见。无论天气多热，都不能将裙摆当扇子。男导游勿穿圆领汗衫,勿穿短裤、拖鞋。

导游人员的冬装要柔和、保暖,不要过于臃肿。

佩戴饰物要适度,除手表、结婚戒指外,一般不宜佩戴其他饰物。有的导游喜欢戴金戒指、宝石手表,其实这样既不利于工作,又容易使游客感到不舒服。

(3)妆容基本要求

导游人员仪容应舒适大方。头发都要梳理整齐。女导游应束起长发或梳理短发,男导游一般鬓不过耳。女导游应化淡妆,切忌浓妆艳抹。男导游应每天刮胡子,注意颜面清洁。手指甲应经常修剪清洁。保持口腔卫生,上团前,不要吃葱、蒜、韭菜等有强烈气味的食物。坚持早晚刷牙,饭后漱口,可常备口香糖和有香味的牙膏。

(4)其他注意事项

导游人员上团时,应将导游证、旅行社的徽章或名牌佩戴在服装左胸的正上方。应提前到达机场(车站、码头)的出口处或迎宾地点等候游客,注意遵守时间。

5.与地接社联系

通常情况下,全陪应在接团前一天,抵达旅游团入境口岸城市,与第一站接待社取得联系,安排好相关的接待事宜。

知识点链接

旅游团队计划书(样本)

组团单位				团 号	
结算人数	其中:男　　女			全 陪	
旅游等级					金 额
付费标准	住宿	宾馆名称		联系方法	
		标准		结算	
	用车	车辆单位		联系方法	
		车型座位		结算	
	门票	景点名称		结算	
	餐费	餐厅名称		餐标	
		其中:早　　正		结算	
导 服					
合 计					

续表

接待社	名称及负责人	
	地陪导游	
行程	D1 D2 D3 D4	
备 注		

三、实训内容、组织方式及步骤

实训内容Ⅰ:全陪出团准备

实训要求:通过讨论,要求学生掌握全陪出团前应做的准备工作。

实训方式:讨论分析。

实训步骤:

第一步:实训前准备。要求参加实训的学生,课前查阅相关书籍,初步了解本次实训的理论基础知识。

第二步:以小组为单位对以下资料进行讨论,个人充分发表自己的观点。各小组总结写出具体方案。

案例分析 3-1

全陪出团前的准备工作

导游员小李按照公司的安排,将于 2010 年 6 月 22—30 日接待由某化妆品公司 20 名骨干员工组成的团队赴云南旅游。请问,小李拿到接团计划书后,初步了解到全团共有 8 男 12 女,其中夫妻 3 对,由销售部经理王先生主要负责。然后,小李按照接团时间,在义乌机场候客大厅等候旅游团。眼看到登机时间了,游客还没有来。小李急忙给公司计调部打电话,才知道,整个团队由于机票原因,推迟一天去云南。小李满腹牢骚地回去了。晚上与几个朋友唱了一通宵的卡拉 OK。回家后,一觉就睡到了第二天中午 12 点。醒来一看,离登机时间只差 1 小时了。他急急忙忙地抓起出团计划书,衣服也来不及换,穿着背心、拖鞋就出门了。等他来到机场,客人已经等了他 20 多分钟了。当他向客人介绍自己并为迟到道歉时,化妆品公司的王经理就在背后频繁摇头了。由于时间紧张,小李很快为游客办好了登机手续。王经理看到小李没有带任何的换洗衣物,上飞机后关切地问:"小李,你的行李呢?"小李说:"哦,王经理,我就带了出团计划书和导游证,其他的行李都不用了。一切简单为好。"飞抵昆明后,左等右等等不到来接团的地陪。小李只好又给旅行社计调部打电话,这才知道了地陪的电话,通话后,原来接站的地点弄错了,地陪也在焦急地等待旅游团呢!

第三步:对小组成员的各种观点进行记录。

"全陪出团前的准备工作"资料分析记录

专业班级		组　别	
记录人		时　间	
小组成员			
讨论记录	1.说说全陪的概念和职责。 2.根据以上材料,说说案例中全陪小李哪些地方做得不好? 3.说说全陪导游人员在出团前应做好哪些准备工作?		成绩
	组员 1		
	组员 2		
	组员 3		
	组员 4		
	组员 5		
	组员 6		

第四步:各小组选出一名代表发言,对小组讨论结果进行总结。

第五步:实训指导教师对小组成员的讨论情况进行总结。

实训内容Ⅱ:导游要注意形象

实训要求:请学生根据材料,总结出导游人员在形象方面的注意事项。

实训形式:资料分析。

实训步骤:

第一步:实训前准备。要求参加实训的同学,课前查阅相关书籍,初步了解本次实训所涉及的基础知识。

第二步:以 5~6 人的小组为单位,进行资料的分析与讨论,各人充分发表各人的观点。

新编导游业务实训教程

案例分析 3-2

游客不愿和导游员在一起

××旅行社导游员苏小姐,青春妙龄,长得亭亭玉立,楚楚动人。其家境颇为殷实,本人则好打扮,服饰总是处在潮流前端。

一次,苏小姐接了一个境外的奖励旅游团,旅游团成员多为30岁左右的女士、小姐。当苏小姐以良好的形象出现在游客面前时,使这些小姐、女士黯然失色。加上游览期间,苏小姐名牌"行头"的不但变换,更使旅游团中的那些小姐成了她的反衬者。在游览过程中,苏小姐虽然讲解生动形象,为人亲切,服务周到,但不知为什么,那些年轻的女性游客,总不愿与她在一起。苏小姐自己也有被冷落的感觉。

(本文来源:旅行社服务案例分析(试用),浙江省旅游局考评办公室)

第三步:对小组成员的各种观点进行记录。

"游客不愿和导游员在一起"资料分析记录

专业班级		组　别	
记录人		时　间	
小组成员			
讨论记录	1.你认为游客不愿意和导游员苏小姐在一起的原因是什么? 2.根据以上材料,说说导游人员的形象要求有哪些?		成绩
	组员 1		
	组员 2		
	组员 3		
	组员 4		
	组员 5		
	组员 6		

第四步:各小组选出一名代表发言,对小组讨论结果进行总结。

第五步:实训指导教师对小组成员的讨论情况进行总结。

四、实训时间及成绩评定

(一)实训时间

实训内容Ⅰ:资料分析、讨论时间以 15 分钟为宜,各小组代表发言时间控制在 3 分钟以内。

实训内容Ⅱ:资料分析、讨论时间以 15 分钟为宜,各小组代表发言时间控制在 3 分钟以内。

(二)实训成绩评定

1.实训成绩按优秀、良好、中等、及格、不及格 5 个等级评定。

2.实训成绩评定准则:

(1)是否弄清全陪导游人员的概念,能否准确说出全陪导游人员的工作职责。

(2)是否为本次实训活动制订了很好的计划并付诸实施,是否能很好地对讨论的内容进行总结和概括。

(3)能否准确表述案例 3-1 中导游人员的工作不当之处。

(4)能否准确表达全陪导游人员出团前的准备工作内容。

(5)能否准确表达案例 3-2 中导游人员在形象方面的失误,并能准确说出作为导游人员,在形象方面的注意事项。

实训项目二　全陪接团过程中的工作

一、实训目的

通过实训,要求学生熟悉全陪工作程序,了解全陪带团工作的基本内容,熟悉全陪带团过程中的工作重点与标准,掌握全陪各工作环节的要领和技巧,学会旅途讲解、生活服务等的方法。

二、基本知识点

全陪导游自接到接团任务开始,就与旅游者的旅游活动密切相关。全陪的工作质量是旅行社服务质量的最直接体现。因此,全陪的整个工作环节一个都不能马虎。就全陪工作程序而言,主要有首站(入境站)接团服务;入店服务;核对、商定行程;各站服务;离站服务;中途服务;末站(离境站)服务等服务内容。

(一)首站(入境站)接团服务

首站接团服务是全陪导游人员给游客留下良好第一印象的关键时刻。全陪导游人员应该积极与地接社取得联系,并商定与地陪、司机一起接站的时间、见面地点等,让旅游团在抵达后,能立即得到热情友好的接待,让游客有宾至如归的感觉。

1.接站准备

(1)接团前,全陪应向旅行社了解本团接待工作的详细安排情况。

(2)接团当天,全陪应与地陪(如果是全陪兼任地陪,则由全陪单独前往迎接)、司机商定碰头的地点和出发的时间,一同前往机场(车站、码头)迎接入境旅游团。

(3)接团时,要携带好必要的证件和资料(如导游证、接待计划、旅行社导游旗等),提前30分钟到接站地点与地陪一起迎候旅游团。

2.迎接旅游团

在航班(车、船)抵达后,全陪应协助地陪尽快找到旅游团。接到旅游团后,全陪应作自我介绍,问候旅游团;与旅游团领队互换名片,核实旅游团实到人数、所需房间的确定房间数、餐饮的特殊要求等。如果有人数变化,与计划不符的情况,应及时与地接社联系,并报告组团社。

3.交接行李并致欢迎词

全陪应协助领队、地陪向行李员清点交接行李,代表组团社和个人向旅游团致欢迎词。致欢迎词的地点,可以在接站地点,也可以在前往饭店的途中。欢迎词一般应包括以下五个方面的内容:

(1)表示热烈欢迎。

(2)介绍自己及公司,并介绍地陪。

(3)表示服务愿望,希望得到游客的合作。

(4)简述全程旅游的行程及在中国旅游过程中要注意的事项和要求。

(5)预祝全程旅行顺利、愉快等。

(二)入店服务

旅游团抵达饭店后,全陪应积极与地陪配合,尽快完成旅游团的入住登记手续,并安排旅游团和行李进店及用餐事宜。

1.办理酒店登记手续

全陪应和领队、地陪一起向总服务台提供团名、团队名单、团体签证、旅游团住房要求等,协助领队办理旅游团的入住登记手续。如无领队,则由全陪办理旅游团的住店手续。

2.分配住房

请领队分房,但全陪要掌握住房分配名单,并与领队互相告知各自房号,把自己的房间号告诉全体团员，以便联系。

如无领队，而旅游团是单位组团的话，则请旅游团负责人（游客之一）分配住房。

如无领队，而旅游团又是散客成团，则由全陪根据情况合理分配住房。

同时，要提醒客人在总台办理贵重物品及钱款的寄存手续。

3.引领客人和行李进房

巡视客人住房情况，询问客人是否拿到各自的行李，是否对房间满意。

需要注意的是，非工作需要，一般导游不要到旅游者房间去，尤其不要到异性旅游者房间去。即使是工作需要，能通过电话解决的，则通过电话解决。

4.处理问题

团队进房发现客房的卫生问题、房内设施问题等情况，应及时通知饭店有关部门的人员进行处理。如错拿行李或行李未到，则应协同地陪和领队一起尽快处理，以消除客人的不愉快心情。

遇到地陪在饭店无房的情况，全陪应负起权责照顾好全团游客。

5.查看用餐

在团队用餐期间，全陪要主动询问客人对餐饮的要求及用餐情况，如发生餐食质量、数量与标准不符或客人提出特殊要求，应及时与地陪一起向餐厅有关人员交涉，尽快改善。

6.安全及生活事项

全陪应提醒游客注意人身和财务安全，特别是当地陪不住饭店时，全陪应该提醒客人外出时的安全事宜，负起权责，做好全团的安全保卫工作和生活照料工作。

此外，全陪还需要掌握饭店总机号码及与地陪的联系方法（手机及住宅电话号码）。

（三）核对、商定行程及其原则

1.核对、商定行程

住店手续办好后，全陪应主动与领队核对、商定行程。如有变更或有新的特殊要求，只要是符合旅游合同，并且可能做到的，都应尽力满足。如难以做到的，应做好解释协商工作。如遇到不能解决的问题（如领队提一些对计划有较大变动的提议，或全陪手中的计划与领队或地陪手中的计划不符等情况），则应及时反映给自己所属的组团社，并及时答复领队。

2.商定行程的原则

商定行程的原则是：服务第一，宾客至上；主随客便；合理而可能；平等协商。

商定后的行程，要使旅游团内大多数旅游者感到满意，同时既定的行程尽量不要做较大的变动。一旦商定形成，各方都应遵守。详细行程商定后，请领队向全团宣布。

(四)各站服务

联络及组织协调工作是全陪的主要工作职责之一。全陪应衔接好各站之间的服务环节，使各项服务落实到位，严格履行旅游合同，实施旅游接待计划。

1. 与地陪相互协作

全陪应客观地、及时地向各站地陪汇报旅游团的运作情况，积极协助地陪做好接待工作。

2. 监督各地接待计划的实施和服务质量优劣的评价

全陪作为组团社的代表，代表的是组团社和游客的利益。一旦地接社在接待服务中没有按照标准或合同规定的内容提供服务，组团社就会成为游客投诉的首要对象。因此，在游览过程中，全陪应处理好协作与监督的关系。协助地陪做好服务工作是重要的，但同时监督地陪按照旅游合同提供服务也是全陪的主要工作之一。

若发现地接社或地陪有降低标准的现象（如降低餐标、减少景点等），应及时向地陪提出，必要时可以与当地地接社交涉或报告组团社。

3. 把握旅游者的动向

在参观游览过程中，地陪的主要精力放在了精彩的景点讲解上，因此全陪要协助地陪，时刻注意旅游者的动向，做好旅游团在活动期间的断后工作，以免旅游者走失或发生意外。

4. 做好提醒工作，认真处理突发事件

维护安全、处理问题与事故同样是全陪的主要工作职责之一。提醒旅游者注意人身和财务安全，提醒旅游者保管好财务和证件，注意饮食卫生，尽量杜绝不安全因素。每次上车应积极协助地陪、领队清点人数，提醒旅游者不要遗忘随身携带的贵重物品（如钱包、相机等）。如果突发意外，应积极协助地陪依靠地方领导妥善处理。（可参考模块七：旅游安全事故的处理程序）

5. 旅游者的购物参谋

旅游者通常都会购买当地的旅游纪念品，以回家后赠送亲朋好友和作为本次旅游的纪念。因此购物是旅游活动的一项重要内容。与地陪相比，全陪与旅游者相处时间长，通常与旅游者感情更融洽，更能得到旅游者的信任，在购物时常常会征求全陪的意见。

这时，全陪一定要从满足旅游者需要和维护旅游者利益的角度出发，客观地、实事求是地向旅游者介绍商品，做好旅游者的购物顾问。当旅游者购买贵重物品时，要提醒他们保管好购物发票，以备出海关时检查。若购买中成药、烟酒时，还应告诉他们中国海关的有关规定，以免在出境时遇到一些不必要的麻烦。

(五)离站服务

在旅游团离开本地前,全陪应做好提醒、联络工作,并尽可能帮助领队办理团队离站的相关事宜。

1.提醒地陪落实离站工作

在旅游团离开本地前,全陪应提醒地陪提前落实离站的交通票据,核实离站的准确时间和地点。

2.做好上下站的联络工作

如果旅游团抵达下一站的时间有变化、团队有特殊要求,全陪应要求当地地接社及时通知下一站,或自己亲自将情况告知下一站地接社,并做好告知记录。对于上一站工作中出现的问题或发生的事故,应提醒下一站接待社引起足够的重视。

3.妥善办理离站事宜

(1)协助领队、地陪做好行李清点、交接工作。

(2)协助旅游者办理行李托运手续及办理登记手续。

(3)协助地陪办理好有关地接等方面的财务手续,与地陪双方签字,并保管好自己的一份。

(4)提醒游客与酒店结清应由客人自付的费用(如洗衣费、饮料、电话费、传真费等)。

(5)核实地陪交给的行李票据,并妥善保管。

(六)中途服务

在旅游团从一个城市转移到另一个城市过程中的服务,是全陪工作中极其重要的组成部分,也是全陪工作与地陪工作不同的一个方面。城市转移途中的工作直接关系到整个团队行程的正常进行,因此,不论搭乘何种交通工具,全陪都应该提醒旅游者注意安全,尽量安排好途中生活,努力使旅游者感到愉快、充实。

(七)末站(离境站)服务

末站(离境站)服务是全陪整个服务工作的最后一个环节,全陪应通过服务,加深旅游者对行程的良好印象。全陪在此工作环节,应做好以下工作。

1.提醒工作

全陪应提醒旅游者带好自己的物品和证件,特别是申报单上所列物品一定要随身携带,因为海关规定申报物品必须复带出境。

2.致欢送词

全陪可在送站途中或离境站向游客致欢送词,内容主要包括:

(1)回顾全程的旅游活动,特别是值得回忆的人和事件。

(2)向领队和游客征求团队对此次行程的意见和建议,并填写《团队服务质量反馈表》(见知识点链接中表 3-3)。若旅游过程中出现过服务缺陷,导致旅游者的不愉快,全陪可借此机会向旅游者表示歉意,并设法做好弥补工作,尽量消除旅游者的不满情绪。

(3)对客人的全程合作表示感谢。

(4)表示惜别,并欢迎再次光临。

3.协助领队办理出关手续

全陪应协助领队帮助旅游者办理出关手续,提醒领队出关时准备好行李托运所需的证件和表单;提醒旅游者准备好证件、交通票据、出境卡、申报单等。全陪应与地陪一起目送旅游团进入隔离区后,方可离开。有经验的导游在话别游客之后,他们都会等"飞机上天,轮船离岸,火车出站,挥手告别",才离开现场,"仓促挥手,扭头就走",会给游客留下"是职业导游,不是有感情的导游",是"人一走,茶就凉"的导游。

4.结清费用

旅游团结账通常有现结和转账两种。

若是现结,则在旅游团出发的前一天与地陪结清团款,并收取发票。

若是计划拨款,对有增加的项目,应请地陪签字确认,带回组团社方便结算。

知识点链接

团队服务质量反馈表(样本)

尊敬的游客:

　　欢迎您参加旅行社组织的团队外出旅游,希望此次旅程能为您留下难忘的印象。为不断提高我社的旅游服务水平和质量,请您协助我们填写此表(在每栏其中一项里打"√"),留下宝贵的意见。谢谢您! 欢迎再次旅游!

组团社:	全陪导游姓名:
团号:	人数:
游览线路:	天数:
游客代表姓名:	联系电话:
单位:	填写时间:　　年　月　日

续表

项　目	满　意	较满意	一　般	不满意	游客意见与建议
咨询服务					
线路设计					
日程安排					
活动内容					
价值质量相符					
安全保障					
全陪业务技能					
全陪服务态度					
地陪服务					
住宿					
餐饮					
交通					
娱乐					
履约程度					
整体服务质量评价					

三、实训内容、组织方式及步骤

实训内容Ⅰ:认找旅游团

实训要求:请学生根据材料,总结出认找旅游团的方法。

实训形式:资料分析、模拟导游。

实训步骤:

第一步:实训前准备。要求参加实训的同学,课前查阅相关书籍,初步了解本次实训所涉及的基础知识。

第二步:以 5~6 人的小组为单位,进行资料的分析与讨论,各人充分发表各人的观点。

案例分析 3-3

认找旅游团

美国波士顿某旅行社委派史密斯先生带领美国哈佛大学商学院教授一行30人从上海入境,参观上海世博会后,将对上海周边的城市进行商业考察。行程初步安排如下:D1:美国—上海,上海世博会,住上海;D2:上海世博会,住上海;D3:上海—义乌,义乌国际商贸城,住义乌;D4:义乌国际商贸城、义乌市政府学术访问,住义乌;D5:义乌—海宁,海宁皮革城,住海宁;D6:海宁—上海—美国,返程。恒风旅行社委派导游员小李到上海浦东国际机场接团。

第三步:对小组成员的各种观点进行记录。

"认找旅游团"分析讨论记录

专业班级		组　别	
记录人		时　间	
小组成员			
讨论记录	1.根据以上材料,说说小李在接团前应做好哪些准备? 2.说说小李应如何认找该旅游团? 3.说说认找旅游团有哪些技巧和注意事项? 4.如果你是小李,你会怎样对该团致欢迎词?		成绩
	组员 1		
	组员 2		
	组员 3		
	组员 4		
	组员 5		
	组员 6		

第四步:各小组选出一名代表发言,对小组讨论结果进行总结。

第五步:各小组分角色扮演领队、全陪和游客,进行"认找旅游团"的模拟训练。

第六步:实训指导教师对小组成员的讨论情况及模拟导游情况进行总结。

实训内容Ⅱ:入店服务

实训要求:请学生根据"认找旅游团"资料,分角色扮演领队、全陪、地陪、行李员、饭店前台服务员,模拟导游人员的入店服务,并根据实际情况妥善处理问题。

实训形式:模拟导游。

实训步骤：

第一步：实训前准备。要求参加实训的同学，课前查阅相关书籍，初步了解本次实训所涉及的基础知识。

第二步：以 5～6 人的小组为单位，进行资料的分析与讨论，选择扮演角色：领队、全陪、地陪、行李员、饭店前台服务员。

第三步：学生根据入店服务工作内容、程序和标准，模拟入店服务。

第四步：实训指导教师对小组成员模拟导游情况进行总结。

实训内容Ⅲ：核对、商定行程

实训要求：

1.请学生根据"认找旅游团"资料，分角色扮演领队、全陪、地陪、模拟核对、商定行程工作，并根据实际情况妥善处理问题。

2.请学生根据"计划有出入"资料，分析全陪小李在工作中的不足之处。

3.请学生根据"计划有出入"资料，准确说出全陪在与领队核对、商定行程时应遵守的原则。

实训形式：案例分析、模拟导游。

案例分析 3-4

计划有出入

导游员小李在旅游团入住饭店后，主动与领队商谈日程安排。在商谈过程中，小李发现领队手中计划表上的游览景点与自己接待任务书上所确定的游览景点不一致，领队的计划表上多了两个景点，且坚持要按他手上的景点来安排行程。为了让领队和游客没有意见，小李答应了。在游览结束后，领队和游客较满意。

（本文来源：旅行社服务案例分析（试用），浙江省旅游局导游办公室，编者做了修改）

实训步骤：

第一步：实训前准备。要求参加实训的同学，课前查阅相关书籍，初步了解本次实训所涉及的基础知识。

第二步：以 5～6 人的小组为单位，进行资料的分析与讨论，选择扮演角色：领队、全陪、地陪。

第三步：学生根据核对、商定行程的原则，模拟该项工作。

第四步：针对"计划有出入"材料，分小组进行讨论，并对小组成员的各种观点进行记录。

"计划有出入"资料分析记录

专业班级		组　别	
记录人		时　间	
小组成员			

讨论记录	1. 根据以上材料,说说案例中导游员小李在与领队核对、商定行程时,犯了哪些错误? 2. 说说核对、商定行程应遵守哪些基本原则? 3. 在核对、商定行程时,遇到自己不能解决的问题,应该怎样处理?		成绩
	组员 1		
	组员 2		
	组员 3		
	组员 4		
	组员 5		
	组员 6		

第五步:实训指导教师对小组成员模拟导游情况和讨论发言情况进行总结。

实训内容Ⅳ:各站服务

实训要求:

请学生根据"全陪导游无动于衷"资料,分析全陪导游在各站服务中应做好哪些工作。

实训形式:案例分析。

实训步骤:

第一步:实训前准备。要求参加实训的同学,课前查阅相关书籍,初步了解本次实训所涉及的基础知识。

第二步:以 5~6 人的小组为单位,进行资料的分析与讨论,各人充分发表各人的观点。

全陪导游无动于衷

巴图先生参加了某旅行社组织的"九寨沟、成都、乐山、峨眉山、重庆、三峡、宜昌十五日游"旅游团,时间为 9 月 6 日至 20 日,整个费用是 3200 元。

巴图先生与同团的旅游者于 9 月 6 日登上前往成都的火车,于 8 日中午 11 点抵达成都,下火车后,随机换乘汽车赶赴九寨沟,当晚住宿在半路的松潘。第二天游览了黄龙景区,晚上住宿在九寨沟。旅行社安排巴图先生等旅游者住在九寨沟的××饭店,房间是普通间,没有独立卫生间,与旅行社和旅游者签订的合同中约定的"标准间"不相符合。巴图先生找到全陪刘某,问住宿为什么降低了标准。刘某说:前一天在松潘住宿的宾馆,每张床位费是 80 元,大大超出了标准,今晚只好住便宜点。

从九寨沟返回成都,原计划第二天游览武侯祠、杜甫草堂,下午自由活动。但是早饭后,旅行社的导游却安排旅游团去购物。向大家极力推荐药材,大谈这里的药材如何货真价实、疗效如何显著,但是旅游团购买欲望不强。从购物点出来没走多远就遇到了塞车,上午只安排了一个景点武侯祠,就没有时间了。导游说杜甫草堂安排在下午去参观。

原以为地陪会按计划游览景点,没想到,杜甫草堂匆匆游览完后,下午又去了珠宝商店购物,并且在路上说,上午大家购物没有达到要求,下午在珠宝店一定要购买。大家无奈,只能进店购物。出来时,珠宝店服务员陈小姐挡住了其中一位游客徐先生的去路。陈小姐说:"我们怀疑你顺手牵羊拿了本店的一串珍珠。"徐先生听后勃然大怒。陈小姐说:"看你贼眉鼠眼的样子,就知道不是好人,做贼心虚了吧!"说完,陈小姐就叫商场保安人员将徐先生强拉到办公室,对其进行搜身,时间长达半小时之久。在没有发现首饰后,才放了徐先生。珠宝商店的这一行为激起了全团游客的愤慨。更为气愤的是,在事情发生过程中,导游员刘某始终保持沉默,事后也没有安慰游客。徐先生满腔愤怒,决定返回后要投诉。

16 日晚,旅游团从重庆登上长江的游船,开始了三峡段的游览。17 日,游船到达张飞庙景点,但是游船没有停靠。游客张先生持旅游团行程计划书询问导游刘某为什么取消张飞庙的游览,刘某讲因为旅游团所乘的船小,无法靠岸,不能游览张飞庙的责任完全在游船方面,旅行社无能为力。

(本文来源:段国强.旅游投诉案例与分析.北京:中旅游出版社,2003:129—130;旅行社服务案例分析(试用)140—140,作者:浙江省旅游局导游办公室,编者做了修改)

第三步:对小组成员的各种观点进行记录。

"全陪导游无动于衷"资料分析记录

专业班级		组　别	
记录人		时　间	
小组成员			

讨论记录	1.根据以上材料,说说案例中刘某在导游服务中存在哪些工作缺陷? 2.说说全陪导游人员在各站服务中应承担哪些工作内容? 3.说说全陪导游如何监督和协助地陪服务? 4.当游客的合法权益受到侵害时,全陪导游应该如何做? 5.全陪导游人员如何当好游客的购物顾问?		成绩
	组员 1		
	组员 2		
	组员 3		
	组员 4		
	组员 5		
	组员 6		

第四步:各小组选出一名代表发言,对小组讨论结果进行总结。

第五步:实训指导教师对小组成员的讨论情况进行总结。

四、实训时间及成绩评定

(一)实训时间

实训内容Ⅰ:资料分析、讨论时间以 10 分钟为宜,各小组代表发言时间控制在 3 分钟以内,各小组模拟导游时间控制在 15 分钟以内。

实训内容Ⅱ:各小组模拟导游时间控制在 15 分钟以内。

实训内容Ⅲ:各小组模拟导游时间控制在 15 分钟以内。

实训内容Ⅳ:资料分析、讨论时间以 10 分钟为宜,各小组代表发言时间控制在 3 分钟以内。

(二)实训成绩评定

1.实训成绩按优秀、良好、中等、及格、不及格 5 个等级评定。

2.实训成绩评定准则:

(1)是否弄清全陪导游人员的工作程序、内容和标准。

(2)是否为本次实训活动制订了很好的计划并付诸实施,是否能很好地对讨论的内容进行总结和概括。

(3)在讨论、分析环节是否对问题进行了很好的把握。

(4)在模拟导游环节,是否体现了全陪导游人员的工作内容、注意事项等。

实训项目三　全陪接团后的总结工作

一、实训目的

通过学习,使学生掌握整个后续工作的内容。

通过案例分析,能够让学生充分体会到送团以后的工作的重要性。

二、基本知识点

很多导游认为,把旅游团顺利送走,就算工作圆满完成了。其实不然。很多情况下,我们还要处理游客委托的各项工作,填写全陪日志等,以及做好售后服务工作。

(一)处理旅游委托事宜

如果游客在离境前,有委托全陪的工作,则送团后,全陪应及时根据旅行社管理层的指示,依照导游工作规范,妥善处理好客人委托的各项事宜。

(二)填写全陪日志

填写《全陪日志》,或其他旅游行政管理部门和组团社要求的有关资料。

《全陪日志》的内容包括:

(1)旅游团的基本情况。

(2)旅游日程安排及交通情况。

(3)各地接待质量(指旅游者对食、住、行、游、购、娱等各方面的满意程度)。

(4)对发生的问题及事故的处理经过。

(5)旅游者的反馈及整改意见。

知识点链接

团队服务质量反馈表（样本）

单位/部门		团　号	
地陪姓名		接待社	
领队姓名		国籍或省籍	
接待时间	年　月　日至　年　月　日	人　数	（含　岁儿童　名）
途径城市			

团内重要客人、特殊情况及要求

领队或旅游者的意见、建议和对接待工作的评价

该团发生问题和处理情况（意外事件、旅游者投诉、追加费用等）

全陪意见和建议

全陪对全过程服务的评价：　合格　　不合格

行程状况	顺利	较顺利	一般	不顺利
客户评价	满意	较满意	一般	不满意
服务质量	优秀	良好	一般	比较差

全陪签字	部门经理签字	质管部门签字
日期	日期	日期

注：总评价为合格条件：各站评价均为合格；
总评价为不合格条件：总评价中客户评价和服务质量两项出现"不满意"或"比较差"。
本表来源：黄明亮，刘德兵.导游业务实训教程.北京：科学出版社，2007：82.

（二）与旅行社结算

全陪应在返回的第二天去旅行社结清有关账目，归还所借物品。

一旦完成接待任务后,全陪应对自己的服务工作进行认真全面的反省,并做好书面总结。全陪带团走遍祖国的大江南北,见识多,并与不同的领队、地陪打交道,因此,全陪送团后,应及时进行总结带团时的经验和体会,找出不足,并通过学习弥补所缺知识,不断提高全陪服务水平,不断完善自我。

(三)做好售后服务

现在旅游行业竞争激烈,回头客应该成为旅行社的主要客源。因此,在接待工作结束后,全陪还应做好旅游团队的售后服务。

如果是国内团,旅游团成员大都是组团社所在地的居民,因此旅游行程结束后,全陪应电话联系或者上门回访,保持经常性的联系,以加深与客人的感情,争取回头客。

三、实训内容、组织方式及步骤

实训内容:填写全陪日志

实训要求:请学生根据材料,正确填写全陪日志。

实训形式:资料分析。

实训步骤:

第一步:实训前准备。要求参加实训的同学,课前查阅相关书籍,初步了解本次实训所涉及的基础知识。

第二步:以5~6人的小组为单位,进行资料的分析与讨论,各人充分发表各人的观点。

案例分析 3-6

行程一波三折

一天下午,北京的导游宋小姐到机场去接待一个来自法国的 30 人的旅游团。在接到客人后,她问清了人数,便将大家召集起来堆放行李。清点行李后,宋小姐在行李卡上写了件数、所住房间,签过字并将卡片移交给行李员,然后自己带领游客们上车活动去了。晚餐后,当团队来到京伦饭店时,行李已经送到了饭店。此时,领队告诉宋小姐,他们那个团队应该住在国际饭店,而不是京伦饭店。宋小姐连忙拿出计划表检查了一下,上面明明写着京伦饭店,人数也相同;领队则把自己的计划给宋小姐看,上面却写着国际饭店。他们决定进饭店问一问。在总服务台登记入住处,前厅服务员检查领队手中的计划,发现领队的名字不对,并告诉领队这个团已经入住饭店了。宋小姐此时有点明白了:由于当时没有确认领队的名字,一定是接错了团。

她非常着急,那时只见同事刘先生走了过来。刘先生告诉宋小姐,他接的团应该住在国际饭店,但在机场经过与领队核对,发现领队名字和所住饭店不同,见没人接待,就先将该团接到了京伦饭店。刘先生和宋小姐核对了一下计划,发现团队名称、人数都相同,只是领队的名字和所住饭店不同。两人把情况告诉各自的领队,然后火速联系旅社社行李车为宋小姐错接的旅游团运行李。刘先生请宋小姐调换车辆,通知游客旅游日程,然后就带着宋小姐错接了的游客们上车去了国际饭店。

按照计划,第二天将游览天坛。正当地陪给客人讲解时,忽然看见有四五个形迹可疑的人围住了一名客人,那客人正靠在白栏杆上在拍照,没有发觉这几个人。宋小姐立刻感到这几个人可能有问题,于是以导游的口吻,用手指着那位拍照的客人的方向说:"请大家往那边看,在那里,可以拍到天坛的全景。"全团客人的视线一下子都集中到那个客人的方向,那位客人以为她要讲解什么也转过身来。这时客人背的旅游包已被那几个人拉开了拉链,客人自己也发现了。那几个人一看事情败露,迅速抽身逃离。离开天坛时,客人当着全团游客的面,对宋小姐表达了谢意。全团游客也将错接事件引起的些许不满一扫而尽。

按照旅游行程,该团在游玩北京后,第二站要去西安。当飞机抵达西安后,宋小姐就带旅游团到了机场出口。不一会,其他的旅游团纷纷被各自地接社的地陪接走了,环顾四周,就剩下自己的一个旅游团。等了好一会,仍不见自己的地陪前来迎接。宋小姐想,接待计划是早已制定并传真给了地方接待社的,地方接待社已有回执,行程也无更改,地陪怎么会不来接呢?又过了几分钟,还是不见地陪来。宋小姐着急起来,她跟领队讲了几句,给地方接待社打电话。因为是周末,地接社值班人员只是回答说:今天是有这个团。宋小姐想,不能再等下去了。在北京的时候,就已经发生错接了,现在再出现错误,游客一定会有意见。她把自己的想法与领队讲了之后,就来到民航停车场,找来了一辆大客车,把旅游者带往饭店。途中,宋小姐还拿起话筒承担起了地陪的讲解任务。游客对宋小姐的表现更加满意了。

在旅游团离境前,一老年游客找到全陪宋小姐,要求她将一个密封的盒子转交一位朋友,并说:"盒里是些贵重东西,本来想亲自交给他的,但他来不了饭店,我也去不了他家。现在只有请你将此盒转交给我的朋友了。"全陪为了使游客高兴,接受了他的委托,并认真地亲自将盒子交给游客的朋友。可是半年后,老年游客写信给旅行社,询问为什么宋小姐没有将盒子交给朋友。当旅行社调查此事时,李小姐说已经将盒子交给了老人的朋友了,并详细介绍了事情的过程。旅行社领导严肃批评了李小姐。

(本文来源:黄明亮,刘德兵.导游业务实训教程.北京:科学出版社,2007:83~83.编者有改动)

第三步:对小组成员的各种观点进行记录。

案例分析发言记录

专业班级		组　别	
记录人		时　间	
小组成员			

讨论记录	1.根据以上材料,评析一下全陪导游宋小姐在接团过程中的功过。 2.针对材料中提到的带团情况,应该怎样正确填写全陪日志? 3.全陪应该怎样处理游客交代的遗留问题?		成绩
	组员1		
	组员2		
	组员3		
	组员4		
	组员5		
	组员6		

第四步:各小组选出一名代表发言,对小组讨论分析结果进行总结。

第五步:每位学生独立完成全陪日志。纸张另附。在下一堂课上教师点评。

四、实训时间及成绩评定

(一)实训时间

实训内容:资料分析、讨论时间以 10 分钟为宜,各小组代表发言时间控制在 3 分钟以内,各小组模拟导游时间控制在 15 分钟以内。

(二)实训成绩评定

1.实训成绩按优秀、良好、中等、及格、不及格 5 个等级评定。

2.实训成绩评定准则:

(1)是否弄清全陪导游人员的工作程序、内容和标准。

(2)是否为本次实训活动制订了很好的计划并付诸实施,是否能很好地对讨论的内容进行总结和概括。

(3)在讨论、分析环节是否对问题进行了很好的把握。

模块四　领队服务工作程序

实训目标

通过"领队服务工作程序"模块的教学与实训活动,从出境游领队的具体操作入手,通过讲解、示范、模拟的形式,加强学生服务规范性和技能性的训练,提高带团能力和服务水平。掌握出境游领队的基本程序、方法、技巧,熟悉出境旅游过程中的所有环节,为将来的出境游领队的实地工作奠定基础。

实训手段

案例分析;模拟演练;走访旅行社;实地跟团。

实训项目一　领队接团前的准备

一、实训目的

通过课堂讲解与模拟演练,要求学生掌握领队接团前的准备工作细节。

二、基本知识点

海外领队是指经国家旅游行政主管部门批准可以经营出境旅游业务的旅行社的委派,全权代表该旅行社带领旅游团从事旅游活动的工作人员。境外旅行社对"领队"的叫法多种多样,并不相同,有"Tour Leader"、"Tour Escort"、"Tour Conductor"、"Tour Manager"等多种称呼。在日本的旅行社,领队被称为"随员"。对领队的各种不同的称呼,显示出人们对领队功能的认识略有偏差。"Tour Leader"和"Tour Manager'"的称呼,倾向于领队对旅游团的责任;"Tour Escort"、"Tour Conductor"和"随员"的称呼,则更倾向于领队的服务功能。各国的领队虽然名称不同,但所从事和承担的工作却大致一样。领队作为出境旅游团的带队人，受旅行社指派，所要完成的都是要保证旅游团平稳运行的工作。在接团前，领队应做好以下工作。

(一)行前业务准备

1. 熟悉接待计划

领队应事先详细了解旅游行程与接待计划书，做到"烂熟于心"。掌握旅游团的详细行程计划，包括旅游团抵离各地的时间及所乘用的交通工具；熟悉并记住旅游团行程计划中所列出的全部参观游览项目及文娱节目安排等；熟悉并记住行程中下榻各地酒店的名称，用餐安排等事项。

2. 进行"四核对"

护照与机票核对，包括中英文姓名，前往国家。

机票与行程核对，包括国际段和国内段行程、日期、航班、间隔时间等。

护照与名单表核对，各项一一对应，核对实际出境旅游人数与"团队名单表"一致。

护照内容核对，包括正文页与出境卡项目一致，出境卡两页是否盖章，出境卡是否有黄卡，是否与前往国相符，签证的有效期，签证水印及签字等。

3. 其他准备事项

了解旅游目的地国家(地区)风俗民情。

旅游目的地国家(地区)常用的求助电话。

中国的驻外使领馆的联系方式。

负责境外接待的旅行社的名称、联络电话(对每家境外接待社至少要记下两个电话号码以作备用)，导游姓名、性别及联系电话等。

(二)出团必需品准备

(1)护照、机票、已办妥手续的"团队名单表"。

(2)团队计划、自费项目表。

(3)国内外重要联系电话及航班时刻表。

(4)客人房间分配表。

(5)游客胸牌、行李标签。

(6)旅行社社旗、社牌、扩音器、名片、客人问卷调查表、领队日记簿。

(7)旅行包(核对该团是否提供)。

(8)各国入出境卡、海关申报卡。

(9)机场税款及团款。

(10)随身日用品。

(11)常用药品。

(12)其他。

(三)开好出境行前说明会

说明会一般程序如下:

(1)清点参加出境行前说明会到会人员。

(2)由组团人主持开会,介绍团队组成情况和相应问题。

(3)领队进行自我介绍。

(4)介绍境外旅游行程。按行程表逐一介绍,应强调行程表上的游览顺序有可能因交通等原因发生变化。说明哪些活动属于自费项目,客人可以自由选择。通知集合时间及地点。

(5)提醒客人带好有关物品,如洗漱用品、拖鞋、衣物、常用药品等。中国海关规定每位出国旅游人员可携带人民币20000元,可兑换美元5000元。

(6)介绍境外注意事项。告诫客人在境外要注意安全,特别是在海滨或自由活动时。告诫客人不要把财物放在旅游车上,并向客人讲解在酒店客房如何保管贵重物品,如何使用酒店提供的保险箱,以及在旅途中托运行李时,如何保管贵重和易损物品等基本旅游知识。告知游客有关国家的法律和海关规定,说明过关程序及有关手续。

(7)落实以下一些具体事项:确定旅游团的分房名单;国内段返程机票是否已定或是否交款;是否有单项服务等特殊要求;是否有饮食禁忌;等等。

(8)分发游客团队标志胸牌和太阳帽、折叠包等物品。

(9)解答游客提出的问题。

(10)领队将自己的联系方式再次通报给每一位客人。

(11)通常情况下,在开行前说明会时,由旅行社联系检疫局人员来打防疫针并发给黄皮书,也可在出境时领取黄皮书。

(12)宣布出境说明会结束。

(13)会后,电话通知未到会人员相应情况及要求。

三、实训内容、组织方式及步骤

实训内容:模拟召开出境行前说明会

实训要求:要求学生根据所学的知识,学会开出境行前说明会。

实训形式:模拟演练。

实训步骤:

第一步:以5~6人的小组为单位,分成若干个小组,每小组随机抽取一个国家(地区),收集资料,准备模拟召开旅游该国(地区)的行前说明会。

第二步:布置会场。

第三步:准备一份"出境旅游团组成成员情况表"。

第四步:模拟电话通知各出境旅游团成员按时参加说明会。

第五步:拟召开旅游该国(地区)的行前说明会。

"××国(地区)游行前说明会"模拟演练记录

专业班级		组　别	
记录人		时　间	
小组成员			
演练内容			
小组成绩	□优秀　　□良好　　□中等　　□合格　　□不合格		

四、实训时间及成绩评定

(一)实训时间

教师讲解时间 15 分钟,演练时间控制在 30 分钟以内。

(二)实训成绩评定

1.实训成绩按优秀、良好、中等、及格、不及格 5 个等级评定。

2.实训成绩评定准则:

(1)书面材料准备情况占 20%;

(2)模拟演练过程中的表现占 50%;

(3)实训总结占 30%。

知识点链接

泰国购物须知

到泰国,你会被林立的大型购物中心、制作精美的手工艺品所吸引。在泰国,你可以购买色彩鲜艳、雍容华丽的泰国丝,柔软厚实的棉制品,红蓝宝石,还有鳄鱼皮的皮革制品;手工艺品主要是银器;木雕、漆器,丝棉织品也十分精致,很值得购买。购物应注意的事项有:

货比三家不吃亏。大型百货公司的价格是固定的,但商场外围的小店铺和一般私人商店都可以讨价还价。购买贵重物品时更要多加比较,并且不要忘了索取完整的发票。

除泰国免税品商店外,泰国政府未拥有、经营、补贴或授权任何珠宝店。

不要寄希望于可以把在泰国购买的珠宝拿回国后高价转卖。购买珠宝后应向店家索要购物证明。有些店家会以随身携带不安全为由,提出帮你把珠宝邮寄回国,这一般都是因为价高物劣,怕你反悔回来退货。因此,切勿邮寄,最好随身携带。

在某些景点附近,常有一些穿戴整齐的人主动告诉你该景点当天关门。待你回头后,便开始说服你跟他去"很便宜"的地方购物。一些会讲中文的人也会笑眯眯地提出帮你买便宜货,或带你去某地观光。这时,你一定要战胜贪便宜的心理,不然,最后吃亏的肯定是你。

最保险的购物场所是大型百货商场,价格合理,质量也有保证,且大多商品售出后在不影响继续出售的情况下,7天内均可退换。泰国在一些大型百货商场里还开展增值税退税活动,可到商场问询处索要有关规定(有中文),了解具体情况。在一些商场咨询处还可以出示护照获取5%的优惠卡,在购买商品时交给售货员。这种优惠卡有效期为一周,可多次申请,并可在连锁百货公司内使用。

任何时候都不应丧失一般生活常识,如果某些商品,特别是昂贵商品,价钱便宜得令人不敢相信,那么最好不要买,至少应多加比较,识别真伪优劣。

尊重泰国的宗教信仰,但亦需防止有人以宗教信仰为理由强迫购物。泰国人佩带佛像与西方人佩带十字架是一个道理,是出于对佛的尊重,而非相信佛像有何威力。一般旅游景点售的佛像成本均较低,因此,如果有人以佛像具有某种魔力而索以高价,那你千万别信。

(资料来源:湘南假期网,http://www.0735678.com/readnews.asp? id＝140)

实训项目二 领队服务程序

一、实训目的

通过对本项目知识的学习,使学生理解领队服务的程序,准确地掌握领队服务各个环节的内容及其要求。

二、基本知识点

领队服务主要环节如图 4-1 所示。

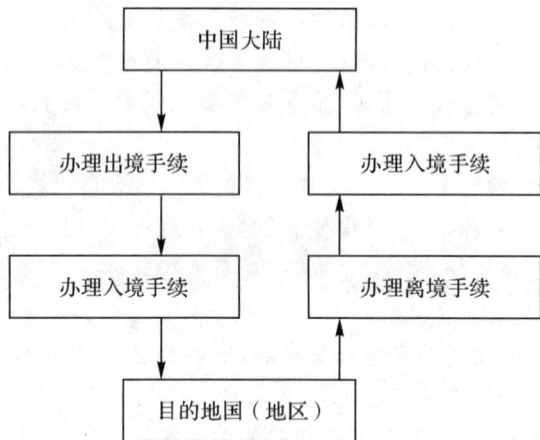

```
                    ┌─────────────┐
                    │  中国大陆    │
                    └─────────────┘
              ┌───────────┐   ┌───────────┐
              │办理出境手续│   │办理入境手续│
              └───────────┘   └───────────┘
              ┌───────────┐   ┌───────────┐
              │办理入境手续│   │办理离境手续│
              └───────────┘   └───────────┘
                    ┌─────────────────┐
                    │  目的地国(地区) │
                    └─────────────────┘
```

图 4-1 领队服务主要环节

出入境阶段要经过中外海关十多个关口的检查,有许多具体的手续要办理,领队要对所要经过的关口、所要办理的各项手续十分熟悉,以便能带领全体游客顺利完成从国内到国外、从国外到国内的出入境的所有繁杂的工作。领队在境外带团期间,在地陪导游为主、自己为辅的前提下开展工作,为旅游者安排好食、住、行、游、购、娱。

(一)办理出境手续

领队应提前到达集合地点,选择合适的集合位置。团队成员如数到达后,领队应即席发表一个简短讲话,告知游客办理出境的简略程序。具体流程如图 4-2 所示。

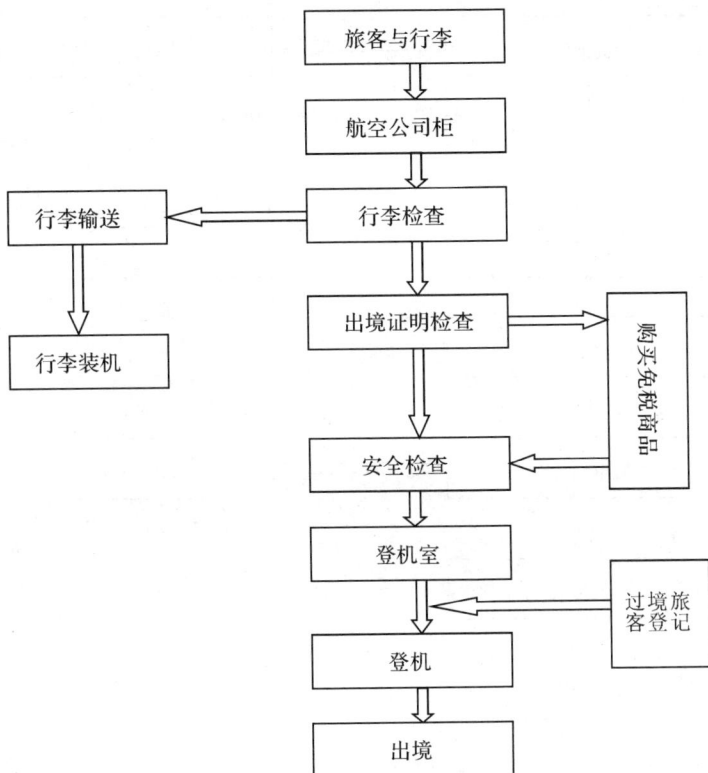

图 4-2　出境流程

(二)办理国外入境手续

到达旅游目的地后,办理有关入境手续,即"过三关"(卫生检疫、证照查验、海关检查)。具体流程如图 4-3 所示。

(三)落实境外旅游接待

办理完以上各项手续,领队举起领队旗,带领全体游客到出口与前来迎接的导游会合。

在走出机场、上车之前,领队需先清点人数,并请所有游客清点自己的托运行李和随身行李。

与导游见面后,领队应主动与导游交换名片,并与导游进行简单的工作接洽。

(四)境外游览服务

协助导游圆满完成境外全部活动。

在境外活动中与客人进行沟通,补充当地导游存在的不足。

```
┌─────────────┐         ┌─────────────┐
│  飞机到达    │────────▶│  行李卸机    │
└─────────────┘         └─────────────┘
       │                       │
       ▼                       │
┌─────────────┐                │
│  旅客下机    │                │
└─────────────┘                │
       │                       ▼
       ▼                ┌─────────────┐
┌─────────────┐         │  输送带      │
│  检疫        │         └─────────────┘
└─────────────┘                │
       │                       │
       ▼                       ▼
┌─────────────┐                │
│ 入境证照检查 │                │
└─────────────┘                │
       │                       │
       ▼                       ▼
┌─────────────┐         ┌─────────────┐
│  提取行李    │◀────────│  行李旋转台  │
└─────────────┘         └─────────────┘
       │
       ▼
┌─────────────┐
│  海关检查    │
└─────────────┘
       │
       ▼
┌─────────────┐
│  入   境    │
└─────────────┘
```

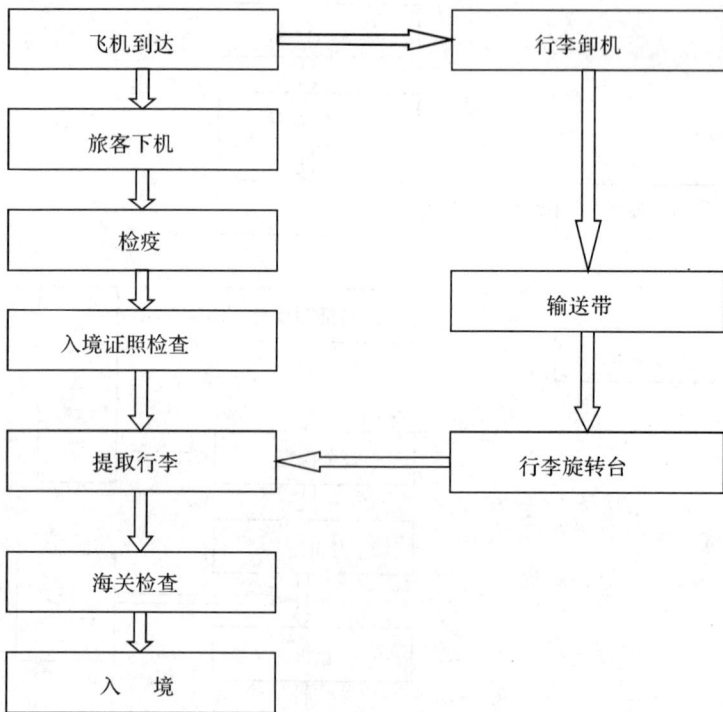

图 4-3　入境流程

及时通报国外的行程计划,应付意外的行程变动。

在境外维护客人的合法权益。

(五)办理国外离境手续

办理国外离境手续与在中国出境时基本相同,通常都是先办登机手续,再过边检海关。

过关前,领队应告诉客人航班号、登机门、登机时间,叮嘱客人一定要在约定的时间前赶到登机门。

过关时,应提醒客人手持护照、该国移民局所要求的出境卡和登机牌。

持团体签证或落地签证的客人,领队应要求他们按名单顺序排队,依次审核出关。

欧洲、澳洲以及南非等许多国家和地区,都有对游客购物实行退税的规定。但各个机场退税方法不一,领队可先向机场查询,再转告游客。目前已经有一些退税公司在中国开展了退税服务,在北京、上海、广州等大城市设立了退税点,故领队可建议游客回到国内办理退税手续。

(六)办理回国入境手续

领队应告诉客人遵守中国边检及海关规定,不得携带违禁品、管制品入境,也不得携带未经检疫的水果入境。

凡在"名单表"中的客人须按"名单表"上的顺序排队,依次到边检审验护照,领队将"名单表"交边检官审验盖章。

健康声明书通常不必每人都填写,只要领队在同一名单上说明全团人员均健康即可(有规定检疫疾病的除外),但人数较多的团队入境时尽量每人填写一份,以避免麻烦。

三、实训内容、组织方式及步骤

实训内容Ⅰ:出境旅游领队接待服务

实训要求:通过示范和演练,要求学生掌握出境旅游领队的接待礼仪和服务技巧。

实训形式:模拟演练。

实训步骤:

第一步:将学生分成若干个小组,要求分组收集出境旅游目的地国家或地区的有关资料。

第二步:让学生分组演练出境旅游领队的接待礼仪和服务技巧。

第三步:对学生演练进行分析、讲评,纠正演练过程中存在的问题。

"出境旅游领队接待服务"模拟演练记录

专业班级		组　别	
记录人		时　间	
小组成员			
演练内容			
小组成绩	□优秀　□良好　□中等　□合格　□不合格		

实训内容Ⅱ:出境旅游领队疑难问题处理

实训要求:通过实训,让学生掌握出境旅游团中处理与游客关系的基本要领和技巧,掌握出境游领队的行为之忌,发生常见及特殊问题事故时的处理,以及与游客发生冲突的处理原则。

实训形式:模拟演练。

实训步骤:

第一步:将学生分成若干个小组,分组收集针对游客出境旅游过程中的不同心理变化,发生常见特殊问题事故时的处理,与领队常见的冲突的有关资料。

第二步:将资料进行分析、处理,并设计成一个情景剧。

第三步:对学生情景剧进行分析、讲评。

第四步:教师进行实训总结。

"出境旅游领队与游客关系处理"情景剧

专业班级		组　别	
时　间		小组成员	
脚　本			
小组成绩	□优秀　□良好　□中等　□合格　□不合格		

实训内容Ⅲ:出境旅游领队服务程序

实训要求:通过课堂讲解和观摩,要求学生通过室内模拟演练,掌握出境旅游领队导游服务程序规范的完整内容。

实训形式:综合模拟演练。

实训步骤:

第一步:学生分组进行资料收集和准备工作。

第二步:分组演练出境旅游领队服务过程,包括出团前的说明会、中国出境及他国(地区)入境、领队在境外带团期间的主要工作、他国(地区)离境及中国入境等服务程序的完整过程。

第三步:教师对学生演练进行分析、讲评,纠正演练过程中存在的问题。

第四步:强调出境旅游领队服务规范要领和技巧的掌握。

"出境旅游领队服务程序"综合模拟演练记录

专业班级		组　别	
记录人		时　间	
小组成员			
演练内容			
小组成绩	□优秀　□良好　□中等　□合格　□不合格		

四、实训时间及成绩评定

(一)实训时间

实训Ⅰ、Ⅱ进行1学时;实训Ⅲ进行2学时。

(二)实训成绩评定

1.实训成绩按优秀、良好、中等、及格、不及格5个等级评定。

2.实训成绩评定准则:

(1)书面材料准备情况占20%;

(2)模拟演练过程中的表现占50%;

(3)实训总结占30%。

知识点链接

出境旅游领队人员管理办法

第一条 为了加强对出境旅游领队人员的管理,规范其从业行为,维护出境旅游者的合法权益,促进出境旅游的健康发展,根据《中国公民出国旅游管理办法》和有关规定,制定本办法。

第二条 本办法所称出境旅游领队人员(以下简称"领队人员"),是指依照本办法规定取得出境旅游领队证(以下简称"领队证"),接受具有出境旅游业务经营权的国际旅行社(以下简称"组团社")的委派,从事出境旅游领队业务的人员。

本办法所称领队业务,是指为出境旅游团提供旅途全程陪同和有关服务;作为组团社的代表,协同境外接待旅行社(以下简称"接待社")完成旅游计划安排;以及协调处理旅游过程中相关事务等活动。

第三条 申请领队证的人员,应当符合下列条件:

(一)有完全民事行为能力的中华人民共和国公民;

(二)热爱祖国,遵纪守法;

(三)可切实负起领队责任的旅行社人员;

(四)掌握旅游目的地国家或地区的有关情况。

第四条 组团社要负责做好申请领队证人员的资格审查和业务培训。

业务培训的内容包括:思想道德教育;涉外纪律教育;旅游政策法规;旅游目的地国家的基本情况;领队人员的义务与职责。

对已经领取领队证的人员,组团社要继续加强思想教育和业务培训,建立严格的工作制度和管理制度,并认真贯彻执行。

第五条　领队证由组团社向所在地的省级或经授权的地市级以上旅游行政管理部门申领,并提交下列材料:申请领队证人员登记表;组团社出具的胜任领队工作的证明;申请领队证人员业务培训证明。

旅游行政管理部门应当自收到申请材料之日起 15 个工作日内,对符合条件的申请领队证人员颁发领队证,并予以登记备案。

旅游行政管理部门要根据组团社的正当业务需求合理发放领队证。

第六条　领队证由国家旅游局统一样式并制作,由组团社所在地的省级或经授权的地市级以上旅游行政管理部门发放。

领队证不得伪造、涂改、出借或转让。

领队证的有效期为三年。凡需要在领队证有效期届满后继续从事领队业务的,应当在届满前半年由组团社向旅游行政管理部门申请登记换发领队证。

领队人员遗失领队证的,应当及时报告旅游行政管理部门,并声明作废,然后申请补发;领队证损坏的,应及时申请换发。

被取消领队人员资格的人员,不得再次申请领队登记。

第七条　领队人员从事领队业务,必须经组团社正式委派。

领队人员从事领队业务时,必须佩戴领队证。

未取得领队证的人员,不得从事出境旅游领队业务。

第八条　领队人员应当履行下列职责:

(一)遵守《中国公民出国旅游管理办法》中的有关规定,维护旅游者的合法权益;

(二)协同接待社实施旅游行程计划,协助处理旅游行程中的突发事件、纠纷及其他问题;

(三)为旅游者提供旅游行程服务;

(四)自觉维护国家利益和民族尊严,并提醒旅游者抵制任何有损国家利益和民族尊严的言行。

第九条　违反本办法第四条,对申请领队证人员不进行资格审查或业务培训,或审查不严,或对领队人员、领队业务疏于管理,造成领队人员或领队业务发生问题的,由旅游行政管理部门视情节轻重,分别给予组团社警告、取消申领领队证资格、取消组团社资格等处罚。

第十条　违反本办法第七条第三款规定,未取得领队证从事领队业务的,由旅游行政管理部门责令改正,有违法所得的,没收违法所得,并可处违法所得 3 倍以下不超过人民币 3 万元的罚款;没有违法所得的,可处人民币 1 万元以下罚款。

第十一条　违反本办法第六条第二款和第七条第二款规定,领队人员伪造、涂改、出借或转让领队证,或者在从事领队业务时未佩戴领队证的,由旅游行政管理部门责令改正,处人民币 1 万元以下的罚款;情节严重的,由旅游行政管理部门暂扣领队证 3 个月至 1 年,并不得重新换发领队证。

第十二条 违反本办法第八条第一项规定的,按《中国公民出国旅游管理办法》的有关规定处罚。

第十三条 违反本办法第八条第二、三、四项规定的,由旅游行政管理部门责令改正,并可暂扣领队证 3 个月至 1 年;造成重大影响或产生严重后果的,由旅游行政管理部门撤销其领队登记,并不得再次申请领队登记,同时要追究组团社责任。

第十四条 旅游行政管理部门工作人员玩忽职守、滥用职权、徇私舞弊,构成犯罪的,依法追究刑事责任;未构成犯罪的,依法给予行政处分。

第十五条 本办法由国家旅游局负责解释。

第十六条 本办法自发布之日起施行。

(资料来源:国家旅游局令第 18 号,2002-10-28)

模块五　散客服务工作程序

实训目标

通过"散客服务工作程序"模块实训，了解散客旅游的基本概念、类型和特点以及与团队旅游的区别；熟悉办理散客的各项委托代办业务；掌握散客导游服务程序。

实训手段

案例分析；模拟演练；走访旅行社；实地跟团。

实训项目一　散客旅游产品的类型

一、实训目的

通过教师课堂讲解、示范和组织学生观摩，使学生了解散客旅游的基本概念、类型和特点以及与团队旅游的区别。

二、基本知识点

（一）散客旅游产品

1.概念

散客旅游，又称自助或半自助旅游，在国外称为自主旅游（Independent Tour），它是由旅游者自行安排旅游线路和活动项目，零星现付各项旅游费用的旅游方式。自20世纪80年代以来，世界旅游市场呈现出"散客化"的趋势，目前，欧美各主要旅游接待国的散客市场份额达到了70%～80%，经营和接待散客旅游的能力，已经成为衡量一个国家或地区旅游业成熟度的主要标准。中国科学院副院长戴斌教授认为，散客旅游是发展的必然趋势，随着游客消费模式的变化、旅行经验的成熟，将会不断推动散客旅游的发展,但这并不意味着旅行社无事可做,而是要求旅行社的经营理念和方式加以转变,由过去的接待为主转变为空间移动服务商,为游客采集、综合和提供旅游信息,安排行程等单向旅游产品操作,对商务旅行安排要便利舒适、节省费用,进行专业性旅行安排。

2.特点

散客旅游主要有两大特点:

(1)批量少,批次多。较团队旅游,散客旅游在人数规模上要小得多,因此批量较少。近年来,由于散客旅游的迅速发展,选择散客旅游的人数大大超过了团队旅游的人数,再加之其批量少的特点,导致了散客旅游批次多的特点。

(2)要求多,变化多。散客不同于已成形的团队,他们在出团之前会提出种种预设方案线路,要求旅行社按他们的想法来安排计划。散客在参加旅游时要求旅行社提供的往往只是单项服务或几项服务,但在旅游过程中却极容易多次发生旅游行程、线路等的变更或取消,同时也会提出新增的旅游项目要求,并要求旅行社在较短时间内为其安排或办妥有关手续。

3.与团队旅游的区别

散客旅游与团队旅游的区别如下:

(1)旅游行程安排不同。团队旅游的食、住、行、游、购、娱一般都是由旅行社或旅游服务中介机构提前安排妥当,而散客旅游的行程则是由散客自由选择、安排和计划的。团队旅游是有组织按预定的行程、计划进行旅游,而散客旅游的随意性强,服务项目不固定。

(2)付费方式与价格不同。团队旅游是由旅行社以包价形式向参加团队的旅游者一次性收取全部或部分旅游服务费用。散客旅游的付款方式有时是零星现付,即购买什么,购买多少,按零售价格当场现付。由于散客旅游的价格是零售价,而团队旅游是批发价,所以相同级别的旅游项目,散客旅游所需的费用要比团队旅游贵一些。

(3)游客人数不同。旅游团队一般是由 10 人以上的旅游者组成。而散客旅游一般不超过 9 人,可以是单个的旅游者,可以是一个家庭,还可以是几个好友组成。

(二)散客旅游服务的类型

旅行社为散客提供的旅游服务主要有旅游咨询服务、单项委托服务和选择性旅游服务。

1.旅游咨询

旅行社"散客部"或"散客中心"接待人员向客人热情提供各种旅游信息,推荐灵活多样的服务项目。旅游者咨询旅游服务的方式主要有人员咨询服务、电话咨询服务、网络咨询服务等。人员咨询服务是指门市服务人员接待前来旅行社门市进行咨询的旅游者,回答旅游者提出的有关旅游方面的问题,向旅游者介绍旅行社的散客旅游产品,提供旅游建议。电话咨询服务是指门市服务人员通过电话回答旅游者关于旅行社产品及其他旅游服务方面的问题,并向旅游者提供本旅行社有关产品的建议,积极促销、宣传本旅行社产品、信誉、品牌。网络咨询服务是指门市服务人员通过电子邮件、QQ 等方式,回答旅游者提出的有关旅游方面的问题,向旅游者介绍旅行社的散客旅游产品,提供旅游建议。

2. 单项服务

旅行社为散客提供各种按单项计价的可供选择的服务。常规服务项目有导游服务、抵离接送、代订饭店、代办行李托运、代租汽车、代办签证等。过去在旅行社属于"跑龙套"的票务专营,如今却扮演着越来越重要的角色。

火车票和轮船票预订。出票时,票务人员要认真核对日期、班次、去向、张数。旅游者因故需退票,需请购票人填写退票单,按规定缴纳退票手续费。票务人员将退票和退票手续费一并交财务,妥善保管退款单据。

航空客票预定。要在专门登记机票的登记本上记录:接待时间,接待人姓名,电话内容,包括预定日期、人数、区间,是否有儿童或婴儿,舱位等,如果客人有指定的航班或时间以及舱位等都要做详细的记录。最关键的就是身份证号码和姓名,如果是电话预定的就要多询问几次,反复核对,确定无误之后进行登记。订票时,在专业的订票平台上输入要预定的票面信息,并反复核对身份证号码或护照号码和姓名,无法打出的字可以用拼音代替。确认无误后,点击"支付"。打印票面,出票完成。电话预定的票,要在出票以后给客人发送短信,告知航站楼等预定信息。当天的票(通常是 8:00—23:00 点预定的票)可以提交"退票",只损失 10 元的手续费;如果隔天提交的就只能退票了,要根据各航空公司不同的政策收取不等的退票损失。

单项服务通常由旅行社所设立的散客部或综合服务部完成,也可通过旅行社在各大饭店、机场、车站、码头等场所设立的门市柜台来完成。单项服务主要分为受理散客到本地旅游的委托服务、代办散客赴外地旅游的委托服务、受理散客在本地旅游的委托服务。

受理散客到本地旅游的委托服务。应记录散客的姓名、国籍(地区)、人数、性别、抵达日期、所乘交通工具抵达时间、需提供的服务项目、付款方式等。如要代办在本地出境的交通票据,则要记录下客人护照上准确的姓名拼写、护照或身份证号码、出生年月、交通工具档次,以及外地委托社名称、通话人姓名、通话时间等。认真填写任务通知书,并及时送达有关部门及个人(如导游)。如果旅行社无法提供散客委托的服务项目时,应在 24 小时内通知外地委托旅行社。

代办散客赴外地旅游的委托服务。门市为散客代办赴外地旅游的委托应在其离开本地前三天受理,若代办当天或次日赴外地旅游的委托时,需加收加急长途通讯费。如委托人在国外,门市可告知到该国与其有业务关系的外国旅行社,通过该旅行社办理;如委托人在我国境内,可让其直接到旅行社相关部门办理。接受此项委托业务时,必须耐心询问客人要求,认真检验其身份证件。根据客人到达的地点、使用的交通工具及其他服务要求逐项计价,现场收取委托服务费用,出具发票或收据。如果客人委托他人代办委托手续,受委托人在办理委托时,必须出示委托人的委托书和委托人身份证件,然后再按上述程序进行。

受理散客在本地旅游的委托服务。受理散客在本地旅游的操作与代办散客赴外地旅游的操作相同。

3.选择性旅游服务

通过招徕,将赴同一旅行线路或地区或相同旅游景点的不同地方的旅游者组织起来,分别按单项价格计算的旅游形式。根据散客旅游的特点,旅行社所设立的选择性旅游产品应是"组合式"的,即每一个产品的构成部分的价格均由产品的成本和利润组成。其形式主要有小包价旅游中的可选择性部分;某一景点游览、观赏文娱节目、品尝当地风味等单项服务项目;"购物旅游"、"半日游"、"一日游"和"数日游"等。

三、实训内容、组织方式及步骤

实训内容Ⅰ:散客旅游服务的类型

实训要求:要求学生根据所学的知识,掌握散客服务的类型及旅行社门市服务的主要业务。

实训形式:资料分析、模拟演练。

实训步骤:

第一步:实训前准备。要求参加实训的同学,课前查阅相关书籍,初步了解本次实训所涉及的基础知识。

第二步:以5~6人的小组为单位,进行资料的分析与讨论,各人充分发表各人的观点。

"散客旅游服务的分类"资料分析记录

专业班级		组　别	
记录人		时　间	
小组成员			
案例讨论内容	1.根据所学的知识以及所收集的资料,说说共有哪些类型的散客旅游服务?请举出一些例子。 2.请你预测下散客旅游服务的发展前景。		
讨论记录			
小组成绩	□优秀　　□良好　　□中等　　□合格　　□不合格		

第三步:各小组选出一名代表发言,对小组讨论结果进行总结。

第四步:实训指导教师对小组成员的讨论情况进行总结。

第五步:分小组模拟演练旅游咨询服务、单项委托服务、选择性旅游服务。

"散客旅游服务"模拟演练记录

专业班级		组　别	
记录人		时　间	
小组成员			
演练内容			
小组成绩	□优秀　□良好　□中等　□合格　□不合格		

实训内容Ⅱ:航空客票的代售

实训要求:要求学生根据所学的知识,掌握航空客票的代售技巧。

实训形式:模拟演练。

实训步骤:

第一步:实训前准备。要求参加实训的同学,课前查阅相关资料,初步了解本次实训所涉及的基础知识。

第二步:以 5～6 人的小组为单位,1 位扮演订票员(轮流扮演),其他几位扮演顾客,进行模拟演练。

第三步:各小组选出一名代表发言,对小组讨论结果进行总结。

第四步:实训指导教师对小组成员的讨论情况进行总结。

四、实训时间及成绩评定

(一)实训时间

资料分析、讨论时间以 15 分钟为宜,各小组代表发言时间控制在 3 分钟以内。学生准备模拟演练内容,模拟演练控制在15分钟以内。

(二)实训成绩评定

1.实训成绩按优秀、良好、中等、及格、不及格5个等级评定。

2.实训成绩评定准则：

(1)是否了解散客旅游的基本概念、特点以及与团队旅游的区别。

(2)是否熟知散客旅游服务的类型。

(3)是否掌握航空票代售技巧。

知识点链接

"量身定做"应对"散客时代"

在一些旅行社眼中,散客市场利润薄、业务零碎,同时,散客的要求灵活多变,不易满足。但在专家们看来,重团体、轻散客只会让利润空间有限,对散客的漠不关心,失去的是最大的市场蛋糕。应对散客时代,各地政府和旅游企业需要有为这个市场"量身定做"的思维。

首先,有关部门及各级政府应及早准备,加大面向散客的基础设施建设力度。要提高对散客市场的认识,在航空、铁路、公路、海运及宾馆住宿等方面,加大投入,制定相应对策,以应对即将到来的散客时代。

其次,各地应加强旅游信息化服务建设。各地政府要加快建立城市综合服务网络和大环境的配套,比如城市呼叫服务中心、旅游咨询服务中心等。对散客提供良好的服务,提供多语种的城市咨询、远程查询、远程交易等,向散客们提供公正性的咨询服务。

散客时代的来临,也意味着旅行社提升服务水平时代的来临。旅行社可以为散客提供充实的各种信息,帮助游客制定当地出发的旅游行程安排等,还可以根据游客的需求,提供"量身定做"的旅游。因此,中国旅游业界人士应尽快完善接待服务体制,在提高旅游服务品质、旅游信息发布等各个方面多下工夫。

第三,政府企业共同进行旅游目的地推广。开发散客旅游市场,最重要的就是做好旅游目的地推广,应放在首要位置。除了政府部门外,旅游企业要暂时抛弃竞争概念,联合起来,共同进行城市推广,吸引散客。

第四,景区营销应走出对旅行社的过度依赖,逐步向散客市场倾斜。散客旅游的关键词是"方便、自由",因此,如何让游客方便、如何让游客自由自在地旅游是旅游行业研究的重点。

第五,保证安全。旅行社要积极应对散客旅游时代,提高品质,确保游客安全,包括交通安全、饮食安全,要有良好的紧急联络体制和对应网络。

（资料来源：闫平."散客时代"：旅游市场需要"量身定做"思维.新华每日电 讯,2008-1-19）

散客旅游心理分析

近年来,随着旅游市场的日趋成熟、游客自主意识的增强和旅游者消费观念的改变,团队旅游有安全感、省时方便、价格便宜的优势对旅游者的吸引力已有所下降,而针对团队旅游的弱势而产生的散客旅游以其独特的优点吸引着广大旅游者。据1997年《中国旅游年鉴》的统计,1996年散客旅游人数已占入境游客总数的70％。在出境旅游中,1996年中国公民出境旅游总人次为506.07万,其中由旅行社组团出境的为164万人次,只占出境旅游总数的32.4％。在我国国内旅游中,1997年我国城乡居民出游总人次为6.44亿,其中由旅行社承办的仅为1528万人次,仅占出游总人数的5.9％。根据2002年国家统计局中国经济景气监测中心会同中央电视台《中国财经报道》对北京、上海、广州三地城市的多位居民进行调查,选择自助旅游方式的比例达到38.8％,而选择团队旅游的仅占8.3％,其余大部分受访者未做回答。由此可见,散客旅游已成为我国各种旅游活动的主要形式。

第一,旅游者自主意识的增强。在社会稳定和具备一定经济基础的前提下,旅游者选择旅游目的地和旅游方式更注重体现个人的自主意识,而随着信息产业的发展,人们更容易获得各种旅游方面的知识。知识的积累和旅行经验的丰富,使人们对旅行社及旅游中介机构的依赖性逐渐减弱,人们出游的自主意识和参与意识日趋增强,越来越多的人喜欢结伴旅游或全家一起出游,自主地选择目的地、参观的景点及其他旅游活动。

第二,旅游者心理成熟度的增强。心理成熟表现为有较大的选择性和独立性,不成熟则表现为有较大的盲目性和依赖性。旅游者作为本身的职业所扮演的社会角色是相当成熟的,但作为旅游者这一社会角色也许还不成熟。但在100多年的旅游业的发展过程中,无数次的旅游实践培养了一大批成熟型的旅游者,表现在：从茫然和胆怯到经验丰富、信心十足;从必须加入旅游团到往往宁愿做"散客";从随大流地购买标准化的旅游产品到选购甚至"定制"个性化的旅游产品;从慕名前往一些众所周知的旅游胜地到自己去发现"旅游胜地";从匆匆忙忙、东奔西跑做"走马看花式"的巡游到选定一两个地方做"下马看花式"的滞留型旅游;在旅游中,从只是"旁观"到也要"参与",从只是"领受"到也要作出自己的"贡献";从只重视旅游的"结果"到既重视旅游的"结果"也重视旅游的"过程";从只是"被组织"、"被安排"到"自己组织"、"自己安排"。

第三，旅游者需求层次的提高。现代旅游者之所以要花费时间和金钱，去过一段不同于日常生活的生活，为的是寻求补偿和解脱，从日常生活所造成的精神紧张中解脱出来，去接触一些日常生活中接触不到的事物，做一些日常生活中想做而没有条件去做的事情。心理学家弗洛姆曾在《逃避自我》一书中写道："也许我们已经注意到，也许我们还没有注意到：世界上最使我们感到羞耻的莫过于不能表现我们自己；最使我们感到骄傲和幸福的也莫过于想、说和做我们自己要想、要说、要做的事。"现代旅游者不想从日常生活的围城中冲出来，又跳进团队旅游的围城中去。尤其是在旅游者中，中青年人数在增加，他们中相当多的人性格大胆，富有冒险精神，带着明显的个人爱好寻求旅游目的地和旅游方式，不愿受到限制和束缚。他们寻求表现自己、突出自己、充实和提高自己的机会。按照马斯洛的需要层次理论，个体的需要从低到高分为生理的需要、安全的需要、归属的需要、尊重的需要及自我实现的需要五个层次，在低一层次的需要满足的前提下产生高一层次的需要。在现代旅游中，旅游者已满足了生理的需要、安全的需要、归属的需要、尊重的需要，达到寻求自我实现的需要的满足。这种需求层次的提升，促使散客旅游迅速发展。

第四，旅游者消费中个性成分的增加。旅游市场的飞速发展，使身处其中的旅游消费者发生着观念的变化，以及由心理的变化带来观念的变化和旅游行为的变化。旅游者不仅仅把旅游看成是一种花钱买享用和观赏的经历，而且把旅游看成是一种花钱买操作和表现的经历。单一形态的团队旅游形式对旅游者的吸引力有所下降，而且越来越明显的是，旅游消费者越来越趋向于选择能体现自己的生活质量、个性特征，能让自己由被动变主动、积极参与到其中的散客旅游方式。这样，一些诸如"民俗旅游"、"探险旅游"、"体育旅游"、"回归自然旅游"、"环保旅游"等项目悄然兴起，并深受旅游消费者的欢迎。

第五，旅游者经济支出心理承受能力的提高。旅行社的出现就是为了给旅游者提供低廉的价格、优质的服务，因而大受欢迎。现在旅行社通过批量购买、强劲的计价还价实力，在交通费用、住宿餐饮和景区门票等方面获得折扣，从而降低了旅游者的旅游花费。这种价格比旅游者个人自助旅游的花费要低得多，因此，参加旅行社旅游一直是观光旅游的主要组织方式。但随着经济水平的提高、人们购买力的增强，对经济支出的心理承受能力提高、对价格的关注程度下降，而对旅游经验更加重视。自助旅游行程灵活、购物灵活，能满足旅游者的心理需要，因此散客旅游迅速发展。

除此之外，散客旅游设施的初步具备，也是散客旅游迅速发展的原因之一。现代交通的发达，铁路、航空等实行电脑联网售票，为散客旅游提供了交通的便利；现代电脑、通讯的发展，使人们无需通过旅行社就可在互联网上查询有关旅游的知识,安排自己的旅行,基本解决食、住、行的问题。另外,许多城市设立了旅游咨询电话、电脑导游显示屏等,这也促使了散客旅游的迅速发展。

(资料来源:向前.论旅游心理与散客旅游管理策略.湖南第一师范学院学报,2003(4))

实训项目二　散客服务程序

一、实训目的

通过教师讲授和模拟演练,要求学生掌握旅行社散客服务程序。

二、基本知识点

散客旅游与团队旅游,在接待工作和接待程序上有许多相似的地方,但也有不同之处,地陪不能完全照搬团队旅游的导游服务程序,其主要环节如图 5-1 所示。这里主要讲一些不同之处。

```
接站服务  →  导游服务  →  送站服务
```

图 5-1　散客服务三环节

(一)接站服务

导游人员要准备好迎接散客旅游者或小包价旅游团的欢迎标志,接站牌上应写上客人姓名。导游人员和司机应站在不同的出口迎接游客。如果没有接到应接的旅游者,导游人员应该:①询问机场或车站工作人员,确认本次航班(火车、轮船)的乘客确已全部下车或在隔离区内确以没有出港旅客。②导游人员(如有可能与司机一起)在尽可能的范围内寻找(至少 20 分钟)。③与散客下榻饭店联系,查询是否已自行到饭店。④若确实找不到应接的散客,导游员应电话与计调人员联系并告知情况,进一步核实其抵达的日期和航班(火车、轮船)及是否有变更的情况。⑤当确定迎接无望时,必须经计调部或散客部同意方可离开机场(车站、码头)。⑥对于未在机场(车站、码头)接到旅游者的导游人员来说,回到市区后,应前往旅游者下榻的饭店前台,确认旅游者是否已入住饭店。如果旅游者已入住饭店,必须主动与其联系,并表示歉意。

对散客,沿途导游服务应采取对话的形式进行。散客的特点是散,客人互相都不熟悉,导游人员在做完自我介绍后最好让他们互相作自我介绍,以便于今后散客之间能更好地互相帮助,导游人员的工作也会便利得多。与散客介绍认识后,应尽快记住散客姓名、体态和容貌,并设法了解其国籍、职业、性格、特征和习惯。但不宜直接询问游客,可从与散客的交谈中发现线索。

散客抵达饭店后,导游人员应帮助散客办理饭店入住手续。注意:要记住散客的房号,并督促行李进户。导游人员在帮助散客办理入住手续后,要与散客确认日程安排。注意:散客确认日程后,应让其签字书面确认。导游人员在迎接散客的过程中,应择机询问散客在本地停留期间还需要旅行社为其代办何种事项。迎接散客完毕后,导游人员应及时将与接待计划有出入的信息及散客的特殊要求反馈给旅行社。散客吩咐的事情要记在记事本上,并落实去做,最后将结果告诉客人。

(二)导游服务

如果是单个游客,导游人员可采用对话或问答形式进行讲解。由于散客旅游者自由活动时间较多,导游人员应当好他们的参谋和顾问:可介绍或协助安排晚间娱乐活动,把可观赏的文艺演出、体育比赛、宾馆饭店的活动告诉旅游者,请其自由选择,但应引导他们去健康的娱乐场所。

导游人员接受送站计划后,应详细阅读送站计划,明确所送散客的姓名或散客小包价旅游团人数、离开本地的日期、所乘航班(火车、轮船)以及下榻的饭店;有无航班(火车、轮船)与人数的变更;是否与其他散客或散客小包价旅游团合乘一辆车去机场(车站、码头)。

由于散客经常有临时增加旅游项目或其他变化的情况而需要导游人员向旅游者收取各项费用,因此,在完成接待任务后,应及时结清所有账目,并及时将有关情况反馈给散客部或计调部。

三、实训内容、组织方式及步骤

实训内容:针对散客的讲解

实训要求:通过案例分析,要求学生掌握针对散客的讲解技巧。

实训形式:案例分析。

实训步骤:

第一步:实训前准备。要求参加实训的同学,课前查阅相关书籍,初步了解本次实训所涉及的基础知识。

第二步:以 5～6 人的小组为单位,进行案例的分析与讨论,各人充分发表各人的观点。

案例分析 5-1

一次,欧美部的英语导游人员小方作为地陪负责接待一个由7个散客组成的散客旅游。其中5人讲英语,2人讲中文。在旅游车上,小方用两种语言交替为游客讲解。到了游览点时,小方考虑到游客中讲英语的占多数,便先用英语进行了讲解,没想到他用英语讲解完毕,想用中文作再次讲解时,讲中文的游客已全部走开了,因而他就没用中文再次讲解。事后,小方所在旅行社接到两位讲中文游客的投诉,他们认为地陪小方崇洋媚外,对待游客不公平。

(资料来源:熊剑平.导游业务.武汉:武汉大学出版社,2004)

第三步:各小组根据实训指导教师提问进行讨论,并记录讨论结果。

案例分析讨论记录稿

专业班级		组　别	
记录人		时　间	
小组成员			
案例讨论内容	1.分析投诉的原因; 2.避免投诉的方法。		
讨论记录			
小组成绩	□优秀　□良好　□中等　□合格　□不合格		

第四步:各小组选出一名代表发言,对小组讨论结果进行总结。

第五步:实训指导教师对小组成员的讨论情况进行总结。

四、实训时间及成绩评定

(一)实训时间

实训内容:案例讨论时间以 10 分钟为宜,各小组代表发言时间控制在 3 分钟以内。

(二)实训成绩评定

实训成绩按优秀、良好、中等、及格、不及格 5 个等级评定。

知识点链接

自由行受欢迎　"散客时代"呼唤全新服务体系

大小景点随处可见三三两两年轻的"背包客",各大景区停车场内挂着外地牌照的私家车,遍布于各大网站论坛的"自由行攻略"……如今,随着收入水平的提高和消费观念的转变,旅游的"散客时代"已悄然到来。

据海南省假日办抽样调查显示,来琼旅游的散客多于团队客的现象已连续出现 4 年,显示出海南度假旅游正朝个性化、时尚化和体验性、参与性发展。我国旅游市场也正逐步进入"散客时代"。

面对自由行比例迅速飙升的新变局,传统旅行社应如何转变经营观念和模式,以满足游客的个性化需求? 专家认为,应对"散客时代",旅游经营者和管理者应尽快搭建起全新的散客服务体系。

自由行悄然流行　"散客时代"到来

正在三亚度假的杭州游客燕聆告诉记者:"结婚前,我们俩就跟着单位去过海南了,这次再来,我们坚决不跟团,自己玩才有意思。"

燕聆夫妇首先通过网站订到了相对优惠的折扣机票,通过朋友在三亚订到优惠又独特的酒店,然后就开始频繁光顾各大旅游网站、论坛,收集、整理最新最全的海南旅游攻略。紧接着又在网上淘到便宜的三亚周边一日游旅游产品。

在四天三晚的自由行行程中,燕聆夫妇第一天上午乘飞机抵达三亚后,直接入住亚龙湾的酒店,游热带天堂森林公园;第二天参加蜈支洲岛一日游;第三天参加南山一天涯海角一日游;第四天到三亚免税店"血拼"购物,下午乘机返回。

燕聆说,自助游花费比跟团要高一些,但"吃、住、行、游、娱"这旅游五件事,每一件都更超值，比如，时间自由，想玩就玩，想休息就休息；不必吃难以下咽的团队餐，他们从旅游攻略中找到了很多美味的小吃；住的方面也比跟团要好，虽然花钱较多，但可以选择各种风格独特的酒店入住。

据调查，如今，越来越多的游客像燕聆夫妇这样选择自由出行，他们不再满足于线路统一、时间固定、走马观花式的跟团旅游。

在一些旅游网站、论坛、空间中，人们通过图文互动的形式撰写游记，和网友们分享世界各地的优美风景和自由出行的快乐。"不用跟团，和心爱的人在海边生活一段时间，静静的，那已经是一件很享受的事情了。"一位曾来三亚旅游的网友说。

"海南的散客旅游风尚领先于全国"，海南省旅游发展研究会会长王健生说，早在前几年，三亚成为国内著名的度假旅游目的地开始，就意味着进入了"散客时代"，尤其2011年海南东环高铁建成开通之后，为散客旅游提供了更大的交通便利。抽样调查显示，2011年春节黄金周期间，来琼散客与团队的平均比例为57∶43，"五一"小长假期间，这种状况更为明显。

旅行社推出个性化产品

王健生认为，"散客时代"的到来，主要是需求变化所致。以前国人消费能力有限，大多是跟团出游，现在生活水平提高了，自主消费、个性化消费的意识和需求大大提高，尤其是年轻一族、新婚夫妇、商务会议、探亲访友等，更倾向于自由出行。此外，"零负团费"、"强迫购物"等一些不良现象也在一定程度上助推了"散客时代"的到来。

"自由行比例逐步提高是一种潮流，更是一种不可逆转的趋势。"海南省旅游协会旅行社分会会长房新海说，"以前跟团游客跟散客的比例差不多是8∶2，现在基本颠倒过来，在清明节、'五一'小长假期间，这种变化更加明显。"

房新海认为，对于正在建设中的国际旅游岛，这种趋势将越来越明显。与走马观花式的旅游相比，游客现在更愿意多花钱，去体验跟平时生活截然不同的旅游感受，因此海南蜜月、拓展、养生等度假产品正为越来越多的游客青睐。

面对这种变化，传统旅行社该如何应对？"我们必须改变，主动适应这种趋势。"海南康泰国旅常务副总经理张强说，他们在三亚成立了3家独立经营的公司，一家负责接待各地办事处收到的高端游客，一家负责三亚及周边一日游、承接网络客人，还有一家主打会展、奖励旅游。同时，大力发展电子商务，并与大企业合作，开发旅游一卡通等产品。

与此同时，一些小规模的旅行社从一开始，就把目标客户定位为需要个性化服务的游客。首创海底婚礼的海南完美假期旅行社总经理龙鹏说，他们从2005

年开始把婚庆和旅游结合起来,推出的"美人鱼"海底集体婚礼已成功举办36届,虽然报价高达8999元,但游客满意度却非常高。

散客服务体系亟待搭建

业内人士认为,能否让散客获得"宾至如归"的享受,是一个旅游目的地成熟与否的标志。

海口市民吕墨女士曾去过国内外很多景区,她认为,国外的一些热点旅游城市的旅游市场监管比较到位,不存在欺客、宰客现象;而且旅游配套环境较好,为游客考虑得十分周到。

相比之下,在海南,首先出行就是大问题,从市区到景点的短途交通往往不足,路标路牌不清,设置不规范,初来乍到者常感到无所适从;吃饭也担心被坑、被宰;购物担心买到假货。国内一些网络社区里,常能看到游客在三亚旅游被宰、被坑,甚至被打的经历,这些无疑都给美景大打折扣。

"与国际上成熟的旅游目的地相比,海南在接待散客旅游方面还有较大差距。"日前,海南省省长助理、省旅游委主任陆志远接受记者采访时,一口气说出了海南的很多不足。"接待散客,各种公共服务设施要进一步完善,要有游客到访中心,机场、码头等公共场所的标志要更加清晰,公共交通、旅游地图等公共服务产品要更加丰富,旅游企业的接待模式要转变。"

王健生说,散客出游的这股潮流应引起旅游经营者和管理部门的特别关注,与以往保姆式的团队接待不同,"散客时代"呼唤一种全新的服务体系。

要尽快催生一系列规范的服务散客的个性化旅游产品,如探险型、婚庆型、户外运动型等,对于海南的旅行社来说,转型升级迫在眉睫。

要从硬件和软件两方面构建丰富的散客服务体系。硬件方面,构建不同层级的游客到访中心,建立满足散客需要的咨询系统、维权系统、消费指引系统;软件方面,要不断提高旅游从业人员的素质,改进服务质量和服务方式。

"搭建散客服务体系还是一项惠民工程。"王健生说,散客往往喜欢去一些没有围墙的景点,到访的散客越多,意味着将有更多的钱直接流到城乡老百姓手中。

（资料来源：赵叶苹.新华网海南频道,2011-5-19）

模块六　导游讲解

实训目标

1. 掌握导游词的写作要求与基本技巧，独立完成导游词的写作。
2. 树立学生对自然景观与人文景观的基本认识，并能准确区分。
3. 掌握主要导游讲解方法及技巧，并能熟练运用。

实训手段

案例分析；观看图像资料；学生训练。

实训项目一　导游词的写作

一、实训目的

通过对资料的分析讨论，使学生了解导游词的概念、结构、特点和功能。
通过学生训练和教师指导，培养学生独立完成导游词写作的能力。

二、基本知识点

（一）导游词的概念

导游词是导游员引导游客观光游览时的讲解词，是导游员同游客交流思想、向游客传播文化知识的工具，也是吸引和招徕游客的重要手段。导游词从形式上有书面导游词和现场口语导游词两种。书面导游词，一般是根据实际的游览景观、遵照一定的游览线路、模拟游览活动而写作的。它是口语导游词的基础与脚本。掌握了书面导游词的基本内容，根据游客的实际情况，再临场加以发挥，即成为口语导游词。

(二)导游词的特点

这里所说的导游词,主要是指书面导游词,即用文字形式书写出来的导游词。其特点主要表现为以下几个方面。

1. 临场性

虽然书面导游词没有直接面对游客及景观,但它模拟现场导游的场景,创作者把自己比作导游,设想正带领游客游览。因此导游词是循游览线路层层展开的,而且为增加现场感,多以第一人称的方式写作。在修辞方面,多用设问、反问等手法,仿佛游客就在眼前,造成很强烈的临场效果。

2. 实用性

导游词的写作目的有两方面,一是作为导游员实际讲解的参考,二是作为游客了解某一景点或某一旅游目的地的资料。由于上述两个目的,导游词对每一个景点都提供翔实的资料,从各个方面加以讲述,导游员读了以后,经过加工就能成为自己导游口头讲解的内容,而游客读了,就能对此景点或旅游目的地有详尽的了解。因此导游词必须符合导游解说的需要和游客倾听的需要,具有很强的实用性。

3. 综合性

导游词既有说明性的特点,也有欣赏性的特点,因此导游词是综合性的。在一篇导游词中,会用到自然科学知识,如地质成因、动植物学知识、力学原理等;还会用到社会科学知识,如宗教常识、哲学美学知识、诗词歌赋、中外文学等;另外,建筑、园林、书法、绘画等,都会有所涉猎。一篇优秀的导游词往往综合了各个学科门类,多角度多层面对景点加以叙述,给阅读者全方位的信息。

4. 规范性

虽然导游员在实际工作中运用的是口语,但导游词却是书面语言。因此导游词的用语应该规范,应该避免口语化的表达方法,避免地方方言等,即便为了增加幽默感而需要运用地方方言,也应该加以解释,让全国各地的读者都能读懂。规范的用语反映了作者良好的中文修养与造诣。

5. 知识性

导游词除了具有引导游客游览和欣赏景观的功能外,还有向游客传播知识的功能,以满足其求知、求奇、求美的心理需求。自然景观和人文景观是一本百科全书,旅游者可以从中学到各种历史文化、社会科学、自然知识和美学知识。因此,优秀的导游词都具有丰富的知识性。

导游词中涉及的概念必须准确,引用的数据资料必须认真核对,实事求是。

(三)导游词的功能

1. 引导游客鉴赏

导游词的宗旨是通过对旅游景观绘声绘色的讲解、指点、评说,帮助旅游者欣赏景观,以达到游览的最佳效果。

2. 传播文化知识

传统文化知识即向游客介绍有关旅游胜地的历史典故、地理风貌、风土人情、传说故事、民族习俗、古迹名胜、风景特色,使游客增长知识。

3. 陶冶游客情操

导游词的语言应具有言之有理、有物、有情、有神等特点。通过语言艺术和技巧,给游客勾画出一幅幅立体的图画,构成生动的视觉形象,把旅游者引入一种特定的意境,从而达到陶冶情操的目的。

此外,导游词通过对旅游地出产物品的说明、讲解,客观上起到向游客介绍商品的作用。

(四)导游词的结构

通常一篇完整的导游词是由标题、前言、总述、分述、结尾五部分构成。

(1)标题:是自然或人文景观的名称。

(2)前言:是导游员在陪同游客参观、游览前,向大家表示问候、欢迎和自我介绍的话,实质上是一个开始,既简短、亲切,又有引出下文的作用。

(3)总述:对将要参观游览的景点用精练的词句先作整体介绍,让游客对景点有个初步了解,以便让游客有一种见树先见林的感觉。

(4)分述:是导游词的重点,它是按游览的先后顺序,对景观逐一进行生动、具体的陈述,使游客尽情饱览一个个景点的风韵和艺术魅力。

(5)结尾:写导游词有开头一定要有结尾,是导游词的结束语。包括游览结束后对游览活动的回顾、总结,对游客的合作表示感谢和对游客的美好祝愿。

(五)导游词的写作要求

1. 重科学、显特色

(1)强调知识、突出科学性。一篇优秀的导游词必须有丰富的内容,应融入各类知识并做到旁征博引、融会贯通、引人入胜。导游词的内容必须准确无误,令人信服,特别是进行科普导游时必须严格按科学规律写作,切忌胡编乱造,更不能人造"假科学"。

(2)内容要有特色、新颖并深刻。导游词的内容不能只满足于一般性介绍,还要注重深层次的内容,如同类事物的鉴赏、有关诗词的点缀、名家的评论等。这样才会提高导游词的档次水准。导游员要善于根据游客的现实需要、结合景区景物的分析来创作导游词。

导游词的创作要不断创新,符合时代气息。导游词内容深刻,给游客一种新颖的思考,有助于提高导游质量。但新颖并不等于深刻,深刻要求导游词创作者深入探讨景区(点)内容的实质,把丰富的内涵挖掘出来,讲深讲透。

2.讲究口语化

书面导游词是为现场口语导游而准备的,而导游语言是一种具有丰富表达力、生动形象的口头语言。这就是说,在导游词创作中要注意多用口语词汇和浅显易懂的书面语词汇。要避免难懂的、冗长的书面语词汇和音节拗口的词汇,减少刻意的主观煽情;要多用短句,减少华丽的书面文学辞藻的堆砌,以便讲起来顺口,听起来轻松。强调导游口语化,不意味着忽视语言的规范化。编写导游词必须注意语言的品位。

3.突出趣味性

为了突出导游词的趣味性,必须注意以下六个方面的问题:

(1)编织故事情节。讲解一个景点,要不失时机地穿插趣味盎然的传说和民间故事,以激起游客的兴趣和好奇心理。但是,选用的传说故事必须是健康的,并与景观密切相联。

(2)语言生动形象,用词丰富多变。生动形象的语言能将游客导入意境,给他们留下深刻的印象。

(3)恰当地运用修辞方法。导游词中,恰当地运用比喻、比拟、夸张、象征等手法,可使静止的景观深化为生动鲜活的画面,揭示出事物的内在美,使游客沉浸陶醉。

(4)幽默风趣的韵味。幽默风趣是导游词艺术性的重要体现,可使其锦上添花,气氛轻松。

(5)情感亲切。导游词语言应是文明、友好和富有人情味的语言,应言之有情,让游客赏心悦"耳",倍感亲切温暖。

(6)随机应变,临场发挥。导游词创作成功与否,不仅表现其知识渊博,也反映出导游的技能技巧。

4.重点突出——景区(点)的主题要正确、明确

每个景区(点)都有其代表性的景观,每个景观又都从不同角度反映出它的特色内容。导游词必须在照顾全面的情况下突出重点。面面俱到,没有重点的导游词是不成功的。在创作导游词时,应有一根主线贯穿整个讲解,这样才能给游客一个鲜明的印象,并牢牢抓住游客的心,使他们从游览活动中获得知识和留下美好深刻的记忆。

从一定意义上讲,导游词的写作公式为:

正确和明确的主题思想+景区(点)深刻的内涵+贯穿全篇统一的相关知识+优美生动和风趣幽默的言辞

5.要有针对性

导游词不是以一代百、千篇一律的。它必须是从实际以发,因人、因时而异,要有

的放矢,即根据不同的游客以及当时的情绪和周围的环境进行导游讲解之用。切忌不顾游客千差万别,导游词仅一篇的现象。编写导游词一般应有假设对象,这样才能有针对性。

6.重视品位

(1)强调思想品位。因为弘扬爱国主义精神是导游员义不容辞的职责。

(2)要讲究文学品位。导游词的语言应该是规范的,文字是准确的,结构是严谨的,内容层次是符合逻辑的,这是对导游词文化创作的基本要求。在导游词中,适当的引经据典,引用一些著名的诗词、名句和名人警句等,就能相应地提高导游词的文学品位。

(3)体现"玩"的品位。旅游活动本身是有层次的,游览一个景点也是循序渐进的。现代人"出门"以"玩"为主,讲求"玩"的时序、享受"玩"的乐趣、追求"玩"的层次与品位。因此,导游员在创作导游词时注意所选素材要紧扣中心思想,写作的内容需要"渐入佳境",层层深入,扣人心弦。在知识的选取和"传授"上,要注意寓教于乐,"玩"中传播知识与文化。

作为书面导游词,在写作中要有必要的描绘和抒情。

三、实训内容、组织方式及步骤

实训内容Ⅰ:导游词的结构、功能及特点

实训要求:请学生根据材料,总结出导游词的组成、功能及特点。

实训形式:资料分析。

实训步骤:

第一步:实训前准备。要求参加实训的同学,课前查阅相关资料,初步了解本次实训所涉及的基础知识。

第二步:以5～6人的小组为单位,对资料进行剖析,各组员充分发表自己的观点。

案例分析6-1

天津古文化街导游词

各位老师大家好!首先我代表我们××旅行社的全体人员对大家的到来表示热烈的欢迎,同时也感谢大家对我们旅行社的支持和信任。我叫刘××,是××旅行社的导游员,大家叫我小刘好了。坐在前方驾驶位置上的是我们的随队司机张师傅。张师傅的驾驶经验非常丰富,相信大家在乘车的途中一定会感到既舒适又安全的。今天能担任本团的导游工作,认识这么多的教师朋友,我感觉到很荣幸,如果大家在旅途中有什么困难和要求,请您及时地提出,我将竭尽全力为您服务。也希望大家能积极地支持和配合我的工作。在这里我预祝大家旅途愉快,能够高兴而来,满意而归。

我们今天要游览的景点是古文化街,古文化街是以天后宫为中心,具有天津地方特色的一条街,位于南开区宫南宫北大街,1985 年经市政府整理恢复其传统风貌,命名为"古文化街"。古文化街有别于一般的商业街,在这里集中了天津乃至全国四面八方的各种工艺品、文化用品,其中以享誉国内外,具有浓厚天津地方特色的杨柳青年画、泥人张彩塑和风筝魏的风筝最有名气,整条街充满了浓郁的中国味、天津味、古味和文化味。那么古文化街到底怎样呢? 还是大家亲自游览后再作评价吧。

好了,我们已经来到了景点的停车场了,请大家记住我们的车是白色的大金龙,车牌是津 A×××××,下午 4 点时车子将会在宫北大街等大家,希望大家不要迟到,请靠窗的游客把窗子锁紧,贵重的物品请随身带好,好,请大家开始下车。首先映入眼帘的是一座贴金彩绘,翠顶株楹的仿清牌楼,高大雄伟,上面的彩画叫做旋子彩画,上书"津门故里"四字,它肯定地指出了古文化街附近一带是 800 年前的一处聚落,当时统治北方的金人在这里建立天津城最早的位置——直沽寨。好,请大家随我一同走进这条街吧,大家注意到没有这条街的许多店铺门面檐下、枋间都有一幅幅彩画,这些都是开光清式苏画,大多是人物故事。我们来看一下集珍阁下枋间的彩画,上面画的是《三国演义》中的 8 幅画,有"桃园三结义"、"虎牢关三英战吕布"、"凤仪亭吕布戏貂蝉"、"当阳拒曹"等,……(接下来导游沿途逐一讲解 8 幅画)。好了,参观了天后宫,大家或许还想购买一些有特色的纪念品,那不妨去看看杨柳青年画、泥人张彩塑、魏记风筝。杨柳青年画,它在制作上分为五大工序,包括勾描、刻版、套印、彩绘和装裱。其中,彩绘是最复杂、最细致的一道工序。它的代表作品有《福善吉庆》、《金玉满堂》和《麒麟送子》等,都表现了广大人民对生活的美好愿望。如果大家有兴趣,可以买上一两件,以作纪念。现在大家可以自由活动了,4 点车上准时集合。

朋友们,随着时间的流逝,我们的行程即将结束,首先感谢大家对我工作上的支持与帮助,工作中有什么不尽如人意的地方,希望各位能够谅解,同时欢迎大家多提宝贵的意见,我期待着与大家再一次的重逢,在此预祝大家今后工作顺利,万事如意!

(资料来源:两全其美学习网 http://www.lqqm.net)

第三步:对小组成员的各种观点进行记录。

"天津古文化街导游词"资料分析记录

专业班级		组　别	
记录人		时　间	
小组成员			
讨论记录	1.根据以上材料,说说资料中导游词的结构、功能及其特点。 2.根据自己的旅游经历,说说导游员在对导游词的运用上,是否体现了导游词的功能及特点。		成绩
	组员1		
	组员2		
	组员3		
	组员4		
	组员5		
	组员6		

第四步:各小组选出一名代表发言,对小组讨论结果进行总结。

第五步:实训指导教师对小组成员的讨论情况进行总结。

实训内容Ⅱ:实地踏勘一个小景点(校园一角),或观看图像资料,独立写作导游词

实训要求:请学生根据导游词的特点、功能、结构及写作要求,撰写一篇完整导游词。

实训形式:学生训练。

实训步骤:

第一步:实训前准备。学生实地踏勘一个小景点(校园一角),或观看图像资料,准备写作材料。

第二步:按要求完成一篇结构完整的导游词。

第三步:由实训指导老师对学生完成的导游词进行指导,并提出修改意见。同时挑选学生自创的优秀导游词,作为范文进行点评。

第四步:学生交流导游词的撰写心得。

四、实训时间及成绩评定

(一)实训时间

实训内容Ⅰ:资料分析、讨论时间以15分钟为宜,各小组代表发言时间控制在3分钟以内。

实训内容Ⅱ：学生实地踏勘景点（或校园），或观看图像资料，准备导游词写作材料并完成校园导游词的撰写，均利用课余时间。整个实训时间控制在 2 个教学周以内。

（二）实训成绩评定

1.实训成绩按优秀、良好、中等、及格、不及格 5 个等级评定。

2.实训成绩评定准则：

（1）是否弄清导游词的结构、特点、功能及写作要求。

（2）能否独立撰写合格的导游词。

实训项目二 导游讲解方法及技巧

一、实训目的

通过观看音像资料使学生了解导游讲解的原则和方法。

通过训练，培养学生熟练运用导游讲解的方法及技巧进行有效的讲解。

二、基本知识点

（一）导游讲解概述

1.导游讲解的概念

导游讲解就是导游人员以丰富多彩的社会生活、文化和璀璨壮丽的大千世界为题材，以兴趣爱好不同、审美情趣各异的游客为对象，对自己掌握的各类知识进行整理、加工和提炼，用简要明快的语言进行的一种意境的再创造。因此，导游讲解技能表示的就是导游方法的多样性、灵活性和创造性。

2.导游讲解的原则

正确掌握导游艺术，灵活运用导游方法是高质量完成导游工作的基本保证之一。导游方法和技巧的运用是一种创造性劳动，由于导游员的具体条件各异，彼此的工作范围不同，每次面对的旅游者不尽相同，因此讲解方法也应有所区别。优秀导游员的工作之所以卓有成效，讲解效果之所以不同凡响，是因为他们有渊博的知识，导游方法和技巧适合实际需要、符合客观规律，又敢于抛弃僵化的模式，探索新的表现形式，敢于标新立异，从而使自己的讲解独具特色，具有与众不同的魅力。

尽管具体的应用方法千差万别，但导游员在讲解中也有一些基本的原则应该遵循，主要有三条，即针对性原则、计划性原则和灵活性原则。

（1）针对性原则

所谓针对性，就是从对象的实际情况出发，因人而异，有的放矢。导游员的工作对象复杂，层次悬殊，审美情趣各不相同，因此，要根据不同对象的具体情况，在接待方式、服务形式、导游内容、语言运用、讲解的方式方法上区别对待。导游讲解时，导游词内容的广度、深度及结构应该有较大的差异。通俗地说，就是要看人说话，投其所好，导游员所讲的要是旅游者所希望知道的、有能力接受的、感兴趣的内容。

（2）计划性原则

所谓计划性，是指导游讲解的科学性和目的性，就是要求导游员在特定的工作对象和时空条件下发挥主观能动性，科学地安排旅游者的活动日程，有计划地进行导游讲解。这是导游方法和技巧运用是否得当的标志之一，也是导游工作成功的保证。

旅游者在每个旅游目的地的活动日程和时间安排是计划性原则的中心。旅游团在一地的逗留时间短暂，这就需要导游员对旅游活动做出周密的安排。当由于种种原因被迫缩短或延长在一地的游览时间时，导游员更要与领队及旅游者商量，精心制订出适应变化了的条件的活动计划。

计划性原则的另一个具体体现是每个参观游览点的导游方案。导游员应视景点及时间等具体情况选择最佳游览路线，导游讲解也要作适当取舍，使旅游者在最短的时间里获得最大的美的享受。如果导游员不考虑时空条件，事先无科学地安排，到了目的地再临时应付，就不可能充分利用时间，也不可能取得良好的导游效果。

（3）灵活性原则

所谓灵活性，就是导游讲解要因人而异、因时制宜、因地制宜。所谓的最佳时间、最佳线路、最佳旅游点等都是相对的，客观上的最佳条件若缺少主观圆满的导游艺术的运用和发挥，就不可能达到预期的导游效果。

导游讲解贵在灵活、妙在变化，这是由下述因素决定的：旅游者的审美情趣各不相同，不同景点的美学特征千差万别，大自然又千变万化、阴晴不定，游览时的气氛、旅游者的情绪也随时变化。所以，即使游览同一景点，每次都不一样，导游员必须根据季节的变化，时间、对象的不同，灵活地选择相关知识，采用切合实际的方式进行导游讲解，切忌千篇一律、墨守成规。

导游讲解的针对性、计划性和灵活性体现了导游活动的本质，也反映了导游方法的规律，它们不是孤立的抽象概念，而是不可分割的有机整体。导游员应灵活地运用这三个基本原则，自然而巧妙地将其融进导游讲解之中，不断提高导游讲解水平和导游服务质量。

（二）导游讲解方法及技巧

旅游者是通过旅游来求得娱乐和休息，而在娱乐、休息中又希望增长知识，扩大阅历。因此,为了满足旅游者的求知欲,导游员必须掌握丰富的知识,而且要以娴熟的导游技能将知识融会贯通,有选择地介绍给不同文化层次、不同审美情趣的旅游者,使每位旅游者都能获得美的享受。

导游讲解方法和技巧是导游讲解艺术的重要组成部分。为了使自己成为旅游者的注意中心,将他们吸引在自己周围,导游员必须因地、因时、因人而异进行讲解。

1.常用导游讲解方法及技巧

导游在讲解的过程中要善于设计故事情节,结合游览活动的内容,解疑释惑,制造悬念,引人入胜;要有的放矢、启发联想、触景生情;要有选择地介绍,采用有效的方法及技巧,努力将旅游者导入最佳的旅游审美意境。国内外导游界的前辈们总结出了很多行之有效的导游方法和技巧,不少优秀导游人员还在通过实践不断予以补充、丰富,现介绍11种常用导游方法。

(1)简单概述法

简单概述法就是用直截了当的语言,简明扼要地介绍所参观游览点概况的讲解方法。这种方法适合于前往景点的途中或在景点入口处的示意图前讲解时使用。

(2)分段讲解法

规模较大的旅游景点包含的知识丰富,涉及的内容广泛,讲解时难以面面俱到,因而不宜平铺直叙地进行全面介绍,而应采用分段讲解的方法。所谓"分段讲解法",就是将一处大景点分为前后衔接的若干部分来进行讲解。首先在前往景点的途中或在景点入口处的示意图前用概述法介绍景点总体情况(包括历史沿革、占地面积、欣赏价值等),并介绍主要景观的名称,使旅游者对即将游览的景点形成初步印象,达到"见树先见林"的效果,使之有"一睹为快"的欲望。通过"游

图 6-1　武当山金顶景区

前讲解"将旅游者导入对游览对象的憧憬之中,到现场游览时导游员再依次讲解。分段讲解法需要注意讲解内容的相对独立性,在讲解这一景区的景物时注意不要过多涉及下一区的景物,但在快结束这一区的游览时导游可以适当地提示下一景点或下一个景区,这样可以勾起旅游者的游兴,使导游讲解环环相扣,引人入胜。

例如,讲解武当山时,导游员可以按照景点的分布将整个武当山的讲解内容分为总体介绍、金顶景区、南岩景区、紫霄宫景区、复真观景区等几个部分,依次讲解。

（3）突出重点法

所谓"突出重点法"，就是在导游讲解时避免面面俱到，而是突出某一方面信息的讲解方法。关于景点的信息很多，要讲解的内容也很多，导游员必须根据不同的时空条件和对象区别对待，有的放矢地做到轻重搭配、重点突出、详略得当、疏密有致。导游讲解时一般要突出下述四个方面的内容：

①突出大型景区景点中具有代表性的景观。游览规模大的景点，导游员必须做好周密的计划，确定重点景观。这些景观既要有自己的特征，又能概括全貌。到现场游览时，导游员主要讲解这些具有代表性的景观，以点代面，帮助旅游者建立起对整个景点的印象。

②突出景区景点的特征及其与众不同之处。旅游者来自异国他乡，缺少深入了解旅游目的地景区景点的文化背景，因此对所游之处往往难以准确地加以理解和区分。导游员需要发挥自己的职业作用——对游览的景点进行细致讲解，以深化旅游者对游览对象的理解认识，这就需要强调不同景点的特征及其与众不同之处。以讲解宗教建筑为例。我国的宗教建筑主要有佛教寺院、道教宫观、伊斯兰教清真寺等，各具特色。即使同为佛教寺院，甚至是同一佛教宗派的寺院，因其历史、所处环境、规模、结构、建筑艺术、供奉的佛像等不同而各不相同，导游员的讲解也可以突出讲明各自的特征及其与众不同之处。这一技巧在同一地区或同一次旅游活动中参观多处类似景观时尤为重要，导游员必须突出各个景点的差异，以求吸引旅游者的注意力，避免旅游者产生雷同的感觉。

③突出旅游者感兴趣的内容。旅游者的兴趣爱好各不相同，但从事同一职业的人、文化层次相同的人往往有共同的爱好。导游员在研究旅游团的资料时要注意旅游者的职业和受教育程度，以便在游览时重点讲解旅游团内大多数成员感兴趣的内容。投其所好的讲解方法往往能产生良好的导游效果。

④突出"……之最"。某些旅游景点在某一方面十分突出，往往是世界（中国、某省、某市、某地）最大（最长、最古老、最高，甚至可以说是最小）的……。这样的信息在讲解中要做重点介绍，以突出其旅游价值，赋予旅游者更多的收获和满足感。不过，导游员在做"……之最"的讲解时必须实事求是，要有根据，绝不能杜撰，更不要张冠李戴。

（4）触景生情法

"触景生情法"就是见物生情、借题发挥的导游讲解方法。在导游讲解时，导游员不能就事论事地介绍景物，而是要借题发挥，利用所见景物创造意境，情景交融，引人入胜，使旅游者产生联想，从而领略其中之妙趣。如旅游者到西安旅游，当下飞机从咸阳国际机场前往市区的时候，途中，看到一座座陵墓，导游人员便即景生情地讲道："中国的景观各有特色，北京看墙头，桂林看山头，上海看人头，到了西安大伙儿看的就是各种各样的坟头"，一席话说得非常形象，能给大家留下深刻的印象。

触景生情法的第二个含义是导游讲解的内容要与所见景物和谐统一，使其情景交融，让旅游者感到景中有情，情中有景。

如当旅游团在参观海南三亚亚龙湾景区时（见图6-2），导游人员结合电影《一声叹息》的场景，给他们作了生动的描绘，旅游者望着无垠的海滩、蔚蓝的天空，以影片中的人生感悟生活中的人生，发出了很多的联想。

触景生情贵在发挥，要自然、正确、切题地发挥。导游人员要通过生

图6-2　海南三亚亚龙湾景区

动形象的讲解、有趣而感人的语言，赋予没有生命的景物以活力，注入情感，引导旅游者进入审美对象的特定意境，从而使他们获得更多的知识和美的享受。

（5）虚实结合法

虚实结合法中的"实"是指景观的实体、实物、史实、艺术价值等，而"虚"则指与景观有关的民间传说、神话故事、趣闻轶事等。所谓"虚实结合法"，就是导游员将典故、传说、轶闻趣事有机结合，设计讲解情节的导游手法，即导游讲解故事化。虚实结合法可以产生艺术感染力，避免平淡的、枯燥乏味的、就事论事的讲解方法。但两者结合必须是有机结合，以"实"为主，以"虚"为辅，"虚"为"实"服务，以"虚"烘托情节，以"虚"加深"实"的存在，努力将无情的景物变成有情的导游讲解。运用虚实结合法需要注意"虚"的内容要精、要活，不能随心所欲，更不能胡编乱造。所谓精，就是所选传说是精华，具有代表性，与讲解的景观密切相关；所谓活，就是讲解时要活，见景而用，即兴而发。如导游员在讲解巫峡中的神女峰时：神女峰位于巫山县城东约15公里处的长江北岸，是巫山十二峰中最著名的一峰，每天第一个迎来灿烂的朝霞，又最后一个送走绚丽的晚霞，又叫望霞峰、美人峰（实）。相传神女峰是西王母幼女瑶姬的化身，曾帮夏禹治水。水患消除后，瑶姬毅然决定留在巫山，为行船保平安，因而博得后人尊敬和奉祀。《巫山县志》中记载："赤帝女瑶姬，未行而卒，葬于巫山之阳为神女。"神女峰对岸飞凤峰下现存授书台，相传是瑶姬授书夏禹处（虚）。三峡地区山高峰秀，壁陡峡窄，三峡水库蓄水以后，峡谷风光犹存，又添平湖景色。神女峰海拔高922米，水位升至135米后，人们仍需仰视才能一睹"神女"的风采（实）。

（6）问答法

问答法就是在讲解中导游员向旅游者提出问题或启发他们提出问题的导游方法。使用问答法的目的是为了活跃游览气氛，激发旅游者的想象思维，促使旅游者和导游员之间产生积极的思想交流，使旅游者获得参与感、自我成就感；也可避免导游员唱独角戏以及灌输式讲解所带来的乏味无趣，加深旅游者对所游览景点的印象。问答法的具体形式主要有以下几种：

①自问自答法。导游员自己提出问题，并作适当停留，让旅游者猜想，但并不期待他们回答，只是为了吸引他们的注意力，促使他们思考，激起兴趣，然后作简洁明了的回答或作生动形象的介绍，还可借题发挥，给旅游者留下深刻的印象。例如，女士们、先生们，我们现在已经来到了长城脚下，稍后我们便去爬长城。现在请允许我向大家提三个问题：第一，中国的长城是何时开始修建的？第二，中国的长城到底有多长？第三，为什么中国的长城在世界上这么有名气？（略作停顿）看来大家对这三个问题都有所了解，但还不全面，现在就由我来给大家做详细的介绍吧。

②我问客答法。导游员提出问题，要求旅游者开动脑筋，积极作答，导游员在旅游者的答案中引申讲解。其关键在于善于提问，要从实际出发，适当运用。希望旅游者回答的问题要提得恰当，不至于游客一无所知、一头雾水，同时也要估计到可能出现的不同答案，能事先准备对不同答案做出评价。导游员要诱导旅游者回答，调动其积极性，但不要强迫他们回答，以免使旅游者感到尴尬或产生心理压力。旅游者的回答不论对错，导游员都不应打断，更不能笑话，而要给予鼓励和引导。最后由导游员引申讲解，并带出更多、更广的话题。例如，在讲解园林中的木雕图案时导游员提问："大家现在看到的蝙蝠、桃子和灵芝图案有什么寓意呢？"（稍作停顿，等待旅游者的回答，但时间不宜过长）导游接着评价旅游者的答案并引申讲解："大家说得很对。蝙蝠因为谐音，在我们的传统文化中象征着福，桃子和灵芝也是吉祥的象征，分别代表着寿和如意。三者合而为一就是福寿如意！在这里，我也祝大家福寿如意！"

③客问我答法。导游员要善于调动旅游者的积极性和他们的想象思维，欢迎他们提问题。旅游者提出问题，证明他们对某一景物产生了兴趣，进入了审美意境。对他们提出的问题，即使是幼稚可笑的，导游员也绝不能置若罔闻，千万不要笑话他们，更不能显示出不耐烦，而是要善于有选择地将回答和讲解有机地结合起来。不过，对旅游者的提问，导游员不要他们问什么就回答什么，一般只回答一些与景点有关的问题，注意不要让旅游者的提问冲击了讲解主题，打乱讲解计划。导游员要学会认真倾听旅游者的提问，善于思考，掌握旅游者提问的一般规律，总结出一套相应的"客问我答"的导游技巧，以求满足旅游者的好奇心理。

（7）制造悬念法

导游员在讲解时提出令人感兴趣的话题，但故意引而不发，激起旅游者的好奇心，进而主动探索答案,进入对旅游景点的主动审视之中,最后由导游员根据旅游者的答案做补充说明和引申讲解。这种讲解方法叫做"制造悬念法",俗称"吊胃口、卖关子",是一种常用的导游手法。这种先藏后露、欲扬先仰、引而不发的讲解方法,一旦"发(讲)"出来,会给旅游者留下特别深刻的印象,而且导游员可始终处于主导地位,成为旅游者的注意焦点,有利于减少旅游者走失等意外事故的出现。

制造悬念是导游讲解的重要手法,在活跃气氛、制造意境、提高旅游者游兴、提高导游讲解效果诸方面往往能起到重要作用,所以导游人员都比较喜欢用这一手法。但是,再好的导游方法都不能滥用,"悬念"不能乱造,以免起反作用,使旅游者以为你在故意卖弄。

(8)类比法

所谓"类比法",就是以熟喻生,达到类比旁通的导游手法。导游人员用旅游者熟悉的事物与眼前景物比较,便于他们理解,使他们感到亲切,从而达到事半功倍的导游效果。类比法分为同类相似类比和同类相异类比两种,不仅可在物与物之间进行比较,还可作时间上的比较。

①同类相似类比。将相似的两物进行比较,便于旅游者理解并使其产生亲切感。如将北京的王府井比作日本东京的银座、法国巴黎的香榭丽舍大街;参观苏州时,可将其称作"东方威尼斯";讲到梁山伯和祝英台或《白蛇传》中许仙和白娘子的故事时,可以将其称为中国的罗密欧和朱丽叶等。

②同类相异类比。这种类比法可将两种风物比出规模、质量、风格、水平、价值等方面的不同。例如,在规模上将唐代长安城与东罗马帝国的首都君士坦丁堡相比;在价值上将秦始皇陵地宫宝藏同古埃及第十八朝法老图但卡蒙陵墓的宝藏相比;在宫殿建筑和皇家园林风格与艺术上,将北京故宫和巴黎附近的凡尔赛宫相比,将颐和园与凡尔赛宫花园相比等,不仅使游客对中国悠久的历史文化有较深的了解,而且对东西方文化传统的差异有进一步的认识。

③时代之比。在游览故宫时,导游人员若说故宫建于明永乐十八年,不会有几个外国旅游者知道这究竟是哪一年,如果说故宫建成于公元1420年,就会给人以历史久远的印象。但如果说在哥伦布发现新大陆前72年、莎士比亚诞生前144年中国人就建成了面前的宏伟宫殿建筑群,这不仅便于旅游者记住中国故宫的修建年代,给他们留下深刻印象,还会使外国旅游者产生中国人了不起、中华文明历史悠久的感觉。又如,导游故宫,导游人员一般都会讲到康熙皇帝,但游客大都不知道他是哪个时代的中国皇帝,如果导游人员对法国人说康熙与路易十四同一时代,对俄国人说他与彼得大帝同代,还可加上一句,他们在本国历史上都是很有作为的君主。这样介绍便于游客认识康熙,同时他们也会感到高兴。

要正确、熟练地使用类比法,要求导游人员掌握丰富的知识,熟悉客源国,对相比较的事物有比较深刻的了解。面对来自不同国家和地区的旅游者,要将他们知道的风物与眼前的景物相比较,切忌作胡乱、不相宜的比较。正确运用类比法,可提高导游讲解的层次,加强导游效果;反之,则会惹来游客耻笑。

(9)画龙点睛法

用凝炼的词句概括所游览景点的独特之处,给旅游者留下突出印象的导游手法,称之为"画龙点睛法"。导游人员在讲解中以简练的语言,点出景物精华之所在,帮助旅游者进一步领略其奥妙,让他们获得更多更高的精神享受。例如,旅游团游览海南后,导游人员则可用"椰风海韵春常在,请到天涯海角来"来赞美海南风光;游览丝绸之路时,可用"西风古道,沙漠情韵"来概括;游览青岛时又可以"蓝天、绿树、红瓦、沙滩、碧海"五种景观来叙述。讲解山水时,又可以"黄山归来不看山,九寨归来不看水"来赞赏。这种画龙点睛的介绍方法,使游客在游览中得到了知识的启迪,获得了美感欣赏。

(10)知识渗透法

导游员在讲解景物或事件时,可以介绍一些对游客理解讲解对象有帮助的相关背景知识和材料。如导游员在苏州带旅游者参观拙政园前,可先进行中国园林的分类背景知识介绍:"在中国,园林分为三大类:皇家园林、私家园林、寺庙园林。拙政园属于私家园林。中国园林一般包括水、植物、建筑和假山4个要素。大多数的私家园林在江南是因为江南多水和适宜造假山的湖石。"

(11)科学成因介绍法

导游员对景观的认识从地理、环境、气象、水文等科学的角度进行讲解,可以满足旅游者求知的欲望,使他们对景观的认识从现象上升到更高的层次。例如,从地质角度解释西湖的形成;从光学原理解释海市蜃楼应光线折射所致。

2. 特色导游讲解方法及技巧

(1)引用法

引用法就是引用旅游者本国本土的谚语、俗语、格言等进行讲解。这不仅能增强讲解的生动性,而且能起到以一当十的作用。例如,我们用"走马观花"来形容游客逗留的短暂和匆匆游览;用"千里送鹅毛,礼轻情意重"来说明送礼者的诚心诚意;用"芝麻开花节节高"来形容人民生活的逐步改善等。引用法运用到导游讲解中,尤其是在外国游客面前引用自己国家的名句会使导游讲解风趣而又感人。

(2)创新立意法

导游员将人们熟悉的景点给予新的解说的一种方法。这种方法可以将旅游者引入一个崭新的意境中去,使旅游者产生新鲜感、愉悦感。如云南导游在首站导游时,可以这样开头:"云烟像一部神奇的书,从现在起就让我们一道去欣赏每一页。"这样讲起来,就会显得生动而富有哲理了。

（3）名人效应法

名人效应法即利用名人的知名度、社会名望来宣传、讲解一个景点、一个名胜，从此扩大影响，增强讲解效果，产生轰动效应。因为人们对名人都有些敬仰、信赖，并且存有效仿的心理，所以"名人效应法"是导游的好手法，能提高导游讲解的质量，扩大景点的知名度，进而招徕更多的游客。如 1986 年英国女王访华后，国旅昆明分社推出"沿着女王足迹访华"线路项目。这条旅游线路的推出，对当时女王参观过的北京、上海、西安、昆明、广州等地招徕客源起到了很好作用。

（4）随机应变法

回答游客的提问也要随机应变，这是因为游客的提问是多方面、多层次的，有些问题纯属有争议性的，有些问题导游员本身还没涉及。对这样的提问，导游员只能随机应变地回答。例如，在带领游客游览桂林山水的旅途中，一名游客十分好奇地问导游员："自古名山多寺庙，桂林山水世界闻名，为何没有一座名庙?"语音刚落，立即引起全体游客的极大兴趣，大家七嘴八舌地争论着、猜测着。按理说，导游员很难回答这个问题，但他一句寺庙多数建立在僻静深处为远离尘嚣的道理，灵机一动说："中国历史上有自古名山僧占多的说法，大法师鉴真和尚因东渡日本就曾到过桂林，但他停留时间很短，又因目的动机不同，故也没建寺庙。其实，"桂林山水甲天下"的名称早就闻名于世了，不少僧人也曾打算在此地建寺造庙。他们跑了一山又一山，觉得一山更比一山美，始终下不了决心在何处建寺为好。就这样日子久了，在山水美景中，这些僧人也深深领悟到如此下去将会返俗，于是带着十分遗憾的心情离开了桂林。以后，僧人的来往如同时间日出日落一般，来了一批，走了一批。走了一批，又来了一批。因此，桂林有山水甲天下的美称，但至今没名庙，这便是桂林山水太美太迷人的缘故。"

（4）有的放矢法

有的放矢法运用到导游讲解中，就是要求导游要针对不同的游客就他们最关心的问题进行讲解。对不同国家、民族以及具有不同性格特征的旅游者，要采用不同的讲解法，而要做到这一点，在工作中就要注意揣摩来自不同国家和民族的旅游者的特点以及他们的习惯。

（5）故事法

故事人人爱听，特别是在优雅美丽的环境中。我国有悠久的历史，有许多优美的民间传说和故事，这些故事与传说往往都与名山大川相连，这样就更加强了故事的"可信度"。因此，只要我们将故事和讲点有机结合起来，就会增加游兴，给人留下深刻的印象。如杭州的导游员就善于讲故事，因此受游客的欢迎。一位美国游客称赞道："一则生动的寓言、神话故事，好比一盘佳肴，人人都想亲口尝尝。我们愿再次来杭州。"

（6）沿途谈天法

在带团过程中，为融洽与游客的关系，增加相互了解而进行得一种自由的、无拘无束的交谈,都可称为"沿途谈天法"。通过这种方法,导游和游客可以相互了解,游客可将自己的感受、想法、要求都毫无保留地"谈"出来,使导游获取信息,从而有针对性地做好下一步接待工作。所以,导游绝不能轻视"谈天法",轻松地与游客"谈天",会收到意想不到的效果。

开展"谈天"活动,要特别注意以下几点:

①谈天内容要健康,要选取双方都感兴趣的话题,在交谈中注意"求同存异";

②谈天要注意适度,掌握分寸,谈笑有度,恰到好处,切忌太漫无边际;

③切忌一本正经、装腔作势,要幽默、风趣才好;

④谈天中若遇不同见解,不要争得面红耳赤,不要力图说服对方,要求同存异,作为导游还要把握"谈天"气氛,使游客感到愉快;

⑤谈天不谈年龄、工资、婚否、饰物价格、住房大小等一些属隐私的话题,可多谈天气、园艺、体育、习俗等大家都感兴趣的话题。

除上述导游方法外,我国的导游人员还总结出了引人入胜法、引而不发法、课堂讲解法(如作专题讲座)、由点及面法、由此及彼法、联想法等,这里不再一一介绍。导游方法很多,然而在具体工作中,各种导游方法和技巧不是孤立的,而是相互渗透、相互依存、互相联系的。导游人员在学习众家之长的同时,必须结合自己的特点融会贯通,在实践中形成自己的导游风格和导游方法,并视具体的时空条件和对象,灵活、熟练地运用,这样才能获得非同凡响的导游效果。

三、实训内容、组织方式及步骤

实训内容Ⅰ:导游讲解方法及技巧

实训要求:要求学生根据材料,总结出材料中所运用的导游讲解方法及技巧。

实训形式:案例分析。

实训步骤:

第一步:实训前准备。要求参加实训的同学,观看导游讲解音像资料,熟悉实训所涉及的基础知识。

第二步:以5～6人的小组为单位,对资料进行剖析,各组员充分发表自己的观点。

案例分析6-2

各位早上好,新的一天开始了,××导祝大家身体好,心情好,总之呢,想哪好、要哪好,哪儿就好上加好!

吃饱了没?(饱了)出门在外,自然比不上在温暖舒适的家中吃饱吃好。在家早饭都吃啥?肯定有牛奶,提供蛋白质,关键是能补钙。喝牛奶不舒服的,就喝酸奶。这大家比我懂。小日本这二十年长高了，说什么"一杯牛奶强健一个民族"。不管小日本是高是矮，是强是弱，我们坚决抵制日货。（拉近关系，站在同一战线上）

除了牛奶，我们还喝什么呢？世界三大饮料——咖啡、可可和茶。咖啡、可可喝多了刺激神经导致失眠，同时诱发身体机能紊乱。喝哪样既有品味又有营养呢？

好聪明的朋友哟，就是茶了。十大名茶之首呢？——当然是龙井了。

……

昨天呢，讲的是西湖的爱情故事；今天呢，就侃侃龙井传说。

乾隆爱下江南，大家说说什么原因？爱江山，爱美人，爱游山玩水，还有呢？去找金庸小说中的生父海宁陈阁老？还有什么原因？作为一国之君，最关键的是社稷江山，国计民生。清朝毕竟是外来人口，非汉族正统，自然有人反清复明。所以，乾隆下江南还有平定叛乱、收拢人心、察看民情、监督漕运的目的。

同时呢，他也爱山川湖海、风雨雪月、琴棋书画，正因为如此他才长寿。

想当年乾隆慕名来到龙井村，微服私访到了一农家，就只一乖巧可爱的姑娘在家，见来者仪表堂堂、玉树临风，心中就像有只小兔儿扑扑直跳，拿出家中上等龙井准备泡茶。哪知，天公不作美，打雷了。乾隆无奈，忙说："姑娘，可否将茶包好。他日定当重谢。"于是手上攥着龙井茶急匆匆往行宫赶，半路躲雨到一客栈，掏出茶叶，唤来小二："用这泡茶，再炒两个小菜。"说完便长袍一甩，坐下了。乖乖，这下可不是露马脚了，而是露龙脚了。小二眼尖，跌跌撞撞跑进里间。店主呢，正在清炒虾仁，让小二拿葱花，小二都已经吓坏了，哪有耳朵听，稀里糊涂地就把手上的龙井递过去。炒出来，呈上去，乾隆一看，虾仁光滑圆润，龙井翠绿晶莹，好一个清清白白。进口后，那龙井的幽香似乎能把人钻到玫瑰丛中去；那虾仁的酥软恨不得把人捧上云朵上去；那清淡的感觉似乎能洗尽数年来沉积的油腻。龙心大悦，给菜赐名：龙井虾仁。

打那以后，龙井虾仁名声大振，广为流传。烧给老公，拴住老公的心；烧给老婆，老婆好开心；烧给儿女，家中好温馨。总之，好处多多。杭帮菜的代表"西湖楼外楼"的龙井虾仁，周总理特别爱吃，请尼克松吃后，老尼更是赞不绝口。

话又说回来了，上等龙井给炒着吃了，没得泡茶了，怎么办呢？正好，老天有眼，雨过天晴。乾隆又去姑娘家了。大家又笑了。这是茶翁之意不仅在茶，也在美人之心也。杭州的女孩聪明灵秀，诗词歌赋略懂一二，挺讨人喜欢的。聊聊天，喝喝茶，太阳下山了，就差"十八相送"了。因"满汉不得通亲"，乾隆先留一玉佩给姑娘，姑娘将心一横，家中余下的二两上等龙井全送给乾隆了。为什么？从过去一直到现在，茶农的上等龙井绝大部分是要上送给国家的，余下的才可以卖，基本上是舍不得喝的。这下全送了，马上收龙井的官差来了，是要出人命的。两人都将信物各自藏在身上。

乾隆一人在外享福，可把大臣找坏了。干吗呢？宫中急报，太后有病，火速回宫。乾隆是孝子，立即快马加鞭回京了。太后一见皇儿没去找陈阁老，没带江南女子回来坏了祖宗规矩,平安回来,而且容光焕发、神采飞扬,心病就去了一半了。乾隆见太后呢,脾气有点急躁,有些胸闷,心口有点疼,眼睛有点花,腿脚有点浮肿,连忙责问宫女。此时,太后突然嗅到一股深谷幽兰香气从乾隆身上散出,就问何故。乾隆想:"坏了,这杭州姑娘还没怎么样,太后就知道了。"然后就把两人相识相知相留的经过一五一十地全交代了,为了请求太后网开一面,亲自泡了一杯龙井呈给太后。

第三步:对小组成员的各种观点进行记录。

案例分析讨论记录稿

专业班级		组　别	
记录人		时　间	
小组成员			
讨论记录	1.根据材料内容,说说导游讲解运用了哪些方法及技巧? 2.根据小组讨论,说说导游讲解中应该注意什么?		成绩
	组员1		
	组员2		
	组员3		
	组员4		
	组员5		
	组员6		

第四步:各小组选出一名代表发言,对小组讨论结果进行总结。

第五步:实训指导教师对现场的导游讲解及各小组成员的讨论情况进行总结。

实训内容Ⅱ:导游讲解方法及技巧的运用

实训要求:导游讲解时能熟练运用主要的讲解方法及技巧。

实训形式:学生训练。

实训步骤:

第一步:实训前准备。要求参加实训的同学,以自己校园景观为对象,准备导游讲解词。

第二步:以5～6人的小组为单位,每组选择的校园景观组成一条旅游参观线路,各组员依次按要求进行实地讲解。

第三步:各小组根据讲解情况推出一个优秀的讲解员,在班级讲解示范。

第四步:实训学生对讲解示范进行分析讨论,归纳总结出讲解中所运用的方法及技巧,从中获取经验。

第五步:实训指导教师对示范的导游讲解及各学生的讨论情况进行总结。

四、实训时间及成绩评定

(一)实训时间

实训内容Ⅰ:资料分析、讨论时间以 15 分钟为宜,各小组代表发言时间控制在 3 分钟以内。

实训内容Ⅱ:选择校园景观、撰写导游词等工作在课余时间完成,实地讲解分组利用半天时间完成,示范讲解以及讨论总结工作利用课堂完成。

(二)成绩评定

1.实训成绩按优秀、良好、中等、及格、不及格 5 个等级评定。

2.实训成绩评定准则:

(1)是否分清并熟记导游讲解的方法及技巧;

(2)能否熟练运用导游讲解的方法及技巧进行导游讲解。

实训项目三　流动游览、住宿餐饮、购物营销导游讲解

一、实训目的

通过本项目的实训,要求学生掌握流动游览、住宿餐饮和购物营销导游讲解的内容和技巧。

二、基本知识点

(一)流动游览导游讲解

1.抵离沿途讲解

(1)致欢迎辞

欢迎辞是旅游者抵达后的首次讲解服务。行车过程中,地陪应向旅游者致欢迎词并介绍本地概况。

(2)首站讲解

首站讲解中,导游的讲解要求简明扼要,内容包括本地市容市貌,本地旅游行程的安排,本地旅游的住宿、餐饮及安全卫生方面的注意事项等。

（3）途中讲解

途中讲解主要指前往景点途中的讲解，此时导游应伺机向游客介绍本地的风土人情、自然景观，同时回答游客提出的问题。

2.长、短程沿途讲解

（1）长程沿途讲解

长程沿途，导游应向游客介绍沿途的风土人情、自然景观，回答游客提出的问题，加深游客对旅游目的地的了解。同时，由于路途较长，可做一些参与性的唱歌、讲故事、猜谜语、抢答问题、做游戏等娱乐活动，还要注意长途中让游客劳逸结合，适当休息。

（2）短程沿途讲解

抵达景点前，导游应向导游介绍景点的简要情况，尤其是景点的历史价值和特色。抵达景点时，导游应告知景点停留的时间，参观游览介绍后集合的时间、地点，同时导游还应向游客讲明游览过程中的有关注意事项。

（3）返程沿途讲解

返程途中，导游可向游客就游览后的景点，尤其是景点的历史价值和特色再做一些回顾和简单的总结，同时回答游客提出的问题，必要时可与游客做些探讨和交流。

（4）景区游览讲解

景区游览中，导游应保证在计划的时间与费用内，使游客充分地观光、游览，做到讲解与引导游览相结合，适当集中与分散相结合，劳逸适度，并应特别关照老弱病残的游客。导游还应注意游客的安全，自始至终都应与游客在一起活动，随时提醒安全事项。

（5）市容观光讲解

在市内景点的游览中，市容讲解是重点，历史文化、民俗风情、城市变迁、名人典故、风物传说、地方特产、商品信息、娱乐购物、社会状况等都是游客感兴趣的，可适当多作介绍。

（6）送站讲解

行程即将结束，作为游客，内心是比较激动的，存在着归心似箭或想到下一站旅游的心情，此时导游和游客也都比较忙碌。但此时导游要做到忙而不乱，更不能出现任何差错和问题，这是很重要的。

送走游客前，导游应提醒游客妥善保管好证件和随身携带的物品，听取游客对整个游程的建议，希望他们再次光临，应向游客表示感谢，并致欢送词。

（二）住宿餐饮导游讲解

1.住宿导游讲解

抵达宾馆后，一切对于游客来说都是陌生的，因此导游讲解至关重要，讲得好，会带给游客温馨的感觉,否则将会带给游客心灰意冷的感觉。此时导游讲解内容包括宾馆设施、服务、注意事项、宣布当天或第二天的行程安排、集合时间、叫早时间、早餐时间及地点等,并告诉游客领队或地陪的房间及联系方式。此时讲解要求热情有耐心。

游客离开宾馆前,导游需要提醒游客结清与宾馆的账目,提醒游客整理并保管好自己的证件与随身携带的物品。

下面以昆明住宿讲解为例加以说明。

大家看,正前方高大、华丽的玻璃建筑,便是我们今天的下榻之所——新世纪大酒店。该酒店坐落在昆明市中心点上,地理位置优越,酒店是四星级,各种设施齐全,交通方便,特别是上街逛商店,看昆明市容,住这儿是再好不过了。酒店内有中餐厅、西餐厅、茶亭、酒吧、健身房、游泳池、歌舞厅等,大家都可以自由活动,只是到哪儿都请诸位保管好自己的贵重物品,并注意安全,晚上不要回来得太晚,以保持充足的体力,第二天才能尽情观光游览。

2.餐饮讲解

旅游与餐饮是分不开的,特别是在中国,美食往往是吸引人们旅游的重要内容,因此导游在介绍各地美食的时候,不仅要让客人得到美味的享受,而且要得到精神的享受。

(1)餐饮讲解要求绘声绘色,让人听得津津有味

导游词是非常重要的,要有煽动性、感染力。想象怎么介绍家乡的美食,把一样美食说到让人听了流口水,讲解时还要加上合适的语气和脸部表情、手势动作,才能成为一段绘声绘色、津津有味的餐饮讲解。

(2)餐饮讲解要讲出本地菜系的特点

有些导游介绍当地菜系讲不出特点来,各个都是什么鲜、嫩、爽。这样的特点几乎可以放到全中国的所有菜系中去,让客人听得索然无味,全无想品尝的欲望。其实我们大可不必背这些官样文章,而应该抓住当地菜系中几个特色菜作介绍,就可以带出全系的特点了。

(3)餐饮讲解要照顾到各地客人口味的差异

导游员在给游客讲解自己本地美食的时候,当然希望游客能够品尝并给出好的评价,但也应该明白,各地游客的口味偏好很难有极强的适应性,因此往往会出现导游讲解好吃,而游客品尝后感觉并不怎么样,这时游客就会感到失望,有时甚至会造成麻烦。因为游客会认为导游欺骗了他,导游因此而得不到足够的信任,会增加工作难度,所以导游讲解时要打些伏笔,讲一讲地方口味的差别、南北口味的差异,让游客先做好心理准备。另外,导游员在讲解当地美食时还要事先了解游客的口味喜好,在游客品尝时可边做解释,告知当地风味可能不适合所有游客的口味,如果改了口味那就不地道了,品尝也是一种收获。

(三)购物营销导游讲解

旅游购物是旅游活动中的一个重要环节,导游员购物营销得好,不但可以促销旅游产品,为旅游业作贡献,而且还可以获得游客的信赖,使导游工作取得事半功倍的效果。

1.购物前后态度保持一致

导游带领游客购物,切忌购物前后态度发生急剧变化。有的导游在购物前对游客十分热情,但购物后因游客消费情况不满意,态度便发生180°大转变,着实让游客无法承受;还有些导游在景点讲解时热情不高且内容简单,但凡讲到旅游购物,就热情陡增且内容翔实,这也是导游讲解的忌讳。因此,旅游促销的基本条件就是整个带团过程的讲解都要周到细致,购物前后态度始终保持一致,才能打消游客的猜忌,取得充分的信任,最终取得良好的促销效果。

2.引导购物,舆论先行

昆明导游玉石推销得好,关键在于舆论先行引导了游客的购物。昆明导游会在昆明概况的介绍中就提及:昆明翡翠和中国的美玉堪称世界四大名贵珍品,极具收藏和投资价值。然后在景区或特产讲解中适当地增加云南玉石的讲解,导游循循善诱的讲解,让游客感到导游的真诚、有远见、有根据,因此还未到购物点,游客们已经迫不及待想去购买翡翠,或送给自己心爱的人,或留给自己收藏投资用。舆论先行、引导式的购物讲解必然会使昆明玉石促销效果甚好。

3.购物讲解中多传授购物技巧和防骗挨宰窍门

游客一般都想在旅游目的地为家人或朋友买些经济实惠又具有纪念意义的旅游商品,但游客往往“怕假挨宰”而心存顾虑。所以,导游购物讲解中充分发挥自己本地人的优势,多讲鉴别知识、购物技巧和防骗挨宰的窍门,物品的介绍不仅要讲其优点,还要介绍其不足,以获取游客信任。

三、实训内容、组织方式及步骤

实训内容Ⅰ:流动游览讲解方法及技巧

实训要求:要求学生根据材料,分析材料中导游的问题所在,并总结出流动游览讲解的要点。

实训形式:案例分析。

实训步骤:

第一步:实训前准备。要求参加实训的同学,查阅资料,了解流动游览的讲解要点。

第二步:以5~6人的小组为单位,对资料进行剖析,各组员充分发表自己的观点。

案例分析 6-3

在昆明石林游览中,很多游客一高兴就忘了危险,常爬到一些尖锐的石峰上照相,摔伤的事时有发生。尽管导游小陈应该向游客提前打招呼,但忙于讲解就把这个必须交代的事情忘了。果然就出事了,一个客人摔断了腿,带来了严重后果。

第三步:对小组成员的各种观点进行记录。

实训内容Ⅱ:购物讲解方法及技巧

实训要求:要求学生根据材料,总结出材料中所运用的购物讲解方法及技巧。

实训形式:案例分析。

实训步骤:

第一步:实训前准备。要求参加实训的同学,走访旅行社导游,了解购物讲解的要点。

第二步:以 5～6 人的小组为单位,对资料进行剖析,各组员充分发表自己的观点。

案例分析 6-4

云南某地有一位优秀导游员,过去在宣传促销时,总是介绍白药有什么特效以及有什么好处等,可是游客购物的兴趣和欲望就是不高,有些游客还在嘀咕:"云南白药全国各地都有,我们何必舍近求远?"推销效果不好。

经过总结,她想到了新的讲解方法。一天,这位导游员接到另一个团,在向游客介绍云南白药时,她换了一种说法:提起云南白药,它可是我们云南著名的民间医生曲焕章发明的。据说曲焕章是个打猎好手,尤其擅长打老虎。但他有个习惯,打中了老虎不马上把老虎拉回家,非得第二天请人把老虎抬回家。一天,曲焕章又打中了一只老虎,但到第二天有人跟他说老虎不见了。这件事情引起了人们的议论,曲焕章也觉得很奇怪。有一次他又打中了一只老虎,这次他采取了跟踪观察的方法,后来发现那只受伤的老虎自己去找药治伤。老虎吃了那种草药,很快就止住了血。曲焕章赶紧把那种草药采回家进行研究。发现这种草药对人体的跌打损伤很有功效。后来他又根据多方搜集和筛选整理民间治伤的有效草药,最终在 1914 年试制成功并投入生产,取名为"曲焕章白药"。

他停顿了一会,接着又说:"曲焕章白药又经过 80 多年的不断改进和提高,如今的云南白药比以往更有效、更神奇。在原产地购买是'原汁原味',还能省去运输费和多处批发的加价。"她这么一说,果然产生了十分好的宣传作用,推销效果很好。

第三步:对小组成员的各种观点进行记录。

案例分析讨论记录稿

专业班级		组　别	
记录人		时　间	
小组成员			
讨论记录	1.根据案例分析6-3分析事故发生的原因,导游员小陈的讲解内容应该有哪些,流动游览讲解的要点有哪些? 2.根据案例分析6-4,讨论导游运用了何种讲解技巧? 3.谈谈购物讲解中还能总结出哪些方法值得推广?		成绩
	组员1		
	组员2		
	组员3		
	组员4		
	组员5		
	组员6		

第四步:各小组选出一名代表发言,对小组讨论结果进行总结。

第五步:实训指导教师对购物讲解要领及各小组成员的讨论情况进行总结。

实训内容Ⅲ:餐饮讲解方法及技巧

实训要求:要求学生根据所学的餐饮讲解,对当地美食进行讲解。

实训形式:自选当地美食进行绘声绘色的讲解。

实训步骤:

第一步:实训前准备。要求参加实训的同学,通过网络或民间搜索,选择当地一美食并了解其特点。

第二步:实训学生根据选定美食撰写讲解词,并在课堂进行讲解。

第三步:请班级同学对美食讲解进行讨论评议,总结每位讲解学生的特色及不足。

第四步:实训指导教师对学生的美食讲解进行总结。

四、实训时间及成绩评定

(一)实训时间

实训内容Ⅰ、Ⅱ:资料分析、讨论时间以20分钟为宜,各小组代表发言时间控制在3分钟以内。

实训内容Ⅲ:选择当地美食、做好实训准备等工作利用课余时间;讲解实训利用课堂时间,每人讲解以不超过3分钟为宜。

(二)实训成绩评定

1.实训成绩按优秀、良好、中等、及格、不及格 5 个等级评定。

2.实训成绩评定准则:

(1)是否掌握导游讲解的方法及技巧,是否能熟练运用;

(2)是否能够列举、总结其他的讲解方法并与同学交流分享;

(3)讲解时是否能把握餐饮讲解的要点。

实训项目四　自然景观讲解

一、实训目的

通过实训,使学生了解旅游审美对象,熟练掌握自然景观的讲解基本要领,懂得运用不同的讲解方法向游客准确传达美的信息。

二、基本知识点

(一)自然景观概念

1.自然景观的基本概念

自然景观是指由具有一定美学、科学价值并具有旅游吸引功能和游览观赏价值的自然旅游资源所构成的自然风光景象,也就是指大自然自身形成的自然风景,如银光闪闪的河川、千姿百态的地貌、晶莹激滟的湖泉、波涛万顷的海洋、光怪陆离的洞穴、幽雅静谧的森林、珍奇逗人的动物和温暖宜人的气候等。

2.自然景观的审美感知

山、水、气、光、动物、植物等自然要素的巧妙结合,构成了千变万化的景象和环境。人们对自然景观的观赏,主要通过人的视觉、听觉、嗅觉、味觉、触觉等途径的直接感受,进而产生联想,并通过理念的感知印象和综合分析,产生美感并获得精神上与物质上的享受。普通游客往往用"游山玩水"替代"旅游",这也说明山、水在游客心目中的地位。

(二)自然景观讲解

1.山地景观讲解

山地是风景构成的基本要素,是造景、育景的舞台,气象、气候、植物、动物,均因不同的山地条件,而呈现出不同的自然风景的形态。

任何山地及其旅游景观的存在，必然具备某种形式，这是人们能够感知其存在的首要条件，其形态、数量、规模、特征、组合方式以及分布的空间位置等，均可能造成不同的美感。在多种情况下，人们从雄、险、秀、幽、旷、奥、奇七个方面来概括自然景观的自然美。

体态高大的山地，其绝对高度和相对高度均高，体量也大，岩石陡峭，则产生雄伟的美感。五月中的泰山是典型的以"雄"称美的山体。

山体高陡、山脊狭窄的山多因断层和垂直节理发育，则产生险峻的美感。华山五座山峰，座座如立，这种地貌决定了华山风景的总特征是险峻。

山势起伏蜿蜒，山体线条柔和，植被葱郁，则产生秀丽的美感。这种例子很多，但以峨眉山最突出，"峨眉天下秀"，秀在山脉连绵波澜起伏，秀在茂密的丛林覆盖其上，那里的云雾很多。

山环水复、林茂谷深、植被繁盛的山地，则产生幽深的美感。如张家界的风景区，夏季能带游人走进"蝉噪林逾静，鸟鸣山更幽"的境地。这种美学特征便是由其砂岩峰林峡谷奠定的。

地貌平畴无垠，或者水面坦荡，视野开阔，则产生旷远之美感。如在岳阳楼上看八百里洞庭，烟波浩渺；登黄鹤楼观长江，"孤帆远影碧空尽"；在内蒙古草原上放眼，"风吹草低见牛羊"。但我们等高远眺时，所获得的旷远美感会更加强烈，站得高、看得远，自然使人心旷神怡。

如果空间景观显得很封闭，四周崖壁环列，通道下如岩隙，曲折而出，深邃入境，则令人产生神秘莫测的美感。如中岳嵩山，自古就有"嵩山天下奥"和"奥岳嵩山"之美称。

属于独具一格的高山，则产生奇特的美感。如安徽黄山，以"奇"闻名中外，人说山之奇，泉、云、松为三个条件，黄山齐备，再加上奇特的怪石，故自古被称为"震旦第一奇山"。

有些山地，不止一个风景特征，如伏牛山脉的石人山风景区的风景特征有"雄"和"秀"。"雄"的特征是直接通过石人山本身的地貌特点体现出来的，"秀"的特征不是直接通过石人山的地貌特点，而是通过石人山茂密的植被和杜鹃花体现出来的。

山岳景观除了上述的形态美外，还有色彩美。如一年四季交替和气候变化构成的山体的色彩美，如泰山顶上的四大奇观旭日东升、晚霞夕照、黄河金带、云海玉盘的宝光等，则更是吸引游人的奇景了。山岳自然景观还有动态美，主要由流水、飞瀑和云等要素组成，还有静止的景观自身呈现动态，如"九马画山"、"灵猫扑鼠"等。此外，马山月景观还赋予我们听觉之美。瀑落深潭、溪流山涧、幽林鸟语、风起松涛等声音，都会在特定的环境中给人以音乐般的享受。

许多山地还具有科学研究价值，如云贵高原、桂林阳朔和肇庆地区对研究岩溶学和岩溶地貌具有典型意义,丹霞山、武夷山是研究丹霞风光的典型场所等。中国是一个历史悠久、文化灿烂的国家,许多山地有着悠久的开发历史,使许多山地积淀着丰富的历史古迹和文化艺术,更增加了旅游的魅力。

2. 水体景观讲解

由于受地形和气候等自然因素的综合影响,水以多种形式存在于自然界:水蒸气、云雾等气态,雨、露、泉、湖、江河、瀑布、海洋等液态,霜、雪、雾凇、冰雹、冰川等固态。一般情况下,这里指的水体景观是指由水体本身或以水为主与其他造景因素融合而成的具有旅游观赏价值的自然景观,主要指海洋、江河、湖泊、流泉、瀑布景观。至于云雾、冰雪等特殊形态的水体,在一定的时间、地区和条件也能造就出特殊的水体风光。七种造景功能中,形、影、声、色、光等五个方面是各种水体的共同特点,是我们掌握和讲解水体景观的基本内容。

水体类型不同,美的风格不同。海洋浩瀚无际,碧波万顷,汹涌澎湃,深邃奥妙,能给人以视野开阔、极目天涯的感觉。碧蓝无垠的海水、洁白飞溅的浪花和汹涌澎湃的怒潮,能使人精神振奋、思潮起伏。而流泉、溪涧、小湖,则给人以秀丽优美的感觉。江河大湖常介于两者之间。某些海岸虽然也具有秀丽优美的景色,但终不如泉溪小湖带给人的恬静更浓厚。

同一水体类型,由于其组合条件不同,相关的具体内容也是不同的。以湖泊为例,湖泊面积大小不同,给人的美感不同。大湖泊能给人以畅旷的美感,所以古人用“帆影点点,烟波浩渺”来描述太湖风光,用“落霞与孤鹜齐飞,秋水共长天一色”来赞美鄱阳湖的绝妙美景。西湖自古给人以清秀的美感,所以苏轼用“欲把西湖比西子,淡妆浓抹总相宜”来赞美她。

具有奇特现象的泉水,如杭州虎跑泉、济南趵突泉、镇江中冷泉为甘甜醇厚的泉水。“地有名泉,必有佳酿”,泉水是酿酒、泡茶和饮料加工的理想水源。安徽寿县的“喊泉”,与人的声音成正比;四川广元的“含羞泉”,好似含羞的姑娘;大理的“蝴蝶泉”等都因奇趣成景。有的水体还有奇特的作用,如矿泉水,具有可饮、可医、可浴、可赏的作用,有的可主治风湿病和皮肤病;五大连池的药泉,能治肥胖症、脱发等多种疾病。矿泉和温泉疗养,已成为世界上重要的健身休假和矿泉理疗康复旅游区。

3. 生物景观讲解

无论是植物还是动物都与人有着密切的关系。动植物在风景区有美化环境、装点山水、分割空间、塑造意境的功能,并在维护大自然生态平衡方面起着重要作用。

首先是形态美。由于植物种属繁多,千姿百态,风格殊异,故其观赏价值特别高。观花要讲究花姿花形;看叶有单叶、复叶、全叶、裂叶之别;论树形有挺拔雄健、婀娜多姿之分;论果形有圆形、扁形和线形之异。此外,人们还通过嫁接培育等技术,创造出各种别致诱人的观赏植物,给人以种种形态美的享受。

其次是色彩美。色彩是物体的基本属性,对人的感官最富刺激性。色彩是形式美的重要因素,也是美感的普遍形式。色彩是生机的表征,能给人激励。不同的色彩,能使人产生不同的特定心理反应。植物的茎、叶、花、果都有色彩,给人以多种色彩美,其中最基本的色彩是绿色——"生命之色"。此外,一般植物的花、叶、果实呈现出的各种颜色,以及因缺乏光合作用而呈现的黄色、白色等,构成了自然界五彩缤纷的色彩美,如香山红叶、洞庭仙桥枫叶等。

再次是嗅觉美和听觉美。植物的茎、叶、花、果,不仅可装饰自然景观,还发出沁人肺腑的芳香,给人以嗅觉美,从而调节精神与身心健康。植物的特异芳香,使人精神振奋,诱使人们亲自尝试体验,流连忘返。声音,如雨打芭蕉、林海松涛、空谷回音等各有绝响,给人以美的享受。

最后是古韵之美。古是指植物生存的时间漫长。某些古树名木不但记录了它自身存在的生长史,同时也反映了当地的自然环境特点,因而它不但具有生物科研价值,而且具有旅游观赏价值,并且是越古老,吸引力越大,保护价值越高。我国具有旅游价值和文物价值的古树名木难以数计,它们常与古寺庙、古陵墓及山岳风景区融为一体,共同构成各风景区的主要观赏对象。

三、实训内容、组织方式及步骤

实训内容:自然景观讲解

实训要求:要求学生掌握自然景观讲解的要领和内容。

实训形式:讲解练习。

实训步骤:

第一步:实训前准备。要求参加实训的同学,结合本地某一著名的山水景观,自创导游词。

第二步:由实训学生自行讲解。

第三步:实训指导教师根据讲解情况进行点评。

四、实训时间及成绩评定

(一)实训时间

选择当地著名山水景点并自行踩点利用周末时间,自创导游词、做好实训准备等工作利用课余时间,现场讲解利用课堂时间,每位同学讲解时间不超过 5 分钟。本实训项目总计时间两周。

(二)实训成绩评定

1.实训成绩按优秀、良好、中等、及格、不及格 5 个等级评定。

2.实训成绩评定准则：

(1)是否了解当地著名自然景点的概况；

(2)导游词的撰写是否完整、生动，是否包含自然景观讲解的主要内容；

(3)讲解时能否把握自然景观讲解的要点。

知识点链接

一、自然景观的特点

自然景观在旅游过程中主要表现为旅游者所见到的山水风景、气候天象奇观、动植物等直观景象。自然景观与人文景观相比，具有以下几个特点。

1.天然赋存性

从发生学的角度上看，一切自然景观都是大自然长期发展变化的产物，是大自然的鬼斧神工雕造而成的，具有天然赋存的特点，即天赋性，因而它是旅游的第一环境。

2.地域性

自然景观是由各种自然要素相互作用而形成的自然环境，它具有明显的地域性特征，如我国风景"北雄南秀"的特征反映了南北自然景观的总的差异。

3.科学性

自然景观各个要素之间所具有的各种复杂多样的因果关系和相互联系的特点，反映在自然景观的各个方面。因而自然景观的具体成因、特点和分布，都是有科学道理的。

4.综合美

从旅游审美的角度上看，一切自然景观都具有自然属性特征的美。在自然景观美中，单一的自然景物，由于构景因素单调，一般来说，它的美是单调的；大多数自然景观美都是由多种构景因素组成的，它们相互配合，融为一体，并与周围环境相协调，所以体现出综合美的特点。

5.吸引价值的差异性

自然景观虽是大自然本身的产物，然而"千座山脉难以尽奇，万条江河难以尽秀"，只有具备能引起人们美感属性的自然景观，只有能使观赏者获得美的那部分景观，才是自然美的代表，才具有自然景观美。另外，自然景观之所以能成为人们审美的对象，是与社会的发展水平和人们的综合素质分不开的。两个人同游一处美景，一个人能看到它的美，另一个人却看不到它的美，这是由于两个人的综合素质差异造成的。

二、自然景观的类型

1.根据开发利用情况划分

自然景观依据开发利用情况,可将其分为两种:

(1)原始自然美景观。是指以纯自然美为基本特征的景观,这类景观大都分布在我国的西部和边缘地区。原始自然美之所以原始,是因为它们深藏于崇山峻岭之中,交通不便,人烟稀少,不易发现,因此历史上人为干扰较少,才使其原始风貌保持至今。像珠穆朗玛峰奇景、东北的林海雪原、四川的稻城亚丁、西藏雅鲁藏布江大峡谷以及边缘地区的自然保护区等,都属于原始自然美景观。

(2)人文点缀自然美景观。是指主要分布在我国东部经济较发达地区的自然景观,这类景观大都经过了人类的加工。但这些加工都保持了自然美的原形,只是根据自然景物的特点,合理布局一些人文构筑物。这些人文构筑物,不仅没有破坏自然美,反而使自然美的个性更加突出。如列入《世界遗产名录》的黄山、峨眉山、泰山、武夷山、庐山、青城山等都属于人文点缀自然美景观。

2.根据构景要素及景观特征划分

根据构景要素及景观特征,可将自然景观分为四种:

(1)地质地貌景观。包括一些特殊的地貌类型和地质景观。其中对游客吸引力较大的是山岳景观。地质地貌景观是其他类型景观形成的基础,有较高的游览价值,深受游客的欢迎。

(2)水体景观。主要包括地球表面的各种液态及固态水体景观。液态水的景观组合包括江河、湖泊、流泉、飞瀑和海洋;固态水体景观主要指各类冰川。

(3)生物景观。包括动物和植物景观。

(4)气候和气象景观。气候往往作为区域景观的背景景观而存在,而天象景观则直接作为游客观赏的对象,同时短暂的天气对游人的出行有较大影响。

实训项目五　人文景观讲解

一、实训目的

通过实训,让学生能够区分人文景观并了解人文景观的基本概念和特点,了解人文景观的基本类型,掌握人文景观导游讲解的基本要求和方法。

二、基本知识点

(一)人文景观的概念

人文景观是指整个人类生产、生活等活动所留下的具有观赏价值的艺术成就和文化结晶,是人类对自身发展过程科学的、历史的、艺术的概括。它们是人类历史的见证,在内容、形式、结构、格调等方面都具有历史特点,同时还表现出明显的地域性和民族行。它既包括有形的实物,也包括无形的精神,因此涉及面大、范围很广、类型也很多。人文旅游资源具有明显的时代性、民族性、地方性,以及高度的思想性、艺术性、活跃性,具有强有力的生命力。

一个国家或地区独特的民族状况、历史发展、文物艺术,以及物质文明、精神文明的内容等,都可以构成人文景观。

(二)人文景观导游讲解要求

凡是由人创造的,与社会实践和文化相联系的景观,都可以视为人文景观。要讲解好人文景观可以从以下六个方面着手。

1. 把握人文景观的历史特征,突出时代特征

人文景观具有明显的时代性和地域性,是人类在其历史发展进程中在改造、利用、适应自然的过程中所创造的,与当时的社会有密切的联系,所以不能脱离当时的历史背景孤立地去欣赏它们。讲解时要交代好景观所处时代的历史背景,这样有助于游客认识其出现的缘由,探寻景观的文化底蕴。

2. 解读景观特征,紧扣"人与环境"主题

讲解人文景观离不开对实物具体特征的把握,主要包括布局(结构)、功能(作用、用途)、造型(形状)、质地、文饰、色彩以及与之有关的匾额楹联等方面的解读。不同类型景观解读的侧重点也会有差异。

出土文物类主要从文物功能、造型、质地、文饰和色彩等方面去把握;书院、楼阁类古建筑主要从建筑布局、匾额楹联碑刻、陈列实物等方面组织导游讲解;城墙类古建筑(长城、苗疆边墙等)主要介绍其御敌的功能、特殊结构和建筑材料等;名人故居类侧重于故居的整体结构、室内陈列实物、照片等。

现今保留下来的人文景观,往往都是人类所创造的精品,是人与自然和谐发展的结晶。人文景观的讲解,正是探寻这些景观所承载的人类文化,作为人文形态的人文景观表现了人类各种文化内容,成为文化的凝聚、积累和表征。正是靠着人文景观,才使相当一部分各时代各地区的文化得以保留和显现。透过它,我们可以探寻那个时代的思想和情感。

3.突出文化内涵,强化知识性基础

人文景观与自然景观相比,最大的特点之一就是文化内涵的延伸性。自然景观往往可以直观赏析,但人文景观却不能。每一类的人文景观都包含有博大精深的文化内涵,要相对完整地了解一个人文景观,必须要有一定的文化底蕴。因此,导游人员自己一定要具备丰富的文化基础知识,在实际导游过程中必须把景观所包含的而游客不可能直观看到的内容通过不同的导游技巧和方法传递给游客。

4.编织故事情节,注重讲解的通俗性

人文景观的文化内涵博大精深,而游客的目的并不是做学术的探索,因此导游员在讲解人文景观的时候,必须要合理组织自己的语言,可以在尊重科学和历史的前提下,适当编织故事情节,以求产生艺术感染力,避免平淡、枯燥无味、就事论事的讲解,将内容通俗化,以此满足游客的需要。

5.突出人文景观的思想特征

导游人员的讲解,其中很重要的一条就是教育功能。因此,在讲解中要能客观地介绍历史,并恰当地结合现实,做到借题发挥,有的放矢,把人文景观的学术价值、思想价值充分地展现在游客面前,使游客的思想得到升华,进而发挥人文景观的延续教育性。

6.把握人文景观的审美特征

人文景观具有特殊的协调美、统一美、艺术美和创造美。对于人文景观的欣赏必定离不开它所处的环境,因此,为游客讲解人文景观时,要结合其所处的周围环境,全面地把文化景观中所包容的内容介绍给游客,引导游客领略人文景观之美。

7.灵活运用导游讲解方法

优秀的导游员能够针对讲解内容,灵活地运用各种导游讲解方法。或解惑释疑,创造悬念,引人入胜;或善于编织故事情节,虚实结合,启发想象,情景交融;或采用问答方式,注重双向交流与沟通,尽可能调动游客参与到讲解当中来,让不同游客的合理需求得到满足。

讲解人文景观时经常运用的讲解方法主要有分段讲解法、突出重点法、虚实结合法、问答法、制造悬念法、类比法、知识渗透法、引用法等。

(三)人文景观讲解方法

1.古建筑讲解

我国有几千年的文明史。在这几千年的历史进程中,中国建筑形成了有别于希腊、印度和西方的独特的建筑体系和建筑结构。中国古建筑以木结构建筑为主体。人们常常用"雕梁画柱"、"翘角飞檐"来描述中国古建筑。雕塑在中国古建筑中运用十分广泛,如石雕、木雕、砖雕等。门楼、照壁往往是砖雕最精彩的地方,河南开封的山陕甘会馆就保存有大量精美的砖雕。山西的乔家大院、渠家大院也有不少。石雕常用于台基、石栏杆及大门外的石狮子之类,而木雕则常用于门隔扇、屏风、天花、藻井及家具陈设等。木雕的使用是极普遍的,至于塑件,在建筑上运用也很普遍。最常见的是屋顶前后两坡交界处的正脊,它往往使用预制的雕花瓦,正脊的两端有形似龙形的正吻。在垂脊处吻兽较多,有垂脊兽、屋梁走兽、仙人走兽等。

总之,中国古建筑是一项综合艺术,它既包含建筑技艺,诸如力学、采光等方面,也包含绘画、雕塑、环境等各个艺术门类。这就要求导游员具有相应的、较全面的艺术修养。木结构建筑便于在梁上实施油漆和彩画,既有防腐的实用功能,又有装饰艺术效果。像颐和园内长达700余米的长廊,那一幅幅彩绘的历史故事和民间传说,给游人平添了多少艺术享受。如山西芮城永乐宫内960平方米的画与河南嵩山少林寺壁画,都是不可多得的国宝。

2.民族民俗风情讲解

民族民俗风情是导游讲解中最有趣、最生动的部分,也是最让客人感兴趣的内容,可多讲,并应讲出特色。

3.历史文化讲解

对历史文化的讲解要求尊重历史事实,力求准确、全面,且能突出重点。

举例

安化茶马古道历史文化导游词

"茶马"一词,一是源于唐朝开始的茶马交易机制。古代中原政权为了加强军事力量,以茶叶等商品与边疆游牧民族换取战马,并设有专门的管理机构"茶马司","掌榷茶之利,以佐邦用;凡市马于四夷,率以茶易之"。二是山区茶农以茶叶换取生活物资,由于山道崎岖,交通不便,多用马匹作为驮运工具,因此,茶和马联系在一起。由此引申出了"茶马之路",即留存至今所谓的"茶马古道"。茶能清解脂肪,祛除油腻,补充人体必需的维生素和微量元素。而对于地处边陲的游牧民族,以牛羊肉为主,"不得茶,则困以病",喝茶成了他们赖以生存的习惯,而因常年迁徙的生活特性,游牧民族的喝茶种类以紧压茶为主,主要是因为紧压茶方便携带,易于储存且耐冲泡。安化黑茶的品质特征正符合西北少数民族的饮茶需求，因此，从明代被朝廷定为官茶开始，安化黑茶逐步取代其他茶类，成为西北少数民族饮用的主要茶类，经陕西、甘肃等地茶商销往内蒙古、青海、宁夏、新疆等少数民族地区，直至民国年间政局动荡，交通阻塞才逐步衰落。安化地处山区，山多地少，有"山崖水畔，不种自生"的宜茶环境，自古"活家口者，唯茶一项"，随着黑茶产销的兴盛，商家为了收购和运输茶叶的便利，在安化县境内集资修建茶马专道，这些道路翻山越岭，以青石板铺就，沿途建风雨廊桥、茶亭、拴马柱等供歇息之用，绵延数百里。借助资水横贯全境的地利之便，茶商在安化山区内收购茶叶后，沿茶马专道驮运至江边集镇，再通过水运销往外地。据专家考证，古代安化黑茶的运销线路是经资江运往洞庭湖，再转运湖北沙市，经襄樊、老河口至泾阳、晋阳、祁县，然后销往西北边陲。因此，也就形成了安化茶马古道与其他地区茶马古道截然不同的"船舱马背式"的独有特色。直至今日，安化县内仍留存了大量的茶马古道遗迹，有的仅剩小段路基，有的绵延数里，其中，保存较为完整的有黄花林场腰子界一段、江南至洞市黄花溪一段、陈王次庄至山口一段、洞市老街一段、永锡桥一段等。茶马古道风景区内，保留了最为完整的一段茶马古道，由山下联环村至高城村绵延几公里的青石板路，由于未进行旅游开发前仍未通公路，这里依然靠马匹作为主要的交通运输工具，当地人一直对茶马古道多有维护，才完好地保留了下来。每逢山下市集圩日，山里人用马匹驮着木材、山货、茶叶等去山下的市集换取生活物资，成群结队，蔚为壮观，也正因如此，安化县内保留了南方最后一支马帮，也算是安化茶马文化历史的一桩幸事吧。在川岩景区内，现今仍保留了安泰廊桥、永济茶亭旧址、川岩茶叶禁碑等茶马古道遗存，仿佛在遥忆着那一片历史的风景。

三、实训内容、组织方式及步骤

实训内容：人文景观讲解

实训要求：要求学生掌握人文景观讲解的要领和内容。

实训形式：案例分析。

实训步骤：

第一步：实训前准备。要求参加实训的同学，观看导游讲解音像资料，熟悉实训所涉及的基础知识。

第二步：以5～6人的小组为单位，对资料进行剖析，各组员充分发表自己的观点。

案例分析 6-5

云南昆明石林民族风情导游词

逢节日庆典，或宾客到来，热情奔放的彝族儿女要献上大三弦舞。届时，刚健豪迈的舞步震动着大地，厚重朴实的大三弦声拨动着人们的心弦，舞者清脆有力的吆喝声响遏行云。那热闹的场面使舞者和观众都热血沸腾，给人欢乐，催人向上。

说到民族风情，各位可能要问到我们撒尼人的婚俗了。撒尼青年男女自由恋爱订下终身大事后，小伙子征得父母同意，即请一个媒人携一瓶酒前往姑娘家说亲。若姑娘的父母接下酒，说明同意这门婚事。三天后媒人第二次说亲，与女方商定婚礼事宜。婚礼分为"喝小酒"、"喝中酒"、"喝大酒"。"喝小酒"时，男方请媒人送一手（小罐）酒和一串腊肉给女家，由女家操办酒席。女方的长辈提出下步操办婚礼的具体意见，媒人把女方意见传给男方，两天后再把男方的意见回告女家，如期筹办"喝中酒"。"喝中酒"一般订在属牛、羊的日子。到时候，男方请五六人带着比"喝小酒"时多数倍的酒、肉、饭菜到女方设席，女方请十多桌客人喝酒。喝过"中酒"就算结婚了，家境贫寒的人家就此结束婚礼。但经济条件好一点的人家，一般还要"喝大酒"。"喝大酒"在女方家举行，仪式隆重，场面热闹。届时，以新郎为首的迎亲队来到女家，女家故意闭门不纳，要男方迎亲者与女方的唱歌能手对歌。双方敞开歌喉，你问我答，竭尽才思，直到女方满意为止才罢休。第二日，女方置酒菜招待迎亲者。姑娘们十分调皮，要有意捉弄迎亲者。或者拾些石头放在迎亲者的箩筐里，逼他们挑出门外；或者抹黑迎亲者的脸，让他们难堪。迎亲者也不示弱，反手抹黑姑娘的脸。此时众人大笑，洋溢着欢乐的气氛。如果我们到撒尼人家里做客，那还得注意撒尼人的禁忌：撒尼人忌妇女在起房盖屋时跨过搭架的木料；忌踩锅灶，以免伤害灶神，把嘴扯歪；忌儿媳妇在公公面前梳头；忌在人前放屁；忌在神山和"密枝林"砍树、割草；忌死在寨外者抬入寨内；忌在立春日种农作物，以免打伤庄稼；忌称彝家为"保保"，认为这是对彝家人的侮辱；忌舀饭舀中间翻甑底，而不顺甑子的四周围舀；忌在妇女生孩子时外人入室；忌在门坎上坐，以免挡住财神进家的路；忌说"卖"自养的牲畜。

（资料来源：第一范文网 www.DiYiFanWen.com）

第三步：对小组成员的各种观点进行记录。

案例分析讨论记录稿

专业班级		组　别	
记录人		时　间	
小组成员			

讨论记录	1.根据材料内容,说说导游的讲解包含了哪些内容,运用了哪些方法? 2.根据小组讨论,说说人文景观讲解中应该注意什么?		成绩
	组员 1		
	组员 2		
	组员 3		
	组员 4		
	组员 5		
	组员 6		

第四步:各小组选出一名代表发言,对小组讨论结果进行总结。

第五步:实训指导教师对各小组成员的讨论情况进行总结。

四、实训时间及成绩评定

(一)实训时间

资料分析、讨论时间以 15 分钟为宜,各小组代表发言时间控制在 3 分钟以内。

(二)实训成绩评定

1.实训成绩按优秀、良好、中等、及格、不及格 5 个等级评定。

2.实训成绩评定准则:

(1)是否理解人文景观讲解要求;

(2)是否掌握人文景观讲解的方法及技巧。

知识点链接

一、人文景观的特点

1.历史的遗存性

人文景观是人类活动所留下的痕迹和实物,它的产生是历史发展进程中必然与偶然相结合的产物,是在特定的历史时期和特定的自然、人文环境下产生的。中国著名的长城的修筑历史就是最好的证明。人文景观都具有时代的烙印。

2.地域性

文化的产生受自然环境的影响较大。每一种人文景观都不可避免地打上地域的痕迹。因此同一时期的人文景观,在不同的地区又呈现出不同的特点。

3.继承性与流变性

人文景观的发展是随文化的发展、变迁而发展的。文化是一种历史现象。每一个社会都有与它相适应的文化,并随其生产的发展而发展。文化的发展有它历史的连续性,而物质生产的连续性是文化历史连续的基础。

同时,文化的发展又是一个变化的过程。随着社会的发展,各种文化也在相互融合、交叉,因此从文化发展中产生的人文景观同样也在不断变化。

4.垄断性

人文景观是在特定的地理环境和特定的历史时期形成的。就其自身文化和观赏价值看,由于地域不同、民族不同、传统文化不同,使各国、各地区的人文景观具有自身的独特性,也即具有垄断性。如中国的长城、兵马俑、故宫,埃及的金字塔等。

二、人文景观的类型

分　类	具体内容
历史古迹景观	古人类文化遗址、古代工程景观、古代建筑景观、宗教文化景观、古典园林景观、陵墓景观、纪念地景观
现代人文景观	产业旅游地景观、现代建筑与工程景观、主题公园景观、文化康娱景观
文学艺术景观	山水文学作品景观、雕塑绘画景观、民间传说景观
民俗风情景观	特色聚落景观、节庆旅游活动、风味佳肴
购物旅游景观	土特产品、购物街区

实训项目六　导游语言

一、实训目的

通过对资料的分析,帮助学生了解导游员语言的相关知识及表达,让学生能充分掌握导游人员讲解时语言的运用技能。

通过学生模拟讲解,培养学生演讲的语言运用技能。

二、基本知识点

(一)导游语言概述

1.导游语言含义

导游工作是一种社会职业,与其他社会职业一样,在长期的社会实践中逐渐形成了具有职业特点的行业语言——导游语言。导游语言是导游员与游客交流思想感情、指导游览、传播文化时使用的一种具有丰富表达力且生动形象的口头语言。

2.导游语言的特点

导游讲解的内容面广、复杂,有的内容难度很高,而且往往没有时间字斟句酌,但必须在现场正确、清楚地表达出来,这就决定了导游语言具有"快、急、难、杂"的特点。

3.导游语言的功能

(1)使主客关系更加协调

这里的主客关系是指导游员在带团过程中与旅游者结成的人际关系。导游员通过对语言艺术的运用会使这种关系更加协调。

(2)使旅游者的心情更加愉快

人们运用语言的目的,不单是为了传递信息,更重要的是表达感情。导游员借助恰当的语言表达,可以激发起旅游者乐观的情绪和高涨的游兴。

4.导游语言的运用原则

讲解语言艺术的原则是指语言运用中内容的详略取舍、角度的选择、技巧的运用,要根据游客和环境的具体情况对导游词进行调整、设置,做到有的放矢。

(1)针对性

针对性原则是指导游应该和游客实现感性共鸣,应站在游客的立场上接待游客,并提供富有人情味的服务。这就要求把握游客的各种心理,并要全方位考虑旅游者的各种背景,尤其是在风俗民情方面,一切都以时间、地点、条件为转移,如手势习惯、数字禁忌、颜色偏好等方面的差异。

(2)灵活性

灵活性原则是指语言运用中要根据旅游者的各自具体情况以及特定旅游活动的需要对导游词进行灵活调整,随机应变,自如变化。导游讲解中要根据旅游者的种种反映调整导游词,以满足其兴趣爱好和关注焦点等;游览时间长短、季节特点、气候等也应因人而异调整导游词,使导游词更具有适应性,使导游讲解能灵活发挥其功能。

(3)计划性

计划性原则是按旅游的需求、时间、地点等条件有计划地进行导游讲解。计划性是针对导游讲解的盲目性而言的,不重视计划的作用,缺乏科学的安排,工作就会陷于混乱、被动的局面和境地。旅游者到异地旅游,共同的愿望都是用最少的时间、金钱,获得最多的信息和享受,所以导游员一定要有计划地安排行程进行导游讲解,争取在特定的时间、地点,充分利用时间进行合理的活动安排与讲解。

导游讲解的针对性、灵活性和计划性原则三者统一地、互为补充地构成了一个不可分割的有机整体。只要导游员善于灵活运用这些基本原则,其导游艺术的水平就会不断提升。

5. 导游语言八要素

(1)言之有物

导游对游览对象有一定的认识,讲解要有具体的指向,不能空洞无物。讲解的内容要充实,有说服力,才能起到帮助游客的作用。

(2)言之有据

导游人员讲解要负责,切忌弄虚作假;导游讲解必有根有据,令人信服,不得胡编乱造、张冠李戴。对于有多种解释和说法的事物,导游人员一般就介绍主流的观点,即使是神话、传说之类非现实的"虚构",也要有所出处,有所依托,并向游客交代清楚。

(3)言之有理

"全凭导游一张嘴,调动游客两条腿"。导游人员在交际中,说话办事要讲究情理、讲清道理,以理服人,让游客觉得可亲可近、心服口服;在导游讲解中,要注意以事实为依据,讲清楚事物的来龙去脉、原因结果,既合乎逻辑,又合情合理。

(4)言之有情

"感人心者莫先乎情"。在日常交际中,导游人员在措辞、声调及表情方面要表达出友好的感情,富有人情味,让听者感到亲切、温暖。在导游讲解中,导游人员要注意利用有感情色彩的语言和素材,注入自己的情感,运用借物起兴、触景生情的讲解方法,让游客在观赏的同时获得情感体验,深入感受旅游对象的内涵之美。

(5)言之有礼

礼貌的语言会给游客带来亲切、温暖、愉快的感受,起到维护和改善人际关系的良好作用。导游人员讲话要语言文雅,谦虚敬人,有礼貌且合乎礼节,令游客听后赏心悦耳。

(6)言之有神

导游语言应当努力做到言者有神、言必传神。言者有神是指导游人员要注意自己的精神面貌、气质、风度,在交际和导游讲解时精神饱满,声音传神;言必传神是指导游人员在交际和讲解中,要讲究语言的技巧和艺术性,开展有声有色、引人入胜的讲解。

(7)言之有趣

导游人员说话诙谐、幽默、风趣,令人愉悦,使旅游活动变得轻松愉快,气氛活跃,游兴提高,在某种意义上,导游人员风趣幽默的语言给游客带来的乐趣要赛过美丽的景色。风趣的语言也会使游客更好地接受导游人员的建议和要求。

(8)言之有喻

所谓言之有喻,就是要适当地运用比喻,以熟喻生,让游客倍感亲切,有利于对生疏的事物很快地理解,并留下深刻的美好印象。"言之有喻"要注意恰当、明白、易懂,否则,以生喻生,越听越糊涂。

(二)导游语言的表达

1. 基本要求

(1)准确恰当

导游人员的口语质量如何,在很大程度上取决于遣词用语的准确性。讲解的词语必须以事实为依据,准确地反映客观事实,做到就实论虚,入情入理,切忌空洞无物,或言过其实的词语。如把两百年历史的"古迹"夸张为五百年的历史,动不动就是"世界上"、"全中国最美的"、"最高的"、"最大的"、"独一无二的"、"甲天下的"等,这类没有依据的信口开河会使稍有见识的游客产生反感。这就要求导游人员对讲解要有严肃认真的态度,要讲究斟词酌句,要注意词语的组合、搭配。只有恰当的措辞,相宜的搭配,才能准确地表达意思。要从纷繁富丽的词汇海洋中选取恰当的词语来准确地叙事、状物、表情、达意不是件容易的事。马克思常常花很多时间力求找到需要的字句,一丝不苟,"有时到了咬文嚼字的程度"(《忆马克思》)。斯大林说,列宁也非常重视"文字上的修饰",因此他的"每一句话都是一颗子弹"(《斯大林全集》)。伟人力求词不虚发、表意准确的精神是我们运用语言时应当效法的榜样。

(2)鲜明生动

在讲解内容准确、情感健康的前提下,语言还要力求鲜明生动,言之有神,切忌死板、老套、平铺直叙。一般地说,导游人员要善于恰当地运用一些修辞手法,如对比、夸张、比喻、借代、映衬、比拟等来"美化"自己的语言。只有"美化"了的语言,才能把导游内容亦既故事传说、名人轶事、自然风物等讲得有声有色,活灵活现,才能产生一种美感,勃发一种情趣,以强烈的艺术魅力吸引游客去领会你所讲解的内容,体验你所创造的意境。请看以下实例:

有位导游员在带游客去苏州城外时,这样讲解道:"苏州城内园林美,城外青山更有趣。那一座座山头活脱脱像一头头猛兽,灵岩山像伏在地的大象;天平山像金钱豹;金山像卧龙;虎丘山犹如蹲伏在地的猛虎;狮子山的模样活似回头望着虎丘的狮子,那是苏州一景,名叫狮子回望看虎丘。"另一位导游员在带游客去苏州城外时,是这样讲的:"那是灵岩山;那是天平山;那是金山;那是虎丘山;那就是狮子山。"

从上述两例可看出,前者运用生动形象的比喻,把苏州城外的青山讲得活灵活现,

新编导游业务实训教程

用词遣句富有文学色彩,具有较强的表现力。后者简单抽象,仅仅向游客们传递了一个信息,但枯燥乏味,干巴,无法使人产生美感。

(3)幽默风趣

幽默风趣是导游语言生动性的一种表现。导游人员要善于借题(景或事)发挥,用夸张、比喻、讽刺、双关语等,活跃讲解气氛,增强艺术表现力。有些旅游团上车后一声不响,气氛沉闷。遇到这种情况,导游员一两句幽默风趣的语言,便可以打开僵局,活跃气氛。请看以下实例:

朋友们,早上好!

当太阳升起的时候,我们踏上了陕西这片沃土,也就是过去的三秦大地。我代表关中人民真诚地欢迎大家。我是国旅西安分社的导游×××。为了让大家对我印象深一些,我先自我分析一下:

大家看到我鼻梁两侧的深沟了吧,我一般喜欢朝南站着讲解,所以左鼻沟颜色深一些,这两条沟可以算是泾河和渭河吧。我的众多的抬头纹好像是关中的条条田垄,而我的眼睛长得比较横,嘴唇又很厚,是典型的陕西人。我想2000年前的秦代工匠就是依照我的祖先雕塑兵马俑的吧!就是说,看到了我,就看到了活的世界第八大奇迹——兵马俑。

由活动的兵马俑来给大家导游,不仅幸运,而且安全。谢谢大家!

(4)幽雅文明

讲解用语要注意讲究幽雅文明,切忌粗言俗语,切忌使用游客忌讳的词语。有的导游员由于平时文明修养不够,在讲解时不知不觉"冒"出一些不文明的用语,如"那个老家伙"、"放屁"、"他妈的"、"胖得像肥猪似的"、"老母猪打架——光使嘴"等。如果改用文明词语就幽雅得多了。如那个老家伙→那个老头,那个老头儿;放屁→胡说,瞎说;胖得像肥猪似的→胖得像弥勒佛似的;老母猪打架→光使嘴;啄木鸟找吃→全凭一张嘴。

(5)浅白易懂

导游讲解的内容主要靠口语来表达,口语声过即逝,游客不可能像看书面文字那样反复阅读。当时听得清楚、听得明白才能理解,所以要根据口语"有声性"的特点,采用浅白易懂的口语化讲解。口语化的句子一般比较短小,虽然也有属于长句的,但一般要在中间拉开距离,分出几个小句子来,如:"这座大佛高17米,他的头发就有14米长,10米宽,头顶中心的螺髻可以放一个大圆桌,大佛的脚背有8米多宽,站100个人,一点也不拥挤。"

句子多停顿几次,说起来就毫不费劲,因为一口气不可能说太多太长,不然,听者也会因句子太长造成理解上的困难。现在有的导游讲解缺乏口语特点,听起来就像背导游词,如:"各种质地的象,经常是皇帝的陈设品,象高大威严,体躯粗壮,性情温柔,粗大的四蹄直立于地,稳如泰山,象征着社会的安定和皇权的巩固。这是一对铜胎法琅嵌料石太平有象,它能通四夷之语,身驮宝瓶而来,给皇帝带来了农业的丰收和社会的太平,故御名曰'太平有象'。"这段讲解的每句话经过细心雕琢的痕迹很重,词语使用过于文绉绉,如"体躯粗壮"、"通四夷之语"、"身驮宝瓶而来"、"故御名曰"等,这都是书面语,而不是浅白的口语,游客即使在一定的语言环境中也很难听清听懂。

导游讲解词多源于书面语言,这就要求导游人员在讲解之前或讲解之中把它改说成口头语。其基本方法有两种:

①改变用词,也就是用通俗的词语,如:体躯→躯体、身体;然而→可是、但是;仿佛→好像、活像;秉性耿介→性格直率;蜿蜒逶迤——弯弯曲曲等。

②改变句式,如书面语:"阆中巴巴寺也叫久照寺,是伊斯兰教嘎德勒叶教门中第一位来我国传教的祖师穆罕默德教徒阿卜董喇希的墓地。"口头语:"阆中巴巴寺,又叫久照寺,是一个穆罕默德教徒的墓地,他名叫阿卜董喇希,是伊斯兰教嘎德勒叶教门中,第一个到我国传教的祖师。"

(6)清楚圆润

导游讲解时要正确运用自己的发音器官,做到吐字(词)正确清楚,发音器官是由呼吸喉头声带、共鸣腔和咬字器官组成的。这些器官在发音过程中协调配合得好,才能形成正确清楚的语音,否则,就会含混不清。无论是普通话、粤语、闽南语,还是外国语都要力求发音准确,吐字(词)清楚。正确处理好字(词)和声音的关系,是口语表情达意的基本要求。同时,要讲究声音的清亮圆润,避免粗糙生硬,或带有嘶哑的重喉音、鼻音和气声,正确运用呼吸器官和共鸣腔,使声音和谐、纯正、适度。

2.音调

导游讲解并不是单靠动口就可以圆满完成的,必须靠语言的音调、节奏和态势语来辅助,如果这些处理得恰到好处,就会增加讲解的效果和魅力。

导游语言是一种口头语言。从导游讲解的性质看,导游语言应该是一种艺术语言,讲究音调的高低强弱,语气的起承转合、自然流畅以及节奏的抑扬顿挫。导游语言作为一种艺术语言,要求导游员在讲解时语调幽默、自然、正确又富于变化,从而产生感染力,打动旅游者的心弦,激发游客的游兴。导游员的语音、语调不仅要与自己的思想感情、积极的服务态度相符合,而且要与听者的人数、讲话场所相协调。

第一,导游员的声音强弱要适度,声音的高低以借助扩音器使在场的旅游者都听到为限。说话声音高低强弱要看场合,空旷处宜稍大,室内要稍小;对全体旅游者讲话声音要稍高,几人促膝讲话则要稍低。

第二,导游员的语调既要正确,又要富于变化,使自己的讲话语调听起来比较悦耳动听、亲切自然。这种语调具有一定的感染力,能打动旅游者的心弦。

3.节奏

节奏讲究音调的高低轻重、语气的起承转合和起伏顿挫。导游语言是一种艺术的语言,其节奏是导游语言艺术性的基本要求之一,一般是指导游讲解的节奏和音调的节奏。

(1)讲解的节奏

讲解的节奏视听者的具体情况和时空条件而定,要徐疾有致、快慢相宜。音调的高低,语句的断续,停顿节奏恰当,不仅可使旅游者听得清楚明了,且会情随意转,从而收到最佳的导游讲解效果。

(2)音调的节奏

导游讲解时要时时观察旅游者的反应,音调要适时变化,语速要快慢结合,该停顿就停顿,这样才会收到更好的效果。

总之,音调和节奏体现着导游语言的艺术性和趣味性,直接影响着旅游者的审美效果,导游员必须予以高度重视。导游讲解时,导游员要努力做到语言流畅、幽默风趣、节奏分明、音调优美,力求使导游讲解和赏美活动浑然一体,使导游与游客之间的交流和感情产生共鸣。

4.态势语的表达

态势语是一门科学,也是一门艺术,它是导游讲解的重要辅助手段。虽然它不是导游讲解的主体,但也直接影响语言表达和讲解的效果。

(1)站姿

站姿能显示导游员的风度。一般说来,导游人员讲解时,要挺胸立腰,端正庄重,达到"站如松、坐如钟"的姿态。导游人员若在车内讲解,必须站立,面对客人,肩膀可适当倚靠车厢壁,也可用一只手扶着椅背或扶手栏杆。在实地导游时,一般不要边走边讲。在讲解时,应停止行走,面对客人,把全身重心平均放在脚上,上身要稳,要摆出一副安定的姿势。要注意的是,不可摇摇摆摆,焦躁不安,直立不动,或把手插在裤兜里,更不要有怪异的动作,如抽肩、缩胸、乱摇头、不停地摆手、舔嘴唇、捐胡子、擤鼻子、拧领带等。

(2)目光

导游讲解是导游员与游客之间的一种面对面的互动。这种面对面的互动,双方可以进行"视觉交往"。游客往往可以通过调动视觉器官——眼睛,从导游员的一个微笑、一种眼神、一个手势中加强对讲解内容的理解。讲解时,运用目光的方法很多,介绍几种如下:

①目光的联结。这是加强导游员与游客关系的重要因素。凡是一直低头或望着毫不相干处,以及翻着眼睛只顾口若悬河的人,是无法与游客产生沟通的。但目光不能老是盯着一个人,更不要老是盯着一个人的眼睛,尤其是异性,否则会使人反感或不自在。

②目光的移动。导游人员在讲解某一景物时,首先要用目光把游客的目光吸引过去,然后再及时收回目光,继续投向游客。

③目光的分配。目光要注意统摄全部听讲解的游客,即可把视线落点放在最后边的游客的头部,也可不时环顾周围的游客,但切忌只用目光注视面前的一些游客,不然就会冷落后边的游客,使他们产生遗弃感。

④眼球的转动。当你的视线朝向哪方,你的面孔就应正对着哪方,那种只有眼球滴溜溜转动,而头不随着眼球转动的人是令人生厌的。

⑤讲解与视线的统一。当讲解内容中出现甲、乙两人对话场面时,在说甲的话时,要把视线略微移向一方,在说乙的话时,要把视线略微移向另一方,如此可使听众产生一种逼真和临场感。

(3)表情

表情是指眉、眼、鼻、耳、口及面部肌肉运动所表达的情感。有关资料载,美国心理学家艾伯特·梅拉比安首先在一系列研究的基础上得出了以下公式:

信息的总效果＝7％言词＋38％语调＋55％面部表情

由此可见,面部表情在导游讲解中有着十分重要的作用和地位。微笑是通过面部肌肉运动实现的。作为最基本的表情语言,微笑语不仅可以成为口头语沟通的"润滑剂",而且还是无声的"世界交际语言",它不需要翻译,不同民族文化的人都能领悟其含义。在一个人的表情动作中,微笑最能博取他人的好感。如果讲解时导游员"铁面无情"或麻木不仁,没有必要的感情流露,那么他只能是一部"会说话的机器"。但是,脸上有一定的表情,而缺乏足以表达内心丰富情感的变化,或面部表情过于做作,与所要表达的思想情感不一致、不协调,同样不能收到良好的效果。导游讲解既不同于给小学生讲课,也不同于艺术表演,所示面部表情要准确,又要适度。为此,面部整体表情必须注意以下四点:

①要有灵敏感。就是说,要比较迅速、敏捷地反映内心的情感。面部表情应该与口语所表达的情感同时产生并同时结束,在时间上要同步,表情时间过长或过短,稍前或稍后都不好。

②要有鲜明感。导游员的面部表情要明朗化,即每一点细微的表情变化都能让游客觉察到,那种似笑非笑、似是而非、模糊不清的表情是不可能给人以美感的。

③要有真实感。导游员的面部表情要表里如一,即要使游客感到你的表情是真实的,是发自内心的,而不是皮笑肉不笑或华而不实、哗众取宠的。

④要有分寸感。运用面部表情要把握一定的"度",做到不温不火,适可而止。以"笑"为例,导游员可根据讲解情感的变化,有时可表现为"朗笑",有时只表现为"莞尔一笑",有时可表现为"微笑"。讲解时的表情要与讲解的情境相贴合。

（4）手势

讲解时的手势，不仅能强调或解释讲解的内容，而且能生动地表达讲解语言所无法表达的内容，使讲解生动形象，为游客看得见、悟得着。但在哪种情况下用哪种手势，都应视讲解的内容而定。在手势的运用上必须注意：一要简洁，易懂；二要协调合拍；三要富有变化；四要节制使用；五不要使用对方忌讳的手势。

三、实训内容、组织方式及步骤

实训内容Ⅰ：导游语言相关知识

实训要求：通过经典案情分析，加强学生的导游语言表达技能。

实训形式：分析经典案情并进行思考技能训练。

实训步骤：

第一步：实训前准备。要求参加实训的同学，初步了解本次实训所涉及的导游语言技能。

第二步：参加实训的同学仔细分析案情，并对案例分析中列出的知识点加以斟酌。

案例分析 6-6

幽默的回答

案例介绍

孟小权老师，是我国著名的高级导游之一。他以讲解的幽默、生动见长，获得了很好的评价。

一次，孟老师带着一个日本团去颐和园参观，路经郊外的一条河渠，一群鸭子正在河中嬉戏。这时一位客人突然问道："鸭子在河里干什么呢？"这句话把孟老师给问住了。他心想，你难道不知道鸭子在水里干什么吗？又一想，这客人提出这么"简单"的问题，不回答是不行的。正在犹豫之中，他发现，不仅是这位客人在等待答案，几乎全部客人都在盯着他，等待着回答。孟老师灵机一动说："鸭子们正在开追悼会呢！"话语一落，全体游客都"噢"了一声，连一些没太在意的游客也来了精神，走上前来听他如何自圆其说。孟老师笑着说："今天晚上大家的晚餐不就是北京烤鸭么？这里的几只鸭兄弟要成为你们的盘中餐啦，所以它们正提前为伙伴们开追悼会，你们听，那嘎嘎的声音不正是悼词吗？"哄然一片笑声，接着又是一片掌声和赞许声。

案例分析

本案情中，孟老师巧妙的回答，让所有的客人为之一振。这是导游人员综合素质强，尤其是语言素质能力好的最佳表现。目前，许多导游人员在接待旅游团时，讲解内容平淡无奇、念经般的单调、呆板，甚至是生硬，使游客听后索然无味，有时还会产生不耐烦和厌恶的情绪。孟老师的语言生动形象、针对性强，避开了客人的刁难，而且语出惊人，起到了很好的效果。

列宁说："幽默是一种优美的、健康的品质。"讲话幽默风趣是导游语言艺术性的重要体现。它使导游讲解锦上添花，活跃气氛，提高游客的游兴。幽默的导游语言运用得好，自然妙趣横生，但是运用得不妥，就会降低艺术的功效，甚至产生副作用。因此，在运用幽默导游语言时，必须注意以下几个问题：

（1）不取笑他人。

（2）注意适合时宜。

（3）幽默不要反复。

（4）自己不要笑场。

（5）杜绝"黄色幽默"和"黑色幽默"。

案例思考

导游员应如何使自己的讲解更具幽默感？

案例分析 6-7

难忘小芳

案例介绍

刚毕业的春红是个书迷，在书海里她读三毛、读尤金，也渐渐地喜欢上了游山玩水，而且也希望可以在游山玩水中有所见识与收获。刚开始的时候，她常和朋友结伴自助出游，山山水水跑了几个地方，可是所到之处大都是失望大于希望，回来想提笔写点什么的时候，才意识到不过是走马观花，至于那些蕴含在山水之间的故事，那些积淀在岁月中的人文，不是不得而知就是知之甚少，哪里还有娓娓道来的妙笔生花呢？

于是，她又试着在出游前先从网上查找相关资料，以为有了相关的了解之后再去玩，大概就会有些行家看门道的慧眼了。可是没想到，每次不是多走许多冤枉路，就是因为刻意寻找网上描述的某种风情，而更加一路混沌。有人建议她找个旅游团。经过几次尝试，春红觉得导游员带着也像急行军，因为在导游眼中早就没有风光可言了。

但是一次天柱山 2 日游，却让春红一改此前的看法。导游员小芳看上去年纪不大，但却对天柱山乃至安庆市潜山县的人文历史和自然典故滔滔不绝，如数家珍。一路上，小芳和春红他们聊起了天柱山的典故传说，让他们未见"天柱"真面目，已是满心的期待，真想马上感受小芳所描述的奇松怪石、飞瀑流泉、峡谷、幽洞、险关、古寨。用春红自己的话说："这一次，大概是我精神上第一次最彻底的旅游，也是最有心得的一次游山玩水。就拿三祖寺来说吧，以前也去过的，没觉得有什么不同；而随导游员小芳进入寺庙，忽然举手投足处皆有了故事和传说，听得我不由得融入其中，或喜、或悲、或惊、或叹、或赞、或哀……"

深秋的山谷间，只有春红等一群人，落寞一下子跃上心头。导游员小芳似乎看透了大家的心事，安慰他们说，虽然现在不是听泉观景的好季节，但水枯人少，更是看这些摩崖石刻的好时候。小芳生动的讲解和即兴的调侃让春红倍感亲切，对天柱山也有了更加深刻的印象，在春红的博客上她这样写道："难忘小芳！"

案例分析

大部分游客在出门前和春红都有类似的想法，但令她难忘的小芳却改变了春红的出行方式，对导游员的认识也更加深刻了，可见，影响力的重要性。

是什么让春红对小芳难以忘怀呢？是"生动"二字。这两个字虽然简单，却是很难掌握的讲解技巧。语言的生动性不仅要考虑讲话内容，也要考虑表达的方式，还要力求与环境、心情和发声音调相和谐。优秀导游员那生动形象、妙趣横生、发人深省的导游语言，可以引人入胜、情景交融，相反，平淡无奇、单调、呆板则会让游客感到索然无味，往往还会在心理上产生不耐烦或厌恶的情绪。

因而，导游人员在讲解过程中，要努力做到以下几点：

(1)使用想象化的语言。力求创造美的意境。

(2)使用生动流畅的语言。语言生动流畅是讲解成功的基本保障，这要求导游人员在讲话中音调正确优美、节奏适中、语法无误、用词恰当。

(3)使用趣味性强的语言。在充分掌握导游资料的情况下注意讲解的趣味性，努力使情景与语言交融，激发起游客浓郁的游兴。

(4)表情、动作要有机结合。在导游讲解时，导游员的神情、手势及声音都可以在讲解中相互配合，力求最佳的效果。

案例分析 6-8

以后再也不"乱"说了

案例介绍

2001年香港某公司选派员工到长春市第一制药厂进行项目谈判，为了使合作更加愉快，药厂特意从旅行社请来王诚担任随车导游，从机场到市区一路进行沿途讲解，主要是想让客人对异地风情有所了解，以促进合作。

王诚知道身负重任，不敢怠慢。在整个行程中他所提供的精彩的导游服务让客人们对这位城市留下了深刻的印象。当然，旅游活动中在车厢内的讲解服务是互动的，游客听得认真,导游才会就越讲越卖力。正在此时,在车子前方出现了一台 AUDI 牌轿车,小王灵机一动,对各位游客说:"大家初到我们这里,一定要告诉您,我们长春市可是一座'汽车城'。您看,在我们车窗的正前方,就有一辆一汽刚刚下线的 AUDI 牌轿车。这款车在市场上供不应求,买车还得排队呢!"忽然,王诚想到前两天刚刚看过的一本杂志,介绍香港著名人士李嘉诚先生的次子李泽楷所开的也是 AUDI 牌轿车。王诚没有多想,拿起话筒对车上的客人说:"更让我们长春人高兴的是,连李嘉诚先生的次子李泽楷开的车,也是我们长春第一汽车制造厂生产的轿车。"话音刚落,在车子的前排站起一位中年模样的男士,他非常不客气地对王诚说:"王导,你前面都讲得非常好,可是刚才你所说的我不同意,李泽楷开 AUDI 牌轿车我没有争议,但我相信,这车一定不是一汽生产的。"王诚听完之后,非常后悔:是啊,杂志上也没有写他所开的车是长春一汽生产的。王诚不好意思地向游客们道歉,在内心中也下定决心,今后再也不"乱"说了。

案例分析

导游讲解应遵循"正确"的原则。导游人员通过讲解向游客传播着文化、风情、民俗及对美的理解,在这个过程中"正确性"起着至关重要的作用。这就要求导游人员所讲的每一句话都要认真推敲,力求准确无误,来不得半点"杜撰"。正如本案例中游客的反应一样,一旦游客怀疑你所讲内容的真实性有问题,甚至会对导游员所讲过的一切持否定态度。所以要求导游人员在宣传讲解中,在回答游客问题时必须准确无误。言之有喻、言之有理的导游语言,不仅可以吸引游客,满足游客的求知欲望,同时也能使导游人员更受尊重。

导游语言的正确性主要表现在以下三个方面:

(1)语音、语调、语法及用词造句正确。

(2)导游讲解的内容要有出处,切忌胡编乱造、张冠李戴。

(3)引用他人用语要完整,恰到好处。

案例思考

如何确保导游讲解内容的"正确性"?

第三步:参加实训的同学以作业形式完成案例后的思考题并上交。

第四步:实训指导教师对上交的作业进行批改,并对学生的理解和掌握情况进行讲解。

实训Ⅱ:导游语言的表达

实训要求:请学生根据下列情况选择一种场景,试组织欢迎词或欢送词,并用语言表达出来。

(1)接待一个教师团;

(2)因天气的原因,某旅游团延误到深夜才到达目的地,客人心境不佳,情绪低落;

(3)接待某商务旅游团并送机;

(4)某北方旅游团到广东七日游,并至广州白云机场送机。

实训形式:模拟讲解。

实训步骤:

第一步:实训前准备。要求参加实训的同学,根据要求初步拟定欢迎词或欢送词。

第二步:以5~6人的小组为单位,每组选择一位同学对特定情境下的欢迎词或欢送词进行讲解,注意导游语言的技能。

第三步:实训指导教师对学生的模拟讲解进行点评。

四、实训时间及成绩评定

(一)实训时间

实训内容Ⅰ:案例分析时间以 30 分钟为宜。

实训内容Ⅱ:欢迎词、欢送词的写作时间以 25 分钟为宜,各小组代表模拟导游讲解时间控制在 5 分钟左右。

(二)实训成绩评定

1.实训成绩按优秀、良好、中等、及格、不及格 5 个等级评定。

2.实训成绩评定准则:

(1)是否掌握导游语言的讲解技能。

(2)是否对本次实训活动制订很好的计划并付诸实施,是否能很好地对讨论的内容进行总结和概括。

模块七 旅游安全事故的处理程序

实训目标

1. 了解旅游活动过程中常见的业务事故、个人事故和安全事故。
2. 熟悉旅游安全事故产生的原因和处理的程序及方法。
3. 提高导游人员的事故防范意识和处理事故的能力。

实训手段

案例分析；模拟演练；角色扮演。

实训项目一 业务事故的处理与预防

一、实训目的

通过实训，要求学生了解业务事故的基本类型，熟悉业务事故产生的主要原因，掌握业务事故的预防和处理。

二、基本知识点

业务事故也可以称为责任事故。导致这类事故的原因是由于旅游接待一方在运作中出现了差错。这类事故多数是由人文原因造成的。因此，如果导游接待人员和其他相关部门的工作人员加强工作责任心，这种事故是可以预防和控制的。在旅游接待过程中，因工作差错造成的常见事故有误机（车、船）事故，漏接、错接及空接事故，行李遗失及行李破损事故等。

(一)误机(车、船)事故

1.误机(车、船)事故的原因

(1)非责任事故

由于游客方面原因或途中遇到交通事故、严重堵车、汽车发生故障等突发情况造成迟误。

(2)责任事故

责任事故是指由于导游人员或旅行社其他人员工作上的差错所造成的迟误。

①导游人员安排日程不当,没有按规定提前到达机场(车站、码头)。

②导游人员没有认真核实交通票据,交通工具班次已变更但旅行社有关人员没有及时通知导游人员等。

2.误机(车、船)事故的预防

地陪、全陪要提前做好旅游团离站交通票据的落实工作,并核对日期、班次、时间、目的地等。如果交通票据没落实,带团期间要随时与旅行社有关部门联系,了解班次有无变化。

临行前不安排旅游团到范围广、地域复杂的景点参观游览,不安排旅游团到热闹的地方购物或自由活动。尽可能安排充裕的时间去机场(车站、码头),保证旅游团按以下规定时间到达离站地点:乘国内航班,要提前2小时到达机场;乘国际航班出境或去沿海城市的航班要提前3小时到达机场;乘火车则要提前1小时到达车站。

3.误机(车、船)事故的处理

(1)导游人员应立即向旅行社领导及有关部门报告,请求协助。

(2)地陪和旅行社尽快与机场(车站、码头)联系,争取让游客乘最近班次的交通工具离开本站,或采取包机(车厢、船)或改乘其他交通工具前往下一站。

(3)稳定旅游团(者)的情绪,安排好在当地滞留期间的食宿、游览等事宜。

(4)及时通知下一站,对日程作相应的调整。

(5)向旅游团(者)赔礼道歉。

(6)写出事故报告,查清事故的原因和责任,相关责任者应承担经济损失并接受政纪处分。

(二)漏接事故

漏接是指旅游团(者)抵达一站后,无导游人员迎接的现象。导致漏接的原因是多方面的,并不都是导游人员的责任。对游客来说,无论是哪方面的原因都是不应该的,因此,游客见到导游人员后都会抱怨、发火甚至投诉,这都是正常的。这时,导游人员应设身处地为游客着想,尽快消除游客的不满情绪,做好接下来的工作,以挽回影响。

1.漏接事故发生的原因

(1)由于导游人员的主管原因造成漏接

①导游人员未按预定的时间抵达接站地点。

②导游人员工作疏忽,将接站地点搞错。

③由于某种原因,旅游团原定乘坐的交通工具出现班次或车次变更,使旅游团提前抵达,但导游人员没有认真阅读变更后的计划,仍按原计划去接团。

④新旧时刻表交替,导游人员没有查对新时刻表,仍按旧时刻表时间去接团。

(2)客观原因造成的漏接

①由于交通部门的原因,原定班次或车次变更,旅游团提前到达,但接待社有关部门没有接到上一站旅行社的通知。

②本站接待社接到上一站变更通知,但没有及时通知该团导游人员。

2.漏接事故的预防

(1)认真阅读计划

导游人员接到任务后,应了解旅游团抵达的日期、时间、接站地点(具体是哪个机场、车站、码头),并亲自核对清楚。

(2)核实交通工具到达的准确时间

旅游团抵达的当天,导游人员应与旅行社有关部门联系,弄清班次或车次是否有变更,并及时与机场(车站、码头)联系,核实抵达的确切时间。

(3)提前抵达接站地点

导游人员应与司机商定好出发时间,留出充足的行车时间,保证按规定提前半小时到达接站地点。

3.漏接事故的处理

由于主观原因造成的漏接,导游人员应实事求是地向游客说明情况,诚恳地赔礼道歉,用自己的实际行动,如提供更加热情周到的服务来取得游客的谅解。另外,还可采取弥补措施,高质量地完成计划内的全部活动内容。

由于客观原因造成的漏接,导游人员不要认为与己无关而草率行事,应该立即与旅行社有关部门联系以查明原因,并向游客进行耐心细致的解释,以防引起误解。与此同时,应尽量采取弥补措施,努力完成接待计划,使游客的损失减少到最低;必要时,请旅行社领导出面赔礼道歉,或酌情给游客一定的物质补偿。

(三)错接事故

错接是指导游人员接了不应该由他接的旅游团(者),错接属于责任事故。

1.错接事故的原因分析

(1)没有准备足够的时间,仓促出发。

(2)接团前没有准备接团必需的物品,也没有与司机做好工作分工。

(3)导游员责任心不强,接到旅游团后不认真核对。

2.错接事故的预防

(1)导游人员应提前到达接站地点迎接旅游团。

(2)接团时认真核实相关事务。导游人员要认真逐一核实游客客源地、旅游目的地、组团旅行社的名称、旅游团的代号和人数、全陪或领队姓名(无全陪或领队的团要核实游客的姓名)、下榻饭店等。

(3)警惕并严防社会其他人员非法接走旅游团。

3.错接事故的处理

(1)若错接发生在同一家旅行社接待的两个旅游团时,导游人员应立即向相关领导汇报,经领导同意后,地陪可不再交换旅游团,全陪应交换旅游团并向游客道歉。

(2)若错接的是另外一家旅行社的旅游团时,导游人员应立即向旅行社领导汇报,设法尽快交换旅游团,并向游客实事求是地说明情况并诚恳道歉。

(3)如果自己接的团队还在机场、车站、码头无人迎接,应立即报告旅行社尽快安排接站。

(四)空接事故

空接事故就是导游员按接待计划到接站地点接团,却没有接到要接的旅游团的现象。空接事故一般不是责任事故。

1.造成空接的原因

(1)旅游团提前到达,却没有与接待社联系上,径直去了将要下榻的饭店。

(2)旅游团所乘交通工具由于天气或机械故障延误了出发时间,而组团社又没有即时通知地接社。

2.事故处理的方法

(1)导游员应立即询问机场(车站、码头)有关人员,旅游团所乘交通工具是否到达或者是否有变更情况。

(2)要把情况即时汇报给旅行社,请求协助查明原因。

(3)若推迟时间不长,导游员要继续留在接站地点等候;若推迟时间较长,则要根据旅行社的安排,重新落实接团事宜。

(4)导游员要向下榻饭店询问旅游团是否已经住进饭店;如果确定旅游团没有到达饭店,导游员要在接站地点寻找至少30分钟,仍没有找到旅游团,经旅行社有关部门领导同意后返回。

3.事故的预防

(1)上一站全陪或领队应及时将旅游团临时变更情况通知下一站接待社,本站接待社也应主动与上一站接待社或组团社沟通。

(2)旅行社内勤人员要有高度责任心,在接到上一站变更通知后,立即设法通知导游员。

(3)导游员自己也应在接团前再次核实接待计划,必要时,应亲自到旅行社查阅有关值班记录和变更通知,并按接待计划预定时间提前抵达接站地点。

(五)行李遗失及行李破损事故

1.行李遗失

游客的行李丢失主要发生在公共交通运输途中和搬运过程中,因而责任一般在交通运输部门。虽然不是导游人员的责任,但行李丢失会给游客的旅途生活带来许多不便,影响游客的情绪,干扰旅游活动的顺利进行。因此,导游人员应认真对待,在工作的各个环节逐一防止行李丢失。一旦发生这种情况,导游人员应该积极帮助寻找,设法解决问题。

(1)来华途中丢失行李

海外游客乘飞机来华时丢失行李,其责任主要在所乘飞机的航空公司,导游人员的责任是协助失主同所乘航班的航空公司交涉,以追问行李。

导游人员应先带失主到机场失物登记处办理行李丢失和认领手续。失主须出示机票及行李牌,详细说明始发站、转运站,说清楚行李的件数及丢失行李的大小、形状、颜色、标记等特征,并一一填入失物登记表。导游人员应将失主下榻酒店的名称、房间号和联系方式告诉登记处,并记下登记处的电话和联系人,记下有关航空公司办事处的地址、电话,以便联系。

游客在当地游览期间,导游人员要不时打电话询问寻找行李的情况。如果一时找不回行李,要协助失主购置必需的生活用品。

如果离开本地前行李还没有找到,导游人员应帮助失主将接待社的名称、全程旅游线路以及各地可能下榻的饭店名称转告航空公司,以便行李找到后及时运往最合适的地点交还失主。

如果行李确系丢失,失主可按照航空公司的有关规定向其索赔。

(2)在中国境内丢失行李

游客在中国境内旅游期间丢失行李,这主要发生在行李交接和运送的各个环节中,一般是交通部门或行李员的责任。但导游人员应该认识到,不论是在哪个环节出现问题,责任在我方。所以,导游人员应高度重视,积极设法查找。

①冷静分析，找出差错的环节

如果游客在出站前领取行李时找不到托运的行李，则有可能是上一站行李交接或行李托运过程中出现了差错，此时导游人员可采取以下措施：带失主到机场失物登记处办理行李丢失和认领手续，由失主出示机票和行李牌，填写丢失行李登记表；同时，导游人员应立即向旅行社领导汇报行李丢失情况，请其安排有关部门和人员与机场、上一站旅行社、民航等单位联系，积极寻找。

如果抵达饭店后旅客没有拿到行李，则问题可能出在饭店内或本地交接或运送行李过程中，此时，地陪应采取如下措施：和全陪、领队一起先在本团成员所在住房寻找，查看是饭店行李员送错了房间，还是本团客人误拿了行李；如找不到，应与饭店行李科迅速取得联系，请其设法查询；如饭店行李科工作人员仍找不到，应向旅行社汇报。

②做好失主的工作

导游人员要主动关心、安慰失主，对丢失行李事故向失主表示歉意，并帮助其解决因行李丢失而带来的生活方面的困难。

③随时与有关方面联系

在当地游览期间，导游人员要随时与有关方面联系，询问查找进展情况。若行李找回，应及时归还失主，并向其说明情况。

④丢失后处理

如果确定行李已经遗失，则应由旅行社领导出面向失主说明情况并表示歉意，帮助失主根据惯例向有关部门索赔。事后应写出书面报告，报告中要写清行李丢失的经过、原因、查找过程及失主和其他团员反映的情况。

2. 行李破损

由于旅游者在整个旅游过程中往往要经过好几个城市或地区，要利用不同的交通工具，有时难免会发生行李破损的事情，甚至有可能其行李在被拿到后发现已面目全非。我国民航部门对行李破损的赔偿是有规定的。托运行李全部或部分损坏、丢失，赔偿金额每千克不超过人民币 50 元。如果行李的价值低于 50 元时，按实际价值赔偿。已收超重行李费退还。旅客丢失行李的重量按实际托运行李的重量计算，无法确定重量时，每一旅客的丢失行李最多只能按该旅客享受的免费行李额赔偿。托运行李每千克价值超过人民币 50 元时，可以办理行李声明价值。承运人应按旅客声明价值中超过上述规定限额部分的价值的 5‰收取声明价值附加费，金额以元为单位。旅客的丢失行李如已办理行李声明价值，应按声明的价值赔偿，声明价值附加费不退。声明价值最高额为人民币 8000 元。导游人员要带领行李被损坏的游客到机场行李查询登记处填写《行李运输事故记录》。帮助行李破损游客按《航空法》有关规定，向民航行李查询登记处索取一定的赔偿。目前我国民航管理部门采取的赔偿方式主要是现金赔偿,或者是以新的行李箱换被损坏的破行李箱。在特殊情况下,民航部门也会给旅游者开具证明,让其回国后向保险公司索赔。

对旅游团的行李利用其他交通工具进行托运而破损的情况目前尚没有明确的赔偿办法。

三、实训内容、组织方式及步骤

实训内容:误车事故的处理

实训要求:请学生根据材料,总结出误车事故产生的原因及处理办法。

实训形式:案例分析。

实训步骤:

第一步:实训前准备。要求参加实训的同学,课前查阅相关书籍,初步了解本次实训所涉及的基础知识。

第二步:以 5~6 人的小组为单位,进行资料的分析与讨论,各人充分发表各人的观点。

案例分析 7-1

一个 40 人的国内旅游团,计划于 4 月 15 日 15:30 分乘火车离开北京前往西安。旅游团在一家大型商场旁的餐厅用餐,午餐于 13:00 结束。游客要求去商场购物,地陪起先不同意,但禁不住游客的坚持还是同意了,不过他一再提醒大家一个小时后一定要返回原地集合。

一个小时后只有 38 个人回来,等了一会儿,地陪让已经回来的游客在旅游车上休息,自己与全陪及两名年轻游客进商场寻找,找到两人时,离火车的开车时间只有 20 来分钟了,旅游团赶到北京火车站时,火车已经离站。

第三步:对小组成员的各种观点进行记录。

第四步:各小组选出一名代表发言,对小组讨论结果进行总结。

第五步:实训指导教师对小组成员的讨论情况进行总结。

四、实训时间及成绩评定

(一)实训时间

资料分析、讨论时间以 15 分钟为宜,各小组代表发言时间控制在 3 分钟以内。

(二)实训成绩评定

1.实训成绩按优秀、良好、中等、及格、不及格 5 个等级评定。

"误车事故的处理"资料分析记录

专业班级			组　别		
记录人			时　间		
小组成员					
讨论记录	1.根据以上材料,说说案例中导游人员犯了哪些错误? 2.导游人员面对这样的事故该如何处理? 3.导游人员该怎么做才能避免此类事故的发生?				成绩
	组员1				
	组员2				
	组员3				
	组员4				
	组员5				
	组员6				

2.实训成绩评定准则:

(1)是否弄清误车事故产生的原因。

(2)是否掌握误车事故的处理方法。

(3)是否懂得如何避免此类事故的发生。

(4)是否为本次实训活动制订了很好的计划并付诸实施,是否能很好地对讨论的内容进行总结和概括。

实训项目二　个人事故的处理与预防

一、实训目的

通过实训,要求学生了解个人事故的基本类型,熟悉业务事故产生的主要原因,掌握业务事故的预防和处理。

二、基本知识点

个人事故属非责任事故,主要是指由于旅游者自身原因而导致证件、财物的丢失,或旅游者在游览活动过程中走失。

(一)丢失证件事故的处理与预防

旅游证件很多,如护照、签证、旅行证、《港澳居民来往内地通行证》、中国公民的身份证等。导游员对游客的旅游证件的丢失要根据不同类型的证件采取相应的处理办法。

1.外国游客护照和签证丢失

(1)开具遗失证明

由当地接待旅行社开具证明,失主持旅行社的证明去当地公安局挂失,并由当地公安机关出具遗失证明。

(2)重新申请护照和办理签证

失主持公安机关报失证明,随身携带照片去所在国驻华使、领馆申请新护照。失主领到新护照后,再到当地公安机关出入境管理部门补办签证。

(3)团队签证的补办手续

由海外领队准备签证副本和团队成员护照并重新打印团队全体成员名单,填写有关申请表,再到公安局出入境管理处办理补办签证。

2.华侨在中国丢失护照和签证

(1)开具遗失证明

由当地接待旅行社开具证明,失主持旅行社的证明去当地公安局挂失,并由当地公安机关出具遗失证明。

(2)重新申请护照和签证

失主持遗失证明到省、市、自治区公安局(厅)或授权的公安机关报失并申请新护照。领到新护照后去侨居国在华使、领馆办理入境签证手续。

3.中国公民在境外丢失护照和签证

(1)开具报案证明

中国公民在境外丢失护照,应先由当地接待社开具遗失证明,然后持当地接待社的遗失证明到当地警察局报案,并由当地警察局开具具有法律效力的报案证明。

(2)重新申请护照

失主持当地警察局的报案证明、本人照片及团队人员护照资料到我国驻该国使、领馆办理新护照。

(3)重新申请签证

失主领到新护照后,携带证明和签证复印件等必备材料到旅游目的地国移民局办理签证。

4.丢失《港澳居民来往内地通行证》

失主持接待社的证明向遗失地的市、县公安部门报失,经查实后由公安机关的出入境管理部门签发一次性有效的《中华人民共和国出境通行证》。

5.丢失《台湾同胞旅行证明》

失主到遗失地的中国旅行社或户口管理部门或侨办报失,经核实后发给一次性有效的出境通行证。

6.丢失身份证

由当地旅行社核实后开具遗失证明,失主持证明到当地公安局报失,经核实开具身份证明,机场安检人员核准放行。

7.证件丢失的预防措施

为了防止游客的证件丢失,导游员要提醒海外领队帮助游客统一保管证件;导游员需用游客证件时,需由领队收取,用完后及时如数归还,千万不可代为保管。中国公民在境外旅游期间,出境领队要时刻提醒游客保管好自己的证件,最好由领队统一保管。

(二)游客财物丢失事故的处理与预防

在旅游期间游客的财物不慎丢失,导游员要以高度的责任感帮助失主寻找丢失的物品,具体的方法如下。

1.弄清情况、积极寻找

导游员在得知游客的财物丢失后,应保持清醒的头脑,帮助失主回忆最后一次见到失物的时间、地点,弄清到底是放错了地方还是真的丢失了。如果确实是丢失了,要问清失物的形状、大小、颜色、特征和价值等情况。然后,由领队、全陪会同失主到可能丢失的地方寻找。

2.安慰失主

如果一时找不到,导游员要安慰失主,同时导游员要提供热情周到的服务,以缓解失主的不快情绪;并请失主留下详细地址、电话号码,以便找到后及时归还。

3.帮助失主开具遗失证明

若在游客离开中国前还没有找到失物,且该丢失的物品又是进关时申报的或保过险的贵重物品,接待社应出具证明,失主持此证明到当地公安机关开具遗失证明,以备出海关时查验和向保险公司索赔。

(三)游客走失事故的处理与预防

1.游客在游览活动中走失

(1)了解情况,迅速寻找

一旦发现游客走失,导游员应保持冷静,迅速向其他游客了解情况,分析走失者的走失时间和可能去向。然后,地陪、全陪和领队密切配合,留下一人照看在场的游客,其余两人再请少数相关游客一起寻找。

（2）请有关部门协助寻找

若一时找不到，导游员应立即向游览地派出所或管理部门报告，提供走失游客的特征，请求他们帮助寻找。

（3）与饭店联系

导游员在寻找过程中可以通过电话与下榻饭店联系，询问饭店前台和楼层服务员走失游客是否已回饭店，如果没有回，就请他们留意，一旦走失游客返回立刻用电话通知导游员。

（4）报告旅行社

若经过寻找后，仍未找到走失游客，导游员应打电话告诉旅行社，报告相关情况，请求帮助，必要时就地报案。

（5）继续做好后面的游览工作

导游员不能因为个别游客走失就放弃整个旅游团的旅游活动，应当继续带领其他游客参观游览，并要设法调节游客的游兴，不要让走失事故过分影响大家的情绪。

（6）做好善后工作

找到走失者后，导游员首先要安慰他，然后分析走失原因，如果责任在导游员，则要诚恳地向客人道歉；如果责任是游客自己，则应委婉地提出善意的批评，但不要过多地指责，然后提醒他在后面的游程中要遵守团队纪律，以免再犯。

（7）写出书面报告

事后导游员要写出书面报告，详细叙述游客走失经过、寻找过程、走失原因、善后处理情况及游客的反应。总结教训，以防此类事故再次出现。

2. 游客在自由活动中走失

（1）立即组织寻找。导游队员可以发动全陪、领队一起寻找。

（2）如果寻找不到走失的旅游者，导游人员应该及时向旅行社汇报，或者向事故发生地所在辖区公安部门或者派出所报案，提供走失者的特征，请求帮助寻找。

（3）做好善后工作。走失者回饭店，导游人员应表示高兴，问明情况，提出善意批评，但不必过多指责；可以此来提醒其他旅游者引以为戒，避免走失事故再次发生。如果在旅游团离开本地时仍未找到走失的旅游者，旅行社应该派专人负责有关寻找工作，与公安机关保持密切联络，直到情况明朗为止。

（4）写出书面报告。事后导游员要写出书面报告，详细叙述游客走失经过、寻找过程、走失原因、善后处理情况及游客的反应。总结教训，以防此类事故再次出现。

3. 游客走失事故的预防

为了避免游客走失事故的发生，导游员在导游活动过程中应做好下列工作：导游员每天要向游客通报当天的游览日程、游览景区、用餐点的名称和地址，以及相关的抵达时间和逗留时间，以便走失者可以自己去餐厅或下一个景点与旅游团汇合；在游览过程中,地陪在讲解时一定要分出精力观察周围环境、留意游客的动向,全陪要尽全力与领队配合,随时注意游客的活动,及时提醒落后游客跟上队伍,避免游客走失事故发生。

三、实训内容、组织方式及步骤

实训内容:个人事故处理

实训要求:熟悉个人事故预防的方法和措施,掌握各种个人事故发生时正确合理的处理方法、程序、技巧和注意事项等,以提高学生的专业综合素质、技能及应变能力。

实训形式:角色扮演。

实训步骤:

第一步:实训前准备。要求参加实训的同学,课前查阅相关书籍,初步了解本次实训所涉及的基础知识。

第二步:把全班学生按每组 10 人分为 3～4 组,每组推选出 2～3 位同学分别扮演导游员和游客,每一组分别准备证件丢失事故、财物丢失事故、游客走失事故等方面的材料。

第三步:教师根据每位参加角色扮演的学生在处理各类事故所表现出来的语言表达、面部表情、肢体语言、处理步骤和措施等方面进行点评,指出他们的优点和不足,并提出改正方法。

四、实训时间及成绩评定

(一)实训时间

角色扮演以 40 分钟为宜。

(二)实训成绩评定

1.实训成绩按优秀、良好、中等、及格、不及格 5 个等级评定。

2.实训成绩评定准则:

(1)是否弄清个人事故产生的原因。

(2)是否掌握个人事故的处理方法。

(3)是否懂得如何避免个人事故的发生。

(4)是否为本次实训活动制订了很好的计划并付诸实施,是否能很好地对实训的内容进行总结和概括。

实训项目三 安全事故的处理与预防

一、实训目的

通过实训,要求学生了解安全事故的基本类型,熟悉业务事故产生的主要原因,掌握业务事故的预防和处理。

二、基本知识点

国家旅游局在《旅游安全管理暂行办法实施细则》第七条中规定:凡涉及旅游者人身、财物安全的事故均为旅游安全事故。第八条中规定:旅游安全事故可以分为轻微、一般、重大和特大事故 4 个等级。

轻微事故是指一次事故造成旅游者轻伤,或经济损失在 1 万元以下者。

一般事故是指一次事故造成旅游者轻伤,或经济损失在 1 万~10 万元(含 1 万元)者。

重大事故是指一次事故造成旅游者死亡或旅游者重伤致残,或经济损失在 10 万~100 万元(含 10 万元)者。

特大事故是指一次事故造成旅游者多名死亡,或经济损失在 100 万元以上,或性质特别严重,产生重大影响者。

旅行社在接待过程中可能发生的旅游安全事故,主要包括交通安全事故、治安事故、火灾事故、食物中毒事故等。

(一)旅游安全事故处理的一般程序

依照《旅游安全管理暂行办法》的规定,旅行社在接待旅游团体过程中,发生旅游安全事故后,应按下列程序处理。

1. 组织紧急救援

在场的导游人员应冷静、沉着地协同有关部门抢救伤员并阻止事态的继续发展。

2. 保护事故现场

在旅游安全事故发生后,公安部门工作人员尚未进入事故现场前,如果因抢救工作需移动物证时,应做好标记,并尽量保护事故现场的客观、完整。

3. 立即报告

导游人员应立即向所在旅行社和有关消防、公安、交通部门报告,旅行社应当及时报告当地旅游行政管理部门,同时报告组团旅行社。当地旅游行政管理部门在接到一般、重大、特大旅游安全事故报告后,要尽快向当地人民政府报告。对重大、特大旅游安全事故,要同时向国家旅游行政管理部门报告。

4.妥善地做好旅游安全事故的善后工作

(1)确认伤亡人员。旅行社应该在组织救援的同时,迅速查明伤亡人员的团队名称、国籍、姓名、性别、年龄、护照号码及国内外保险情况,作书面记录。如果出现有境外旅游者伤亡的情况,要及时通知其所在国驻华使、领馆及伤亡者家属、海外组团社。

(2)慰问伤者及接待伤亡者家属。事故发生后,接待社、组团社及有关部门应派人前往医院慰问伤员;海外伤亡者家属抵达后,有关部门、接待社或者组团社要向其提供必要的食宿和交通条件,并前往住地表示慰问。

(3)向伤残者或伤亡者家属提供必要的证明文件。责任方及主管部门负责联系有关部门向伤残者或伤亡者家属提供以下证明文件:由县级或县级以上医院向伤残人员出具《伤残证明》;由县级或县级以上医院向伤亡者家属出具《死亡证明书》、抢救经过、《诊断书》或《病历简要》,若死者家属或其所在国驻华使、领馆提出解剖要求,则应向其出具《解剖结果证明书》;对于非正常死亡,由公安机关或司法机关的法医出具《死亡鉴定书》。需要注意的是,以上证明必须与死因相符,必须由死者的家属以书面形式提出。

(4)尸体处理。对死因尚未明确的伤亡者的尸体要做好防腐、冷冻处理,妥善保存。对死因明确的伤亡者尸体的处理,应尊重其家属的意见,可在当地火化,也可同意将尸体运送出境。但对严重腐败的尸体或因患检疫传染病而死亡的尸体,必须就近火化。若尸体在当地火化,应由死者家属或其所在国驻华使、领馆提出书面请求并签字,再由医院出具《死亡证明书》或由公安机关、司法机关的法医出具《死亡鉴定书》,到民政部门开具《火化证明书》后进行,骨灰盒交签字者带回或运送出境。若遗体遭返回国,则除了具备《死亡证明书》或《死亡鉴定书》外,还必须由医院出具《尸体防腐证明书》,以及防疫部门检疫后出具的《棺柩出境许可证》。

(5)死者遗物的清理。对死者的遗物,应由死者同行人员及其所属国驻华使、领馆和我方人员共同清点。若无同行人员及驻华使、领馆人员在场,可请公证人员到场。清点完毕,列出清单,由清点人员逐一签字,并办理公证手续,一式数份。遗物移交时,请接受遗物者出具收据,并注明接受地点、时间、在场人员等。若死者有遗嘱,应将遗嘱拍照或复印留存,原件交死者家属或所属国驻华使、领馆。

(6)如果死者在生前已经办理了人寿保险,旅行社方面应该协助死者家属进行人寿保险索赔,帮助提供医疗费报销等有关证明。

(7)事故的调查。内容应包括:事故发生的原因,人员伤亡及财产损失情况,事故的性质和责任等内容。

（8）写出书面总结报告。内容应包括：事故经过及处理，事故原因，责任、教训、善后工作的进行，伤者、死者家属和有关人员的反应，提出防止类似事故再次发生的建议。

5. 理赔

根据《旅游安全管理暂行办法》第十一条规定："对于外国旅游者的赔偿，按照国家有关保险规定妥善处理。"

作为导游人员必须明白，在整个事故的处理过程中，必须有多方人员在场，比如死者或伤者的家属，旅游团的领队或团员，使、领馆的工作人员和旅行社的有关领导，导游人员不能单独行事；在有些环节上还需要公安机关、旅游主管部门、保险公司的有关人员在场；每个重要环节必须有文字记录；事故处理完毕以后，必须把全部报告、证明、文件、清单和有关材料认真保存，以备日后查验。

（二）交通事故的处理和预防

1. 交通事故的处理

在旅游活动过程中，交通事故主要是汽车交通运输事故。一旦发生交通事故，只要导游人员没有受重伤，神志仍然清醒，就应立即采取措施，沉着、冷静、果敢地处理事故，并做好善后工作。具体措施有：

（1）立即组织现场人员抢救。交通事故发生后，作为导游人员，首先不能乱了方寸，应立即组织现场人员抢救受伤者，特别是重伤者。导游人员应该请求具有急救知识的人员或者自己运用所学的急救知识来帮助伤者止血、包扎、上夹板或者进行人工呼吸；同时，应立即打电话给救护中心，将伤者送往就近的医疗单位抢救。所以，导游人员应该具备基本的急救护理常识和技能。导游人员不能认为有些伤员可能没有再生的希望而放弃救助。

（2）保护现场，立即报案。事故发生后，导游人员要注意不要在混乱中破坏了现场，应指定专人保护现场，有助于现场取证人员掌握第一手证据，有助于日后责任的认定。并应尽快通知交通和公安部门，请求派人前往现场处理。还要及时通知承保的保险公司，请其派人来现场勘察情况。

（3）导游人员要提醒司机通过设立警示牌等方法，给其他过往的车辆发出信号，以避免发生碰撞。同时，导游人员还要提醒司机检查并判断旅游车是否有进一步的危险，比如起火、爆炸等。

（4）迅速汇报。在安顿好受伤旅游者后，导游人员应迅速向所在旅行社领导和有关方面报告事故发生地点、原因、经过及所采取的措施，旅游者伤亡情况，团内其他旅游者的反应等，听取领导对下一步工作的指示。

（5）做好其他旅游者的安抚工作。导游人员应及时安抚其他旅游者的情绪，若事故不是很严重,有可能的话,要组织其他旅游者继续进行参观游览活动。等事故原因查明后,要慎重地向全团旅游者说明。

(6)协助有关部门做好善后处理工作。导游人员应积极配合交通、公安等有关部门对事故进行调查;协助旅行社有关人员处理善后事宜,如事故原因调查、帮助旅游者向有关保险公司索赔等。

(7)写出书面报告。在事故处理结束后,导游人员应就事故的原因、经过、伤亡情况、旅游者的情绪和对处理的反应、事故责任及对责任者的处理等,写出详细的书面报告交旅行社领导。

2.交通事故的预防

避免在旅游过程中发生交通事故的措施主要有:

(1)合理安排日程,以免司机为赶时间而开快车。

(2)提醒司机不开"英雄车",严禁酒后开车,防止司机开疲劳车。

(3)不在途中与司机交谈说笑。

(4)导游人员即使有驾照,也不允许帮司机开车。在危险地段,旅游者应该下车行走。

(三)治安事故的处理和预防

治安事故就是指在旅游活动期间,发生的游客遭歹徒行凶、诈骗、偷窃、抢劫或欺侮等事件。在发生治安事故时,导游员要充分履行安全员的职责,要勇于与不法分子作斗争,保护游客的人身和财物安全。

1.治安事故的处理措施

(1)保护游客的人身和财物安全

在遇到不法分子对游客进行不法行为时,导游员的首要任务是保证游客的人身安全,其次是保护游客的财物不受侵害。导游员要挺身而出,迅速把客人转移到安全地方,配合公安人员和在场群众缉拿罪犯,挽回游客的损失。如果在与犯罪分子作斗争过程中有游客受伤,导游员要及时组织抢救。

(2)报告公安部门和旅行社

事故发生后要在最短时间内报警,向公安机关说明事故发生的地点、时间、案情经过,提供作案者的体貌特征,报告受害者姓名、性别、国籍、伤势,以及损失物品的名称、特征、数量和型号。导游员事后还要经常与公安部门联系,及时了解案情的进展情况,并由领队向全体游客介绍。

导游员要及时把情况报告给旅行社领导,按照领导的指示工作,必要时旅行社领导应到现场指挥处理。

（3）安抚游客的情绪

导游员要采取必要措施稳定游客的恐慌情绪，不能让事故影响游客的游兴，要设法让游客安心参加后面阶段的旅游活动，力争按计划完成旅游接待任务。

（4）协助领导处理善后事宜

导游员要在领导的指示下准备好必要的证明文件和材料，妥善处理伤残、死亡、理赔等善后事宜。

（5）写出书面报告

导游员事后要写出书面报告，详细介绍事故的发生经过及处理过程。报告要写明受害人的姓名、性别、国籍及受害程度，要写明事故的性质、侦破情况以及受害人和其他游客的情绪。

2. 治安事故的预防措施

为了防止此类事故的发生，导游员要采取下列措施：要经常提醒游客把身上的贵重物品存入饭店的保险柜内，不要与陌生人接触，不要贸然开门，不私自交换外币；每次离开旅游车时，导游员都要不厌其烦地提醒游客不要把贵重物品和证件放在车上，要提醒司机关好车窗、锁好车门；旅游活动中导游员要始终与游客在一起，密切注意周围环境的变化，一旦发现不正常现象，就要提醒游客注意并迅速转移到安全地带；交通工具在行驶过程中，提醒司机不要随意停车，不允许搭乘无关人员。

（四）火灾事故的处理与预防

火灾事故在旅游活动中一般不多见，但一旦发生危害就非常严重，损失也会十分巨大。因此，导游员对火灾事故要有高度的警觉。

1. 火灾事故的处理

（1）立即通知游客

导游员遇到火灾时一定要镇定，要立即通知旅游团的全体成员，并配合饭店服务员，听从统一指挥，有条不紊地指挥游客疏散。导游员在自己旅游团全体成员全部离开后才能离开，不能只顾自己逃命而置游客于危险境地。

（2）引导客人自救

在被大火和浓烟包围的情况下，导游员要引导游客进行自救。如用毛巾和床单塞住门缝隙，不让浓烟进房间；要求客人沿着墙壁站立，或用毛巾捂住鼻子和嘴巴顺着墙根爬出去，或打开未燃烧的窗户向外呼叫求救。

（3）处理善后事宜

游客得救后，导游员要立即组织抢救受伤者；将重伤游客立即送到最近的医院，若有人死亡，按有关规定处理；采取措施安抚游客的情绪，为其解决生活方面的困难，设法动员游客继续进行旅游活动；协助领导处理善后工作，写出书面报告。

2.火灾事故的预防

导游员要提醒游客不要躺在床上抽烟,不要乱扔烟蒂和火种,不要把易燃易爆物品夹在行李中。同时,导游员要熟悉饭店安全通道,将每一楼层的太平门、安全出口、安全楼梯的位置都牢记在心。

(五)食物中毒事故的处理与预防

有些游客在旅游期间被当地各式各样的小吃和水果所诱惑,在进食过程中没有注意到饮食方面的卫生,或者是部分商家不讲职业道德出售腐烂变质的食品等,导致游客食物中毒事故发生。由于食物中毒潜伏期短、发病快,若抢救不及时,游客就可能会有生命危险。这样不仅会给游客的身体健康带来极大的危害,也会让旅行社的声誉受到极大的损害,所以导游员在带团过程中要慎重行事,要以游客的利益为重、以旅行社的利益为重,严格遵守导游员的职业道德,防患于未然。

1.食物中毒事故的处理

(1)设法缓解病情

游客食物中毒后,导游员要设法催吐,并让中毒者多喝水以加速排泄,缓解中毒者的病情。

(2)立即送往医院

在对中毒游客进行初步解毒处理后,要立即把他送往最近的医院进行抢救,并要求医生开具诊断证明和填写抢救经过报告。

(3)立即报告

导游员在把游客送往医院的同时要向旅行社报告游客中毒情况及采取的措施,追求相关单位的责任,协助游客向有关单位索赔。

2.食物中毒事故的预防

为了避免此类事故的发生,导游员在带团过程中要做到以下几点:严格按旅行社的规定到定点餐馆用餐;提醒游客不要随意在小摊上吃东西;发现饭菜、饮料、水果不卫生或变质,应立即与餐厅联系,要求更换,并要求餐厅负责人出面道歉。

(六)游客摔伤或被蛇、虫咬伤事故的处理与预防

游客在野外游览参观,有时会不小心摔伤或被蛇、虫咬伤,导致旅游活动受阻,进而影响旅游活动的正常开展,还会影响其他游客的情绪。导游员要对此类事故高度重视,不得掉以轻心。

1.摔伤事故的处理

(1)立即进行初步处理

游客摔伤后,导游员要先观察伤情,再根据伤情进行初步处理,千万不要盲目进行,以免人为地给医生抢救制造困难。一般程序是先止血,再进行伤口包扎。若造成骨折就应就地取材为客人上夹板。

（2）送往医院抢救

若游客的伤势比较严重，导游员应设法把游客及时送往最近的医院抢救，所需费用由受伤游客自己承担。

（3）做好善后工作

导游员要立即将事故报告旅行社，根据领导的指示前往医院探望，如果是境外游客，要为其办理离团手续，并帮助其向有关单位索赔。事情结束后，要认真写出书面报告，总结教训，避免事故再次发生。

2.被蛇、虫咬伤事故的处理

（1）应急处理

如果游客被蛇、虫咬伤，导游员要设法把毒液排出，并采取措施阻止毒液进一步向身体其他部位扩散。如果是被蝎、蜂蜇伤，导游员要帮助游客将毒刺拔出，将毒液挤出或吸出，然后用消毒液冲洗伤口；若是被毒蛇咬伤，要立即用带子或细绳在伤口靠近心脏方向扎紧，防止毒液扩散，然后再用小刀沿着纵向切口，再设法把毒液吸出。

（2）送医院抢救

进行初步应急处理后，导游员要立即把受伤游客送往最近的医院进行救治，并要求主治医生开具相关证明，一切治疗费用由受伤游客自己承担。

（3）做好善后事宜

导游员应将事故报告旅行社领导，严格按照领导的指示处理好善后工作。

3.游客摔伤和被蛇、虫咬伤事故的预防

为了防止此类事故的发生，导游员应细心提醒游客靠山边行走并注意自己的脚下，告诉游客走路不看景，看景不走路；阻止游客前往有危险的地方拍照、攀爬、嬉戏；提醒游客不要在草丛或灌木中穿行等。

三、实训内容、组织方式及步骤

实训内容：治安事故的处理

实训要求：请学生根据材料，总结出导游人员应对治安事故的措施以及防止治安事故的措施。

实训形式：案例分析。

实训步骤：

第一步：实训前准备。要求参加实训的同学，课前查阅相关书籍，初步了解本次实训所涉及的基础知识。

第二步：以5~6人的小组为单位，进行资料的分析与讨论，各人充分发表各人的观点。

案例分析 7-2

2008年2月9日20：40（北京时间2月10日2：00多），16位游客在游览南非约翰内斯堡景点太阳城之后，在当地市中心的一家中餐馆吃饭，随后当地接待中国旅游团的旅行社派司机送中国游客返回住处。途中在经过一处红绿灯时，一辆无牌照的沃尔沃轿车加速从后面超到了大家乘坐的旅游巴士前，而此时另一辆沃尔沃轿车也迅速停在了巴士后方。沃尔沃轿车上跳下了3名持AK－47冲锋枪的黑人，并迅速上了旅游巴士，将巴士开进一处建筑旁的一个死胡同开始洗劫。游客身上价值人民币15万元左右的财物被洗劫一空，其中3名游客的3本护照也被劫匪抢走，2人受伤。

第三步：各小组根据实训指导教师提问进行讨论，并记录讨论结果。

案例分析讨论记录稿

专业班级		组　别	
记录人		时　间	
小组成员			
讨论记录	1.根据材料，说说导游人员应对这样的事故采取什么措施？ 2.根据材料，说说导游人员应该采取什么措施防止此类事故的发生？		成绩
	组员1		
	组员2		
	组员3		
	组员4		
	组员5		
	组员6		

第四步：各小组选出一名代表发言，对小组讨论结果进行总结。

第五步：实训指导教师对小组成员的讨论情况进行总结。

四、实训时间及成绩评定

(一)实训时间

资料分析、讨论时间以20分钟为宜，各小组代表发言时间控制在3分钟以内。

(二)实训成绩评定

1.实训成绩按优秀、良好、中等、及格、不及格 5 个等级评定。

2.实训成绩评定准则：

(1)是否弄清治安事故产生的原因。

(2)是否掌握治安事故的处理方法。

(3)是否懂得如何避免治安事故的发生。

(4)是否为本次实训活动制订了很好的计划并付诸实施,是否能很好地对实训的内容进行总结和概括。

实训项目四　安全救护培训

一、实训目的

通过案例分析,要求学生了解安全救护的基本知识。

通过模拟演习,要求学生掌握一些旅游常见病、突发病及意外伤害的防治和救护方法。

二、基本知识点

人们外出旅游,由于环境变化,加之大脑亢奋、身体疲劳、饮食不调等因素,容易生病或不适,甚至突发急症,有时还会受伤。因此,导游员应该学习并掌握一些旅游常见病、突发病及意外伤害的防治和救护方法,以便在关键时刻派上用场,保护好旅游者的安全,使旅游活动顺利进行。但要记住,任何紧急情况发生后,导游员都应报告旅行社,并把严重者送医院治疗、抢救。

(一)常见病的防治

1.中暑

人长时间地处在暴晒、高热、高湿热环境中容易中暑。盛夏旅游时,导游人员在带团时要注意劳逸结合,避免游客长时间地在骄阳下活动。

(1)症状:中暑的主要症状是大汗、口渴、头昏、耳鸣、眼花、胸闷、恶心、呕吐、发烧,严重者会神志不清甚至昏迷。

(2)处理方法:若有人中暑,可让中暑者于阴凉通风处平躺,解开衣领,放松裤带;可能时让其饮用含盐饮料,对发烧者要用冷水或酒精擦身散热,服用必要的防暑药物;

缓解后让其静坐(卧)休息。严重中暑者在做必要治疗后应立即送医院。

2.腹泻

腹泻的病因很多,最常见的有食物中毒、痢疾、某些药物、情绪压力、酗酒、病毒、细菌感染和腹寒。如果腹泻不严重,而患者又知道多喝水,失去的水分会自然得到补充。如果患者不愿意多喝水,或会呕吐,水分补充就很困难,脱水现象很快会发生。此时可能需要住院。

(1)症状(下列现象之一或全部现象可能出现):频繁排便,粪色不一,从淡褐到绿色;肚子绞痛;疲倦;口渴;粪中有血丝。

(2)处理办法:建议食用液态饮食以补充体内的水分及化学物质,如茶、清汤、运动饮料、碳酸饮料(摇晃以减少气泡)或盐糖稀释液。水可以直接被吸收,每小时最少要饮用60毫升的稀释液。如果腹泻持续1~2天,或尿量和次数减少,就要看医生,因为可能发生严重的脱水。同时,避免食用坚硬的食物。

3.呕吐

(1)各种情况:有许多情况会造出呕吐,尤其常见于肠胃病毒感染、吃太多、饮酒过量和情绪不佳。呕吐也会出现在更严重的情况下,诸如盲肠炎、粪便阻塞、气喘、动物咬、昆虫叮咬过敏、褐色蜘蛛叮咬、海洋生物叮咬、毒蝎咬、毒蛇咬、戒除药物、心脏病、热衰竭、受伤休克、糖尿病昏迷、食物中毒和头颈受伤。与肠病毒、过度饮食和情绪压力有关的呕吐通常不会持久。任何严重或持续超过1~2天的呕吐就需要就医,因为脱水或体内化学物损失可能发生。这对婴儿、老人或有心脏病的人尤其重要。呕吐可能意味着有严重问题。如果呕吐还带有严重腹痛,或最近头部受伤,或呕吐物带有咖啡色的血,就要立刻看医生。

(2)处理办法:在处理和肠胃不适有关的单纯呕吐时,要补充失去的体液,应经常吸食诸如碳酸饮料、茶、果汁等汤。呕吐停止后,避免吃硬食物,慢慢恢复正常饮食。

如果患者没有知觉并且呕吐,只要没有头、颈或背伤,应让他侧躺而头部后仰,这样做可以防止患者被呕吐物梗塞。头部受伤的患者应将头侧转以防止梗塞。

(二)突发病的救护

1.心脏病猝发

旅游者心脏病猝发时,切忌急着将患者抬或背着去医院,而应让其就地平躺,头略高,由患者亲属或领队或其他游客从患者口袋中寻找备用药物让其服用;同时,地陪应与附近医院或医务所联系,请医生速来救治,病情稍稳定后送医院。

2.昏厥

(1)症状:昏厥是由于脑中血液补充量减少所造成的短暂知觉丧失,通常几分钟后就会恢复。症状为：皮肤苍白、湿、凉；头晕；恶心；症状可能发生在昏厥之前或当中。

（2）防止昏厥的办法：让患者躺下，腿抬高 20～30 厘米，或让患者坐着，并慢慢向前弯曲身体，直到头在两膝之间。将患者前方的危险品移开。安慰患者，使他冷静。

如果昏厥已经发生，要立即处置。让患者躺下，抬高脚部 20～30 厘米，除非怀疑患者头部有伤（跌倒所致）；维持畅通的气道，解开衣领；如果患者呕吐，让他侧卧，或是把他的头侧转以防止梗塞；轻轻地用冷水拍患者的脸，不可以对脸部泼水；检查身体各部有无摔倒所致的肿大或变形；除非患者看起来完全复原，否则不可以喂他喝任何东西。在患者恢复知觉后，要观察他、安慰他，使他冷静。如果几分钟内不能恢复，就要请医生了。

（三）受伤的救护

1. 骨折

当游客发生骨折时，必须及时送医院救治，但在现场，导游人员应做一些力所能及的初步处理。

（1）止血。如果游客受伤骨折并有出血，首先应及时止血。常见的止血方法有：手压法，即用手指、手掌、拳在伤口靠近心脏一侧压迫血管止血；加压包扎法，即在创伤处放厚敷料，用绷带加压包扎；止血带法，即用弹性止血带绑在伤口靠近心脏一侧的大血管处止血。

（2）包扎。如果有外伤，包扎前最好先清洗伤口。包扎时动作要轻柔，松紧要适度，绷带的结口不要在创伤处。

（3）上夹板。就地取材上夹板，以固定两端关节，避免转动骨折肢体。

2. 蝎、蜂蜇伤，蛇咬伤

若游客被蝎、蜂蜇伤，导游人员要设法将毒刺拔出，用口或吸管吸出毒汁，然后用肥皂水，条件许可时用 5% 的苏打水或 3% 的淡氨水洗敷伤口，同时服用止痛药。导游人员、游客如果识中草药，可用大青叶、薄荷叶、两面针等捣烂外敷。

蛇咬伤处如在手臂或腿部，可在咬伤处上方 5～10 厘米处用一条带子绑住，但不要切断血液循环。在医护人员治疗之前，用肥皂和水清洗蛇咬伤处，或用消毒过的刀片在蛇毒牙痕处切一道深约 0.5 厘米的切口，切口方向应与肢体纵向平行，然后用嘴将毒液吸出吐掉。严重者要送医院抢救。

3. 脱臼

当骨头末端脱离关节的位置时就是脱臼。通常因跌倒或骨头受打击造成。脱臼最常发生在肩膀、臂部、肘部、指头、拇指和膝盖骨。其症状为：肿大、关节变形、受伤部位移动会疼或不能移动、受伤部位皮肤变色、碰触患处会疼。导游员须将患者安置在舒适的位置,用夹板、枕头或吊带将患处加以固定,将游客送往医院进行救治。

(四)人工呼吸救助法(CPR)

实施 CPR 并无特定的疾病对象,任何人只要处于呼吸与心跳停止的状态之下,便需要 CPR 的急救处置,如溺水、心脏病发作或呼吸衰竭所引起的呼吸与心跳停止。

CPR 的施行步骤:呼叫患者,评估意识;请人报警求救;打开呼吸道;人工呼吸;心外按摩。

单人 CPR 施救方法:胸外按摩与呼吸之比率是 15∶2;胸外按摩之速率是每分钟80～100 次;每做完 15 次心脏按压后,给予患者人工呼吸 2 次。

注意:对于一个有脉搏、呼吸正常的人,绝对不能随意练习 CPR,因为会造成不必要的危险,如骨折、肝脾脏裂伤、心率不整等。导游员应在专业人员的指导下学习这种救助方法。

三、实训内容、组织方式及步骤

实训内容Ⅰ:旅途中的急救

实训要求:请学生根据材料,总结出应对的办法。

实训形式:案例分析。

实训步骤:

第一步:实训前准备。要求参加实训的同学,课前查阅相关书籍,初步了解本次实训所涉及的基础知识。

第二步:以 5～6 人的小组为单位,进行资料的分析与讨论,各人充分发表各人的观点。

案例分析 7-3

导游丁某在带领一队 20 人的旅游团攀登黄山时,突然发生 1 名旅客因脚下踩空而摔伤的事件。该游客幸亏被一棵大树挡住而幸免于难。经检查,该游客右上肢及右下肢皮肤擦伤明显,出血不止。

第三步:对小组成员的各种观点进行记录。

"旅途中的急救"资料分析记录

专业班级		组　别	
记录人		时　间	
小组成员			

讨论记录	1.丁某该采取哪些急救措施？ 2.如果该游客突然出现了心跳呼吸骤停,丁某又该怎么办？		成　绩
	组员 1		
	组员 2		
	组员 3		
	组员 4		
	组员 5		
	组员 6		

第四步:各小组选出一名代表发言,对小组讨论结果进行总结。

第五步:实训指导教师对小组成员的讨论情况进行总结。

实训内容Ⅱ:一些旅游常见病、突发病及意外伤害的防治和救护

实训要求:请医务人员指导,结合救护知识,教师组织学生模拟演习旅行中各种常见病、突发病、受伤等情况的防治和急救办法,学习人工呼吸基本救护方法。

实训形式:模拟演练。

实训步骤:

第一步:学习安全救护基本知识。

第二步:医务人员指导。

第三步:教师组织学生模拟演习。

第四步:总结交流。

四、实训时间及成绩评定

(一)实训时间

实训内容Ⅰ:资料分析、讨论时间以 15 分钟为宜,各小组代表发言时间控制在 3 分钟以内。

实训内容Ⅱ:学习安全救护基本知识时间控制在 20 分钟,医务人员指导 20 分钟,课堂模拟演习时间 30 分钟,总结交流时间 10 分钟。

(二)实训成绩评定

1.实训成绩按优秀、良好、中等、及格、不及格 5 个等级评定。

2.实训成绩评定准则：

(1)是否了解安全救护的基本知识。

(2)是否掌握一些旅游常见病、突发病及意外伤害的防治和救护方法。

(3)是否能有效地对此次模拟演习进行总结交流。

相关链接

国家旅游局公布"2010 年十大旅游案例"

4 月 11 日,国家旅游局公布了 2010 年引起社会广泛关注、影响较大的 10 件旅游案例,并向全国旅游主管部门通报,以期警示旅游全行业。

据悉,2010 年全国旅游行业开展了"2010 全国旅游服务质量提升年"活动,各地旅游行政管理部门依据《旅行社条例》等法律法规,查处了一批损害旅游者权益和旅游业声誉的案件,强化了旅游企业和旅游从业人员守法诚信经营、优质服务的意识,进一步规范了旅游市场秩序。

2011 年旅游监管工作按照全国旅游工作会议和全国旅游监管工作会议部署,将继续加大旅游监管工作力度,规范旅游市场秩序,提高旅游服务质量。工作重点是治理"零负团费"、"挂靠承包"、强迫消费等突出问题。

通报要求各级旅游行政管理部门要继续强化依法行政、以法兴旅的能力,将提高旅游服务质量放在突出位置一抓到底,对落实不力的,要通过纪检监察等方式进行问责;各旅游企业要将信誉作为企业的生命线,以诚信立业,以诚信取信于民,讲求商业道德和社会责任,依法依规经营;通过媒体宣传,引导广大旅游者追求有品质的旅游,倡导文明旅游、理性消费,做传播文明的使者。旅游全行业要共同为将旅游业打造成让人民群众更加满意的现代服务业而努力。

【案例一】　南京某旅行社低于成本接待和服务案

案由　2010 年 7 月 18 日,南京杨某等 12 名游客报名参团港澳五日游,在港澳游玩结束返回珠海逗留期间,珠海地接导游擅自将游览百货公司行程变更为珠宝店,并极力向游客推销香烟和珠宝,但游客都不愿意购买,为此双方发生激烈争吵,导游威胁并将所有游客赶下大巴车,双方对峙 1 小时之后,司机自愿将游客送到广州白云机场,导游一度阻拦。事后,游客将导游骂人的视频上传网络,并向南京市旅游质量监督管理所投诉南京市某旅行社未经旅游者同意擅自将旅游业务委托给其他旅行社,以及向深圳地接社支付的费用低于接待和服务成本。

处理　在历时 40 余天的案件查处中,南京质监所与香港旅游业议会、深圳市文体旅游局密切合作,实地在南京、深圳、珠海、广州等地调查取证,取得了案件的第一手证据。

经调查,该旅行社组织"港澳精品五日游"旅游活动,未事先征得游客同意即委托给深圳某旅行社,且没有将旅游目的地受委托旅行社的名称、地址、联系人和联系电话告知游客;该旅行社与深圳某旅行社的团费确认书标明地接费用为 450 元/人,同时深圳的旅行社承认南京的旅行社向其支付的费用低于接待和服务成本,且同时期南京的"港澳五日游"地接社费用报价在每人 1300～1800 元,深圳和广州的"港澳 4～5 天游"的成本价在每人 1218～1500 元,表明该旅行社付给深圳某旅行社的费用低于"港澳五日游"的接待和服务成本。

依据《旅行社条例》,南京市旅游园林局对该旅行社作出责令改正、罚款 3 万元、停业整顿 1 个月的行政处罚。停业整顿期间正值旅游报名旺季,该社 51 家门店,1 个月不能营业,经营损失可见一斑。处罚该社后,南京"港澳游"不约而同"涨价",过去在广告中常见到的"千元港澳游"已经被"品质旅游,伴你远行"取代。

【案例二】　浙江某旅行社港澳专列团游客购物退款案

案由　2010 年 5 月 4 日,大量游客同时前往浙江省旅游局、杭州市政府、杭州市旅委上访,投诉浙江某旅行社不予退赔货款。经查,2009 年 10 月,浙江某旅行社组织港澳六日火车专列团,报价为 796 元/人(参团游客可获价值 100 元的《钱江晚报》1 年赠阅,旅游费用实际为 696 元/人)。超低价吸引了大批游客参团,截止到 2010 年 1 月,该旅行社共组织了三趟港澳游专列,游客总人数为 2947 人。在游览期间,旅行社安排多次购物活动,诱导、强迫游客在珠海、香港、澳门等地购物。游客回来后发现,所购买商品存在质量问题,要求旅行社退赔,但因该旅行社对退货事件处置不当,没有先行赔付,引发大量游客集体上访的群体事件,经媒体报道后产生了非常恶劣的影响。

处理　经有关部门积极协调,通过采取四种方式,即港澳购物店退还、划拨该旅行社的质量保证金(77 万元)、旅行社总社垫付(50 万元)以及业务操作人员支付,到2010 年 7 月 9 日基本处理完毕,共计退货 1565 人次,退还货款 312 万余元,其中,退现金 233 余万元,退信用卡 62 余万元,以及价值 18 余万元的货物。

杭州市旅委举一反三,建立并推广大型团队活动报备制度,即无论以包机、专列、包船等形式组织或地接 100 人以上的团队旅游,都须报旅游行政管理部门备案,以加大监督力度,防止类似事件再次发生。

【案例三】　北京吕丽莉涉嫌旅游诈骗案

案由　2010 年初,多名游客向北京市旅游局投诉并向公安机关报案称,北京某旅行社取消澳大利亚、新西兰旅游合同,员工吕丽莉有诈骗嫌疑。北京市朝阳公安分局以吕丽莉涉嫌诈骗,将其拘留。经查,吕丽莉原为该旅行社出境中心员工,后于2009年1—10月底承包了该出境中心部分业务,以该旅行社名义操作出境旅游业务。2009年11月1日,该旅行社在报纸刊登声明,解除其与吕丽莉的承包关系,称吕丽莉的债权债务与其无关。在此之后,吕丽莉使用其私刻的印章,继续以该旅行社出境中心名义操作旅游业务,采取以超低价格招徕游客,再以向游客收取出境游保证金弥补团款的方式,在2009年11月至2010年初期间,将招徕的游客交包括该旅行社在内的其他10家旅行社安排出境旅游。2010年初,因吕丽莉未向上述旅行社支付或足额支付旅游团款,旅行社未如期安排游客出行,引发游客投诉和报案。吕丽莉案件涉及游客约200人,收取出境游保证金700余万元,除部分款项打入该旅行社出境中心对公账户外,大部分款项汇入吕丽莉的个人账户且不知去向。吕丽莉因涉嫌诈骗被公安机关刑事拘留后,经检察机关批准,已被正式逮捕。由于担心无法退回团款,游客数十次到国家旅游局、北京市政府、北京市旅游局等地上访,造成重大影响。

处理　在北京市政府领导下,北京市旅游局协调市国资委等相关部门,责成该旅行社及其上级单位尽全力解决,挽回游客损失。经反复协调,多方努力,该旅行社上级单位同意以债权转让的方式全额垫付游客的损失。

【案例四】　香港导游"阿珍"辱骂游客案

案由　2010年1月,安徽省宣城市某电器公司开展有奖促销活动,获奖顾客可获得港澳双卧六日游大奖。电器公司委托宣城A旅行社承办此项旅游活动,A旅行社与没有出境游资质的宣城B旅行社合作,其后B旅行社又与深圳C旅行社签订了赴港澳游的委托协议。参加港澳双卧六日游的游客与B旅行社签订了出境旅游合同。2010年3月24日,51人的港澳旅游团从安徽出发,香港接待社为D旅行社。该团在港旅游期间,香港接待社所派导游李巧珍多次胁迫游客购物,并进行人身侮辱。该团游客将导游李巧珍在旅游大巴上谩骂游客的言行暗录下来,回内地后将录像传至互联网上,引起社会广泛关注。网友戏称导游为"恶女阿珍"。

处理　国家旅游局要求安徽省旅游局和广东省旅游局认真调查,严肃处理。安徽省旅游局指导、支持宣城市旅游局对本案涉及的A旅行社和B旅行社进行了调查处理。A旅行社和B旅行社均无出境游业务经营权,其行为违反了《旅行社条例》第四十六条第一项规定,即未取得相应的旅行社业务经营许可经营出境旅游业务。B旅行社辩称,其与有出境游经营权的C旅行社有委托协议。经查,B旅行社与C旅行社之间的委托不符合有关出境游委托招徕游客的规定。宣城市旅游局依据此项规定,对A旅行社处以责令改正,没收违法所得1960元,并处10万元罚款;对B旅行社处以责令改正,并处10万元罚款。

国家旅游局发函广东省旅游局,要求其调查C旅行社是否有零负团费、低于成本经营等违法违规行为。广东省旅游局与深圳文体旅游局通过调查，以该旅行社将旅行社业务委托给不具有相应资质的 B 旅行社，违反了《旅行社条例》第五十五条第四项的规定，决定对其罚款 50000 元。

香港旅游业议会对本案涉及的香港旅行社和导游进行了查处。该会认定导游李巧珍违反了《导游作业守则》的相关规定，严重损害了香港旅游业的形象和声誉，施以暂停导游证六个月的处罚，其后如果再次违反有关规例，将永久吊销导游证；对指派她接待旅行团的 D 旅行社处以 4.75 万港元罚款。

【案例五】 湖南前乒乓球国手陈佑铭猝死案

缘由 2010 年 5 月下旬，湖南前乒乓球国手陈佑铭与家人参加了湖南 A 旅行社组织的香港游，香港地接社 B 旅行社安排郑某某为该团导游。5 月 22 日，郑某某将游客带到红磡一珠宝店，安排约 20 名游客入店购物。约 20 分钟后，陈佑铭独自走到店门外看报纸。半小时后，郑某某叫其返回店内，他进店后打算再离开时，被郑某某出言指骂并阻止他离开店铺，双方为此发生争执。陈佑铭气愤异常，心脏病发作，送医院后不治身亡。事发后郑某某逃离，香港旅游业议会向警方报案。经查，郑某某为无证导游，所持导游证系向另一郑姓导游借取，假冒该名导游带团，而香港 B 旅行社没有核实郑某某是否持有效导游证。

处理 事件发生后，香港和内地媒体大量报道，引起社会广泛关注。国家旅游局新闻发言人发表谈话，高度关注陈佑铭猝死事件，督促有关方面尽快处理。国家旅游局质监所就此代表国家旅游局，向香港旅游事务专员容伟雄发函，建议就此事件进行全面调查并做出严肃处理。国家旅游局质监所就此向全国发布了第 4 号"旅游服务警示"，提示广大游客"提防低价陷阱，抵制强迫购物"。湖南省旅游局协助湖南 A 旅行社及死者亲属处理相关善后事宜，并积极协调沟通，向香港提出妥善处理事件的希望和要求，转达死者亲属的诉求。经香港、内地多方共同努力，死者家属获得经济赔偿。

香港旅游事务专员责成香港旅游议会对陈佑铭猝死事件予以彻查，香港旅游业议会规条委员会于 2010 年 6 月 21 日召开全体会议，决定终止香港 B 旅行社的议会会籍，而终止会籍导致该社停牌。议会总干事董耀中表示，议会之所以前所未有地动用如此严厉的处分，是因为该旅行社使用冒牌导游，而且在随后书面解释时弄虚作假。

【案例六】 江西某旅行社旅游合同违规案

缘由 2010 年，江西省旅游行政管理部门以某旅行社未与旅游者签订合同，违反《旅行社条例》第二十八条的规定，对该旅行社处以罚款 2 万元的行政处罚。2009 年 6 月至 7 月间，江西省旅游质监所连续接到游客对江西某旅行社的多起投诉。经查，发现该旅行社与游客签订的旅游合同，游客所持合同未加盖旅行社印章，该旅行社所持合同加盖的是组团部印章而非法人印章,进一步调查发现该旅行社以往所签合同大多如此。

处理　江西省旅游局就旅游合同印章的认定问题请示国家旅游局,国家旅游局批复明确指出:"旅行社给游客的旅游合同不加盖印章,或者旅行社在旅游合同上加盖部门、门市部等其他非法人印章,均应认定为旅行社未与游客签订合同。"据此,按照《旅行社条例》第二十八条、第五十五条的规定,江西省旅游局对该旅行社处以2万元罚款的行政处罚。听证后该旅行社不服,提起行政诉讼,一审判决旅行社败诉,现正在向江西省高院提起上诉。

【案例七】　吉林103人团购遭遇假机票被拒登机案

案由　2010年12月18日,吉林省103人在长春机场登机时,被机场方面告知所持机票为假票,不能登机。经查,103人是吉林长春、敦化等地的市民,拟赴深圳参加由当地旅行社组织的港澳游自由行。103人委托延边某旅行社敦化分公司代订往返机票103张,票款合计156310元。未料,该分公司负责人粟某为偿还个人欠款,违法出具假机票,导致103人出行受阻,影响恶劣。

处理　延边某旅行社敦化分公司负责人粟某出具假机票违法,被公安部门刑事拘留。该旅行社遂主动与被害人代表达成调解协议,一次性退还156310元机票款,同时赔偿游客的直接经济损失59000元。延边州旅游局针对该旅行社内部管理混乱,造成游客权益损害问题,撤消该旅行敦化分公司的旅行社分社备案登记并收缴《备案登记证》,建议工商部门吊销该分社的《营业执照》;吉林省旅游局决定暂停受理该旅行在省内设立分社的备案,要求该旅行社暂停省内其余分社经营业务进行整改。

【案例八】　桂林某旅行社违规经营一日游案

案由　2010年6月9日,中央电视台经济频道《消费主张》栏目播出记者暗访桂林一日游情况。具体情形是,记者以游客身份报名参加了桂林某旅行社下设门店组织的桂林、漓江一日游。在游览过程中,导游梁某为了多安排购物活动、延长购物时间,将景区游览时间大大压缩,使旅游质量降低。导游安排的一家购物场所,以虚假的"得子祈福"为名,假意降价,大肆向游客推销商品;另一家假冒军工企业名义,兜售假冒伪劣商品。节目播出后在社会上产生了较大的影响。

处理　节目播出后,桂林市政府主要领导做出批示,市旅游局、工商局等部门密切配合,按照职责,立即查处。国家旅游局要求彻底调查并做出严肃处理,同时针对旅游市场秩序和服务质量存在的突出问题,向各省级旅游局发出《关于进一步整顿旅游市场秩序,提高旅游服务质量的通知》(明码电报),要求各地结合贯彻落实国务院41号文件精神和2010旅游服务质量提升年活动,把暴露出来的突出问题作为重点,结合本地实际,开展专项整治活动。

经过调查,桂林市旅游局对桂林某旅行社下设服务网点违规从事招徕、咨询以外活动,依据《旅行社条例》罚款人民币 30 万元;对导游梁某私自承揽导游业务,依据《导游人员管理条例》第九条第二款和第十九条,吊销其导游证;购物店由桂林市工商管理部门依法处理。

【案例九】 内蒙古两旅行社涉嫌挂靠承包经营案

案由 2010 年 5 月 7 日,中国青年报以《内蒙古多家旅行社公开出租部门——一些大型旅行社就像收租子的"地主"》为题,反映内蒙古两家旅行社涉嫌挂靠承包违法问题。据记者调查,承包一个部门缴纳 1 万元保证金,承包费为每年 1.5 万元,承包人可以对外宣称是该旅行社的某一部门,各个承包部门业务独立,旅行社不过问,导致内蒙古旅游市场出现秩序和质量问题。

处理 国家旅游局要求内蒙古自治区旅游局立即对报道中涉及的内蒙古海外、内蒙古中旅挂靠承包问题进行调查。经查,内蒙古自治区旅游局认定其中一家旅行社挂靠承包事实成立,依据《旅行社条例》第四十七条的规定,对其处以停业整顿一个月的行政处罚;成立领导小组,于 6 月 10 日至 10 月 30 日在全区开展"旅行社挂靠承包专项整治",先后召开会议 60 余次,检查旅行社 612 家,处罚旅行社 53 家,其中,通报批评 9 家,停业整顿 3 家,罚款 4 家(数额 4.4 万元),注销旅行社 31 家。通过专项整治,统一了对挂靠承包危害性的认识,建立了防范和打击挂靠承包制度,挂靠承包现象得到有效遏制。

旅行社挂靠承包现象在全国很多地方都存在,因此,国家旅游局转发了内蒙古自治区旅游局《整治旅行社挂靠承包经营专项工作方案》,在全国部署治理旅行社部门挂靠承包违法行为。

【案例十】 央视曝光北京一日游乱象

案由 2010 年 10 月 10 日,中央电视台新闻频道"每周质量报告"栏目播出"十一"黄金周北京"一日游"市场秩序混乱的节目,反映一些旅行社擅自改变旅游景点和旅游线路,以居庸关长城、水关长城代替八达岭长城,以明皇宫蜡像馆替换十三陵中的定陵,旅游从业人员强迫和欺骗游客消费、辱骂围攻游客等,一些旅行社和旅游商店合谋串通,商店向旅行社支付人头费或回扣。

处理 节目播出后,北京市旅游行政管理部门立即到"一日游"景点、购物点集中的昌平区、延庆县两地,与当地政府和有关部门展开调查,对节目中涉及的欺客宰客购物点和出租车迅速查封、查处,对违规旅游企业依法查处,联合工商、交通、城管、公安等部门对其他欺骗游客和欺行霸市的企业及个人依法处理。2010 年,北京市对"一日游"市场进行了多轮检查整顿,组建了"一日游"市场治理整顿领导小组,成立多部门参加的专项整治联合办公室,统筹协调和督促指导"一日游"市场的专项整治;强化属地管理,建立整治"一日游"的工作台账,对各相关部门、区县工作实行量化考评;市旅游局采用手机短信、公交车电子屏等方式开展宣传引导,提醒游客识别假一日游广告,谨防低价消费陷阱,倡导理性消费,增强依法维权意识。在多轮联合整治中,共查处"黑导游"21人,查抄小广告窝点6个,收缴小广告7万余张和假地图3000册;查处旅游客车违法违章24起,查扣非法从事"一日游""黑车"28辆;处理各类违法人员63人,治安拘留62人;关闭3家医疗咨询点;清理假"一日游"站牌1250块。

(文章来源:国家旅游局)

模块八　旅游才艺知识

实训目标

1. 了解旅游才艺的基本类型及基本知识。
2. 掌握各类旅游才艺的基本技能。
3. 提高导游人员的旅游才艺水平。

实训手段

案例分析;猜谜语;脑筋急转弯;绕口令;歇后语。

实训项目一　歌曲、戏曲

一、实训目的

通过实训,要求学生了解歌曲、戏曲的基本知识,学会基本的演唱技艺,并能在今后的实际工作中加以运用。

二、基本知识点

(一)歌曲

导游人员为游客唱歌主要是活跃气氛,使旅途生活更为丰富。尤其是若能针对游客所在的国家(地区)选择几首民歌或地方歌曲演唱,使游客在异国他乡既亲切又别有风味,若能将大家熟悉的曲子改编一下然后演唱,表达欢迎大家来旅游的意思,加上导游人员笑容可掬的表演,再编出一些与本次旅游活动有关的歌词演唱,更能让游客发出会心的微笑。

导游人员不是歌唱演员,许多人不具备歌唱的天赋,也没有条件进行歌唱训练,所以游客也不会像对歌唱演员那样要求严格,但是导游人员应该具备必要的唱歌技艺和知识。

1.音乐的基本知识

(1)简谱

简谱是谱法的一种。简谱记谱是用多种记号把音的高低、长短、强弱等关系记录下来的方法。

(2)音符

在简谱体系中,记录音的相对高度的符号叫音符。简谱的音符是用 7 个阿拉伯数字来表达的,其排列顺序同数字的大小一样。表示音符的 7 个阿拉伯数字叫音名。1、2、3、4、5、6、7 分别读成 do、re、mi、fa、sol、la、si。

(3)八度

为了表达比 1、2、3、4、5、6、7 这七个音有更高或更低的声音,用在这七个音的上边或下边加上小圆点的办法来表示。在音符的上边加上一个小圆点,表示这个音比原来不带点的音高八度。加上两个小圆点表示比原来的音高两个八度,比带一个小圆点的音高一个八度。反之,在音符的下边加上一个小圆点,比原来的音低一个八度,加上两个小圆点,比原来的音低两个八度,比带一个小圆点的音低一个八度。因此,相邻的两个具有同样名称的音叫八度。

(4)音的时值

在数字下方加一条线,表示将这个音的时值缩短二分之一;在数字右边加一条横线,表示将这个音的时值增长一倍。

(5)附点音符

带附点的音符,简称附点音符。附点音符是在单纯音符(不带附点的基本音符)的右边加上小圆点而构成的。

①休止符:在音乐的进行中表示音的间歇(停顿)的符号。

②连音符:由于节奏的反常变化,使音符的时值产生某种特殊形式记号,叫连音符。常见的连音符有三连音、五连音、二连音、四连音等。如果把两个同长度的音分为均等的三份来演唱或演奏,在时值上三等分和两个同样长度的音一样,这种形式叫三连音。

(6)小节

在歌(乐)曲中,完全重复出现的节拍单位叫小节,或者说两条小节线之间的部分叫小节。

(7)小节线

小节与小节之间,使彼此能够分开的垂直线叫小节线。

（8）弱起小节

在歌（乐）曲的开头或某一段的开头，是从弱拍或者是从强拍的弱部分进入小节的，叫弱起小节。

（9）终止线

在歌（乐）曲中，有明显分段的地方或者是歌（乐）曲曲终的地方，常用两条垂直的线作为结束，这两条垂直的线叫终止线，也叫双小节线。

（10）节奏

在音乐作品中把长短时值相同的音或不相同的音，按一定的规律有机组织起来的形式叫节奏。

（11）节拍

相同时值的重音与弱音有规律地循环出现叫节拍。

（12）拍子

节拍中的每一个时间片段叫一个单位拍，也叫拍子。或者说在一小节内固定不变的长度单位。

（13）拍号

表示拍子的记号叫拍号。通常在歌（乐）曲的开头处的左上方。

（14）单拍子

在一小节内含有一个强拍的拍子叫单拍子，单拍子包括二拍子与三拍子。由两个单位拍构成的节拍称为二拍子；由三个单位拍构成的节拍称为三拍子。

（15）复拍子

复拍子是在单拍子的基础上发展形成的。

（16）切分音

由于通过切分的原因忽然改变了拍子强弱的具体音节叫切分音。形成切分音有以下四种方法：

①用连线的方法达到强弱关系的倒置。

②用音值长短的办法达到强弱关系的倒置。

③用休止符的办法达到强弱关系的倒置。

④用临时加入强音记号的办法使强弱关系倒置。

（17）音乐构成三要素

人们常把"旋律"、"节奏"、"和声"作为音乐最主要的构成要素。

旋律的功能是模拟自然、流水和鸟鸣等，也能反映生活、表达感情。节奏是旋律的骨架，它组织音的长短关系。归纳起来有长、短、长短结合三类。和声指音乐中同时发响而又互相和谐的不同高低的音相结合所构成的多声部，它能够使主旋律具有主体感。

2.歌唱的基本技巧

①发音的原理:要唱好歌就要掌握科学的发音方法。要了解科学的发音方法,首先应该了解发声器官的构造和歌唱发声的基本原理。

人体发声器官由呼吸器官、发音器官和共鸣器官三部分组成。呼吸器官包括鼻、咽、喉、气管、支气管、肺脏、胸腔、横膈膜等。人体依靠这些气管,吸入和呼出气息。发音器官包括喉头和声带,声带的振动是声源的所在。共鸣器官包括胸腔、喉腔、咽腔、口腔、鼻腔和额窦。

②呼吸原理:呼吸运动是呼吸肌活动的结果,包括吸气和呼气两个过程。歌唱时两种呼吸形式同时存在,即胸腔式呼吸,这种呼吸形式是歌唱的基本,也是歌唱的原动力。

③发声的原理:肺部的空气由气管呼出,因振动喉部的声带而发音,声音经过喉咙、咽腔、鼻腔、口腔等部分的时候,又得到这几个腔体的共鸣放大。这就是最简单的发声原理。

④共鸣原理:人体主要由胸腔,喉、咽、口腔,头腔这三类共鸣腔体。胸腔在歌唱中起共鸣箱的作用,是加强声音的"厚度"和"深度"的一个很重要的共鸣腔体。胸腔在歌唱中起低音贝司的作用。唱低音时,主要共鸣区在胸腔;唱中音区时,主要共鸣区在喉、咽、口腔;唱高音区时,主要共鸣区在头腔。

3.人声的类别及音域

由于人的生理条件不同,如声带的长短、宽窄、厚薄及共鸣腔体的差异,所发出的声音音色、音质、音量、音域会有所不同。根据这些人声差异,可分为不同的声部。男声分为男高音、男中音、男低音三大类。女生分女高音、女中音、女低音三大类。而且通过训练,多声部还可以达到多种音域。

(1)歌唱语言的形成

歌唱语言是在语言的基础之上升华了的音乐化、歌唱性的艺术语言。

①歌唱吐音的过程

歌唱吐字发音的过程分为三个阶段:吐字、归韵、收音。吐字是指发音的开始阶段,此阶段要唱准字头。字头由声母、韵母两部分组成。归韵是字头之后的韵母,是产生共鸣的阶段,这个阶段要将主要原音归准音位。收音是吐字发音的收尾阶段。

汉字的字尾共有五个音素(三个元音,两个鼻尾音)。吐字、收音决定字的纯正与否,而归韵则延长字尾、美化声音,是腔圆的具体表现。这三个阶段相互依存、相互补充,是一个音节发音的完美整体。

②歌唱吐字发音的方法

歌唱吐字发音的方法一般分为"五音"、"四呼"。

五音:是由于唇、齿、牙、舌、喉五个不同阻气的部位产生五种不同的子音(声母)。

声乐有种叫做五音。由五音阻气位置不同,会产生七种不同的声母发音部位。

双唇声:b、p、m,用上下唇阻气。

唇齿声:f,用口齿下唇阻气。

舌尖声:d、t、n、l,用牙齿和舌尖阻气。

舌根声:g、k、h、ng(不用做声母,只能作韵母),用舌根和软腭阻气。

舌面声:j、q、x,用舌面和硬腭阻气。

翘舌音:zh、ch、sh、r,用舌尖和唇齿阻气。

舌齿声:z、c、s,用舌尖和上齿背阻气。

只有明确了多种声母的发音位置,才能准确地发出子音(声母)。

四呼:是指演唱时的口形,是针对母音(韵母)而言的。如张口的大小,舌尖的高低,唇部形状的圆与不圆。可概括为开口呼、齐齿呼、撮口呼、合口呼,简称为齐、开、撮、合。

开口呼:韵母或开口音是 a、o、e、ai、ei、er、ao、ou、an、en、ang、eng 和 ong 等,用力在喉和齿上。

齐齿呼:韵母是 i 或 i 开头的音,用力在舌上。

撮口呼:韵母是 u 或 u 开头的音,用力在唇上。

合口呼:韵母是 u 或 u 开头的音,用力在满口。

(2)自学歌唱的方法

拿到一首你所喜欢的歌曲时,首先要对曲谱有一个初步的认识。把歌曲的音符、节奏唱准,然后把歌词准确地填进去,定好合适的词,只有在逐步熟悉了歌曲的曲调节奏的基础上,才能进一步对歌曲作艺术处理。

①在开始唱歌以前,先听一听歌曲的旋律,听的时候小声读着歌词。

②先不带歌词把旋律背下来。

③联系到歌词的含义,高声朗读歌词。

④把歌曲的分句和换气的地方划出来。

⑤确认歌曲的速度。

⑥明确歌曲演唱的基本情调及它的多种变化发展层次。

⑦注意循序渐进地学习,先唱中、低音区,不要过早地唱高音。

⑧严格地进行分句练习。

⑨注意音调的准确和正确的发音方法。

⑩利用周围的一切有利条件进行练习,建立正确的声音概念。

(二)戏曲

戏曲是中国传统的戏剧形式,是由文学、音乐、舞蹈、美术、武术、杂技以及各种表演艺术因素综合而成的。它的起源历史悠久,早在原始社会歌舞已有萌芽,在漫长发展的过程中,经过800多年不断丰富、更新与发展,才逐渐形成比较完整的戏曲艺术体系。

我国各民族地区的戏曲剧种,约有360多种,传统剧目数以万计。中华人民共和国成立后又出现许多改编的传统剧目、新编历史剧和表现现代生活题材的现代戏,都受广大观众热烈欢迎。中国五大戏曲剧是:京剧、越剧、黄梅戏、评剧、豫剧。

1. 京剧

京剧是我国国剧。它的前身为徽调,通称皮簧戏,曾一度称为"平剧",后改称京剧,有近两百年的历史。清乾隆年间徽调进入北京,吸收了昆腔、秦腔的部分剧目、音乐曲调、表演方法和一些民间曲调,演变发展而成。

2. 越剧

越剧又名绍兴戏,是中国汉族五大戏曲种类之一,是目前中国第二大剧种。清末起源于浙江嵊州,由当地民间歌曲发展而成。越剧长于抒情,以唱为主,声腔清悠婉丽优美动听,表演真切动人,极具江南灵秀之气;多以"才子佳人"题材的戏为主,艺术流派纷呈。主要流行于浙江、上海、江苏、福建等江南地区,鼎盛时期除西藏、广东、广西等少数省、自治区外,全国都有专业剧团存在,据初步统计,约有280多个,业余剧团更有成千上万,不胜统计。在海外亦有很高的声誉和广泛的群众基础,当为流传最广之地方剧种。2006年5月20日经国务院批准列入第一批国家级非物质文化遗产名录。

3. 黄梅戏

黄梅戏是我国戏曲的主要地方剧种之一,旧称"黄梅调",也叫"采茶戏"。黄梅戏发源地在湖北、安徽、江西三省交界的安庆地区,戏曲语言为安庆方言。黄梅戏在其漫长的发展过程中,不断地吸收了青阳腔、徽剧等和当地民歌及其他戏曲的音乐精华,逐渐形成了今天自己独特的风格。它的唱腔淳朴流畅,以明快抒情见长,具有丰富的表现力。

4. 评剧

评剧形成于清末民初,近百年的历史。它源于冀东一带的"莲花落",后来吸收了东北"蹦蹦"的腔调,故早年有"落子"、"蹦蹦"之称。最初为对口演唱形式,近似东北的"二人转",后来陆续吸收了河北梆子的打击乐、滦州影戏、乐亭大鼓和京剧的唱腔及表演,形成了"唐山落子",又变为"奉天落子",最后成为现在的评剧。

5. 豫剧

豫剧是河南省地方戏曲剧种之一,主要流行于河南全省以及陕西、甘肃、山西、河北、山东、江苏、安徽、湖北等省的部分地区。因其早期演员用本嗓演唱,起腔与收腔时用假声翻高尾音带"讴",又叫"河南讴"。曾又名"河南梆子"、"河南高调"、"靠山吼"

等,新中国成立后才统一改为今称。

6.昆曲

昆曲是我国传统戏曲中最古老的剧种之一,也是我国传统文化艺术,特别是戏曲艺术中的珍品。它原名"昆山腔"或简称"昆腔",清代以来被称为"昆曲",现又被称为"昆剧"。昆曲的伴奏乐器,以曲笛为主,辅以笙、箫、唢呐、三弦、琵琶等(打击乐俱备)。昆曲的表演,也有它独特的体系、风格,最大的特点是抒情性强、动作细腻,歌唱与舞蹈的身段结合得巧妙而谐和。

三、实训内容、组织方式及步骤

实训内容:爱唱歌的导游

实训要求:请学生根据材料,总结出导游具备歌曲、戏剧的演唱技能对工作带来的帮助。

实训形式:案例分析。

实训步骤:

第一步:实训前准备。要求参加实训的同学,课前查阅相关书籍,初步了解本次实训所涉及的基础知识。

第二步:以5~6人的小组为单位,进行资料的分析与讨论,各人充分发表各人的观点。

案例分析 8-1

爱唱歌的义乌导游范例在 2010 年全省导游大赛中获得了二等奖。她说:"我是一个喜欢唱歌的女孩子,每一次带团,我都希望能用我的歌声,把快乐传递给大家。如果游客是老年人,我可以唱越剧给他们听;如果是年轻人居多,我还可以学学小沈阳……"唱歌跳舞演小品……看来导游的十八班"武艺",这姑娘都会来一手。

第三步:对小组成员的各种观点进行记录。

第四步:各小组收集各地具有代表性的民歌和戏曲,选出一名代表演唱,然后大家评比并谈谈体会。

第五步:实训指导教师对小组成员的情况进行总结。

四、实训时间及成绩评定

(一)实训时间

资料分析、讨论时间以 15 分钟为宜,各小组代表发言时间控制在 3 分钟以内。

(二)实训成绩评定

1.实训成绩按优秀、良好、中等、及格、不及格5个等级评定。

"爱唱歌的导游"资料分析记录

专业班级		组　别	
记录人		时　间	
小组成员			
讨论记录	1.根据以上材料,说说导游人员应具备哪些才艺知识? 2.看了这个案例,你有什么体会?		成绩
	组员1		
	组员2		
	组员3		
	组员4		
	组员5		
	组员6		

2.实训成绩评定准则:

(1)是否了解歌曲、戏剧的基本知识。

(2)是否掌握歌曲、戏曲演唱的基本技能。

(3)是否由本次实训活动制订了很好的计划并付诸实施,是否能很好地对讨论的内容进行总结和概括。

实训项目二　猜谜语、脑筋急转弯

一、实训目的

通过实训,要求学生了解猜谜语、脑筋急转弯的一些相关知识,提高这方面的技艺。

二、基本知识点

(一)猜谜语

猜谜是一项文雅优美、益智怡情、轻松愉快的大众娱乐活动。中国古代称猜谜为隐语,在我国已有 3000 多年的历史了。在长途旅行中,猜谜语既可活跃旅游团气氛,减轻长途乘车疲劳,又可启迪智慧、增长知识。

谜语是一种采用隐喻、迂回的方式对某种事物进行描述,而猜谜者通过思考、分析、猜测、判断后才能得出正确结论、明其谜里的文化娱乐活动。

1. 地名谜

一路平安(中国城市名) (旅顺)

风平浪静(中国城市名) (宁波)

日近黄昏(中国城市名) (洛阳)

八月飘香香满园(中国城市名) (桂林)

夸夸其谈(中国城市名) (海口)

千里戈壁(中国城市名) (长沙)

大家都笑你(中国城市名) (齐齐哈尔)

珍珠港(中国城市名) (蚌埠)

带枪的人(中国城市名) (武汉)

船出长江口(中国城市名) (上海)

金银铜铁(中国城市名) (无锡)

银河渡口(中国城市名) (天津)

久雨初晴(中国城市名) (贵阳)

两个胖子(中国城市名) (合肥)

双喜临门(中国城市名) (重庆)

努力炼钢(中国城市名) (大冶)

拆信(中国城市名) (开封)

东西北三面堵塞(中国城市名) (南通)

海中绿洲(中国城市名) (青岛)

空中码头(中国城市名) (连云港)

泰山之南(中国城市名) (岳阳)

逆水行舟(中国地名) (上杭)

春笋(中国地名) (新竹)

掩耳盗铃(中国地名) (蒙自)

春水碧如蓝(中国省级行政区名)　(青海)

江淮河汉(中国省级行政区名)　(四川)

黄河解冻(中国省级行政区名)　(江苏)

东南北(中国省级行政区名)　(西藏)

宝树丛丛(中国省级行政区名)　(吉林)

日照清流涌(山西地名)　(阳泉)

终年积雪(吉林地名)　(长白)

见脸不见发(内蒙古地名)　(包头)

持久和平(陕西地名)　(长安)

鹰击长空(台湾地名)　(高雄)

谈天的都市(山东地名)　(聊城)

桃李梅(北京地名)　(三棵树)

鸡蛋心(河南地名)　(内黄)

分明在湖上(台湾地名)　(日月潭)

请走正门(山西地名)　(偏关)

基本一样(山西地名)　(大同)

一江春水向东流(云南地名)　(通海)

初次见面(广东地名)　(新会)

水陆要塞(河北地名)　(山海关)

航空信(江苏地名)　(高邮)

此(青海地名)　(柴达木)

结束战争(广东地名)　(和平)

两条河(云南地名)　(双江)

终年无浊水(山东地名)　(长青)

长生不老(黑龙江地名)　(延寿)

捷报传来(山西地名)　(闻喜)

飞流直下三千尺(河北地名)　(陡河)

东西南北无战争(东北地名)　(四平)

太平洋(浙江地名)　(宁海)

君子之交(台湾地名)　(淡水)

平安之地(江苏地名)　(泰州)

停火(贵州地名)　(息烽)

骆驼背(湖南地名)　(双峰)

我做(江西地名)　(余干)

客人(广西地名) （来宾）

垦荒(辽宁地名) （开原）

白日依山尽(辽宁地名) （沈阳）

虚度年华(安徽地名) （无为）

豁然开朗(湖北地名) （大悟）

向往光明(黑龙江地名) （爱辉）

全面整顿(云南地名) （大理）

突飞猛进(云南地名) （腾冲）

中秋月(广东地名) （高明）

得奖(河南地名) （获嘉）

喜事在即(福建地名) （将乐）

祖先种过的地(福建地名) （古田）

日月星(福建地名) （三明）

2.动物谜

耳朵长,尾巴短。只吃菜,不吃饭。 （兔子）

粽子脸,梅花脚。前面喊叫,后面舞刀。 （狗）

小姑娘,夜纳凉。带灯笼,闪闪亮。 （萤火虫）

一支香,地里钻。弯身走,不会断。 （蚯蚓）

一样物,花花绿。扑下台,跳上屋。 （猫）

沟里走,沟里串。背了针,忘了线。 （刺猬）

肥腿子,尖鼻子。穿裙子,背屋子。 （鳖）

船板硬,船面高。四把桨,慢慢摇。 （乌龟）

一把刀,顺水漂。有眼睛,没眉毛。 （鱼）

一星星,一点点。走大路,钻小洞。 （蚂蚁）

脚儿小,腿儿高。戴红帽,穿白袍。 （丹顶鹤）

小小船,白布篷。头也红,桨也红。 （鹅）

长胳膊,猴儿脸。大森林里玩得欢。摘野果,捣鹊蛋,抓住树枝荡秋千。 （长臂猿）

娘子娘子,身似盒子。麒麟剪刀,八个钗子。 （蟹）

进洞像龙,出洞像凤。凤生百子,百子成龙。 （蚕）

尖尖长嘴,细细小腿。拖条大尾,疑神疑鬼。 （狐狸）

为你打我,为我打你。打到你皮开,打得我出血。 （蚊子）

无脚也无手,身穿鸡皮皱。谁若碰着它,吓得连忙走。 （蛇）

背板过海,满腹文章。从无偷窃行为,为何贼名远扬？ （乌贼）

日飞落树上,夜晚到庙堂。不要看我小,有心肺肝肠。 （麻雀）

说马不像马,路上没有它。 若用它做药,要到海中抓。 （海马）

海上一只鸟,跟着船儿跑。 冲浪去抓鱼,不怕大风暴。 （海鸥）

小时像逗号,在水中玩耍。 长大跳得高,是捉虫冠军。 （青蛙）

白天一起玩,夜间一块眠。 到老不分散,人夸好姻缘。 （鸳鸯）

姑娘真辛苦,晚上还织布。 天色蒙蒙亮,机声才停住。 （纺织娘）

有位小姑娘,身穿黄衣裳。 谁要欺负她,她就戳一枪。 （黄蜂）

身小力不小,团结又勤劳。 有时搬粮食,有时挖地道。 （蚂蚁）

头顶两只角,身背一只镂。 只怕晒太阳,不怕大雨落。 （蜗牛）

你坐我不坐,我行你不行。 你睡躺得平,我睡站到明。 （马）

穿着大红袍,头戴铁甲帽。 叫叫我阿公,捉捉我不牢。 （蜈蚣）

沙漠一只船,船上载大山。 远看像笔架,近看一身毡。 （骆驼）

身穿绿色衫,头戴五花冠。 喝的清香酒,唱如李翠莲。 （蝈蝈）

头胖脚掌大,像个大傻瓜。 四肢短又粗,爱穿黑大褂。 （熊）

个儿高又大,脖子似吊塔。 和气又善良,从来不打架。 （长颈鹿）

鼻子像钩子,耳朵像扇子。 大腿像柱子,尾巴像鞭子。 （象）

远看像黄球,近看毛茸茸。 叽叽叽叽叫,最爱吃小虫。 （小鸡）

兄弟七八千,住在屋檐边。 日日做浆卖,浆汁更值钱。 （蜂）

皮白腰儿细,会爬又会飞。 木头当粮食,专把房屋毁。 （白蚁）

身上滑腻腻,喜欢钻河底。 张嘴吐泡泡,可以测天气。 （泥鳅）

长得像黄菊,引诱小鱼虾。 触手捕食物,舞爪又张牙。 （海葵）

像鱼不是鱼,终生住海里。 远看是喷泉,近看像岛屿。 （鲸）

两眼如灯盏,一尾如只钉。 半天云里过,湖面过光阴。 （蜻蜓）

黑脸包丞相,坐在大堂上。 扯起八卦旗,专拿飞天将。 （蜘蛛）

驼背老公公,胡子乱蓬蓬。 生前没有血,死后满身红。 （虾）

像猫不是猫,身穿皮袄花。 山中称霸王,寅年它当家。 （老虎）

身长约一丈,鼻生头顶上。 背黑肚皮白,安家在海洋。 （海豚）

远看像只猫,近看是只鸟。 晚上捉田鼠,天亮睡大觉。 （猫头鹰）

腿长胳膊短,眉毛遮住眼。 没人不吭声,有人它乱窜。 （蚂蚱）

头插花翎翅,身穿彩旗袍。 终日到处游,只知乐逍遥。 （蝴蝶）

身子轻如燕,飞在天地间。 不怕相隔远,也能把话传。 （信鸽）

脚着暖底靴,口边出胡须。 夜里当巡捕,日里把眼眯。 （猫）

头前两把刀,钻地害禾苗。 捕来烘成干,一味利尿药。 （蝼蛄）

四柱八栏杆,住着懒惰汉。 鼻子团团转,尾巴打个圈。 （猪）

生的是一碗,煮熟是一碗。 不吃是一碗,吃了也一碗。 （田螺）

头戴周瑜帽，身穿张飞袍。自称孙伯符，脾气像马超。　（蟋蟀）

身穿绿衣裳，肩扛两把刀。庄稼地里走，害虫吓得跑。　（螳螂）

叫猫不抓鼠，像熊爱吃竹。摇摆惹人爱，是猫还是熊？　（熊猫）

播种 　（布谷）

多兄长 　（八哥）

屡试屡成 　（百灵）

轻描柳叶 　（画眉）

3.日常用品谜

红娘子，上高楼。心里疼，眼泪流。　（蜡烛）

一棵麻，多枝丫。雨一淋，就开花。　（雨伞）

小小狗，手里走。走一走，咬一口。　（剪刀）

一只罐，两个口。只装火，不装酒。　（灯笼）

左手五个，右手五个。拿去十个，还剩十个。　（手套）

有硬有软，有长有宽。白天空闲，夜晚上班。　（床）

生在山崖，落在人家。凉水浇背，千刀万剐。　（磨刀石）

一物三口，有腿无手。谁要没它，难见亲友。　（裤子）

又白又软，罩住人脸。守住关口，防止传染。　（口罩）

头大尾细，全身生疥。拿起索子，跟你讲价。　（秤）

平日不思，中秋想你。有方有圆，又甜又蜜。　（月饼）

一只黑狗，两头开口。一头咬煤，一头咬手。　（火钳）

外麻里光，住在闺房。姑娘怕戳疼，拿它来抵挡。　（顶针）

口比肚子大，给啥就吃啥。它吃为了你，你吃端着它。　（碗）

猛将百余人，无事不出城。出城就放火，引火自烧身。　（火柴）

有头没有尾，有角又有嘴。扭动它的角，嘴里直淌水。　（水龙头）

一群黄鸡娘，生蛋进船舱。烤后一声响，个个大过娘。　（爆米花）

一只黑鞋子，黑帮黑底子。挂破鞋子口，漏出白衬子。　（西瓜子）

身穿红衣裳，常年把哨放。遇到紧急事，敢往火里闯。　（灭火器）

前面来只船，舵手在上边。来时下小雨，走后路已干。　（熨斗）

一只没脚鸡，立着从不啼。吃水不吃米，客来敬个礼。　（茶壶）

中间是火山，四边是大海。海里宝贝多，快快捞上来。　（火锅）

楼台接楼台，层层叠起来。上面飘白雾，下面水花开。　（蒸笼）

一队胡子兵，当了牙医生。早晚来巡逻，打扫真干净。　（牙刷）

半个西瓜样，口朝上面搁。上头不怕水，下头不怕火。　（锅）

生在鸡家湾，嫁到竹家滩。向来爱干净，常逛灰家山。　（鸡毛掸子）

站着百分高,躺着十寸长。裁衣做数学,它会帮你忙。　　　(尺)
一只八宝袋,样样都能装。能装棉和纱,能装铁和钢。　　　(针线包)
一藤连万家,家家挂只瓜。瓜儿长不大,夜夜会开花。　　　(电灯)
你打我不恼,背后有人挑。心中亮堂堂,指明路一条。　　　(灯笼)
生来青又黄,好比水一样。把它倒水里,它能浮水上。　　　(油)
一颗小红枣,一屋盛不了。只要一开门,枣儿往外跑。　　　(油灯)
远看两个零,近看两个零。有人用了行不得,有人不用不得行。　　(眼镜)
对着你的脸,按住你的心。请你通知主人翁,快快开门接客人。　　(门铃)

4.字谜

饭	(糙)	西施	(俪)
稻	(类)	东施	(妞)
武	(斐)	书签	(颏)
刃	(召)	血盆	(唬)
冰	(涸)	早上	(日)
再	(变)	航道	(潞)
巨	(奕)	和局	(抨)
厩	(驴)	泥峰	(击)
嘴	(唧)	祝福	(诘)
岸	(滂)	烟缸	(盍)
矮	(射)	晚会	(多)
炭	(樵)	瑞士	(佶)
痴	(保)	粮食	(稞)
雨	(池)	乍得人	(作)
日	(畔)	鬼头山	(嵬)
目	(置)	顶破天	(夫)
灰	(尘)	三丫头	(羊)
众	(侈)	不怕火	(镇)
爿	(版)	写下面	(与)
思	(十)	陈玉成	(瑛)
水库	(沧)	旱天雷	(田)
丰收	(移)	热处理	(煺)
丹朱	(赫)	不要走	(还)
丹江	(洙)	半导体	(付)
干涉	(步)	关帝庙	(扇)

好读书　（敞）
雁双飞　（从）
单人床　（麻）
神农架　（枢）
抽水泵　（石）
画中人　（佃）
绊脚石　（跖）
高尔基　（尚）
春末夏初　（旦）
冬初秋末　（八）
包头界首　（甸）
古文观止　（故）
争先恐后　（急）
百无一是　（白）
上下一体　（卡）
另有变动　（加）
异口同声　（谐）
半耕半读　（讲）
颠三倒四　（泪）
凤头虎尾　（几）
弹丸之地　（尘）
四个晚上　（罗）
熙熙攘攘　（侈）
连声应允　（哥）
孩子丢了　（亥）
池塘亮底　（汗）
内里有人　（肉）
谢绝参观　（企）
床前明月光　（旷）
对影成三人　（奏）
总是玉关情　（国）
柴门闻犬吠　（润）
我独不得出　（圉）
三点河旁落　（可）

二十四小时　（旧）
两点天上来　（关）
入门无犬吠　（问）
一人背张弓　（夷）
说话的技术　（团）
第二次握手　（观）
开门日正中　（间）
李时珍所著　（苯）
一口咬破衣　（哀）
非正式协定　（药）
有一点不准　（淮）
宿鸟恋枝头　（术）
日月一齐来　（胆）
进水行不成　（衍）
天际孤帆愁别离　（穗）
十日画一水　（洵）
一一入史册　（更）
四方一条心　（愣）
日迈长安远　（宴）
驿外断桥边　（骄）
陕西人十分好　（附）
早不说晚不说　（午）
西安相聚之日　（晒）
一直真心相对　（非）
对方进了一球　（哼）
孤峦叠嶂层云散　（崛）
江西如今变了样　（冷）
后村闺中听风声　（封）
送走观音使不得　（还）
一点一点得知　（短）
除夕残年又逢春　（桀）
水映横山落残红　（绿）
遥指红楼是姜家　（舒）
画前画后费心思　（田）

5.成语谜

龙　（充耳不闻）
一　（接二连三）
乖　（乘人不备）
亚　（有口难言）
主　（一往无前）
呀　（唇齿相依）
判　（一刀两断）
者　（有目共睹）
泵　（水落石出）
扰　（半推半就）
黯　（有声有色）
田　（挖空心思）
十　（纵横交错）
板　（残茶剩饭）
咄　（脱口而出）
票　（闻风而起）
骡　（非驴非马）
桁　（行将就木）
皇　（白玉无瑕）
忘　（死心塌地）
中的　（矢无虚发）
会计　（足智多谋）
电梯　（能上能下）
并重　（恰如其分）
相声　（装腔作势）
伞兵　（从天而降）
背脸　（其貌不扬）
假眼　（目不转睛）
氩氖　（气吞山河）
胜境　（不败之地）
武断　（不容分说）
雨披　（一衣带水）
极小　（微乎其微）

初一　（日新月异）
仙乐　（不同凡响）
美梦　（好景不长）
兄弟　（数一数二）
齐唱　（异口同声）
卧倒　（五体投地）
圆寂　（坐以待毙）
感冒通　（有伤风化）
化妆学　（谈何容易）
太阳灶　（热火朝天）
显微镜　（一孔之见）
爬竹竿　（节节上升）
无底洞　（深不可测）
望江亭　（近水楼台）
脱粒机　（吞吞吐吐）
农产品　（土生土长）
彩调剧　（声色俱厉）
黑板报　（白字连篇）
飞行员　（有机可乘）
跷跷板　（此起彼伏）
婚丧事　（悲喜交加）
打边鼓　（旁敲侧击）
飞鸣镝　（弦外之音）
垃圾箱　（藏垢纳污）
纸老虎　（外强中干）
八十八　（入木三分）
笑死人　（乐极生悲）
鹊巢鸦占　（化为乌有）
尽收眼底　（一览无遗）
逆水划船　（力争上游）
石榴成熟　（皮开肉绽）
举重比赛　（斤斤计较）
枪弹上膛　（一触即发）

全面开荒 （不留余地）　　　　多看无滋味 （屡见不鲜）

《聊斋志异》（鬼话连篇）　　　兔子请老虎 （寅吃卯粮）

零存整取 （积少成多）　　　　不考虑中间 （瞻前顾后）

愚公之家 （开门见山）　　　　没关水龙头 （放任自流）

盲人摸象 （不识大体）　　　　快刀斩乱麻 （迎刃而解）

清浊合流 （泾渭不分）　　　　暗中下围棋 （皂白不分）

四通八达 （头头是道）　　　　给家捎个话 （言而无信）

双手赞成 （多此一举）　　　　一块变九块 （四分五裂）

蜜饯黄连 （同甘共苦）　　　　鲁达当和尚 （半路出家）

单方告别 （一面之词）　　　　哑巴打手势 （不言而喻）

照相底片 （颠倒黑白）　　　　娄阿鼠问卦 （做贼心虚）

爱好旅游 （喜出望外）　　　　超级好牙刷 （一毛不拔）

公用毛巾 （面面俱到）　　　　猫狗像什么 （如狼似虎）

武大郎设宴 （高朋满座）　　　电锯开木头 （当机立断）

遇事不求人 （自力更生）　　　空对空导弹 （见机行事）

千里通电话 （遥相呼应）　　　二三四五六七八九 （缺衣少食）

6.词语谜

无可奈何花落去(打一常用词) （感谢）

不要和陌生人说话(打一常用词) （熟语）

烨(打一新兴词语) （中国热）

内秀(打一新兴词语) （心灵美）

勿上当(打一新兴词语) （非典）

新苗茁壮(打一新兴词语) （小康）

现代作品(打一新兴词语) （非典）

天女散花(打一新兴词语)、 （高消费）

华夏英姿(打一新兴词语) （中国特色）

同光阴赛跑(打一新兴词语) （与时俱进）

思想波动(打一文学名词) （意识流）

休得多言(打一文学名词) （歇后语）

垂涎三尺(打一文学名词) （顺口溜）

一表非凡(打一文学名词) （神话）

虚心话(打一文学名词) （七言）

加减乘除(打一文学名词) （构成主义）

何谓状元(打一文学名词) （第一人称）

谈笑风生(打一文学名词)　(即兴诗)

一支香烟(打一文学名词)　(传奇人物)

人微言轻(打一文学名词)　(小小说)

平等待客(打一文学名词)　(主人公)

逢人只说三句话(打一文学名词)　(七言绝句)

夜半无人私语时(打一文学名词)　(黑色幽默小说)

绞刑架下的报告(打一文学名词)　(悬念)

龙舟(打一歌曲名)　(中国船)

丹田(打一歌曲名)　(红土地)

车谱(打一歌曲名)　(四季歌)

玩儿房(打一歌曲名)　(游戏人间)

天涯海角(打一歌曲名)　(在那遥远的地方)

老式波音(打一歌曲名)　(涛声依旧)

四方面军(打一歌曲名)　(东西南北兵)

保持沉默(打一歌曲名)　(什么也不说)

第一人称(打一歌曲名)　(那就是我)

黄河大合唱(打一歌曲名)　(摇篮曲)

离别正堪悲(打一歌曲名)　(欢聚)

新媳妇探亲(打一歌曲名)　(回娘家)

竹林诸贤堪赞颂(打一歌曲名)　(七子之歌)

两对情人互相思(打一歌曲名)　(好想好想)

醉翁之意不在酒(打一歌曲名)　(好山好水好地方)

汕头一周游(打一歌曲名)　(山不转水转)

到了长城放声唱(打一歌曲名)　(好汉歌)

青梅煮酒论英雄(打一歌曲名)　(只有你和我)

东南西北皆欲往(打一歌曲名)　(走四方)

青龙白虎照秦镜(打一歌曲名)　(二泉映月)

两耳不闻窗外事(打一歌曲名)　(唯一的思念)

终日琴堂醉未醒(打一词牌名)　(如梦令)

(二)脑筋急转弯

脑筋急转弯打破了人们的常规思维定势,给人一种意想不到的解答,而且它们大多通俗易懂、出人意料,又诙谐机巧。导游员若运用得当可增加旅途中的乐趣。

1.目的

通过导游员和游客的互动语言游戏,达到既活跃气氛,又帮助游客消除旅途疲劳的目的。

2.基本要求

(1)导游员自己要记牢内容。

(2)不能临时看书。

3.基本训练

制造日期与有效日期是同一天的产品是什么？（报纸）

什么东西比乌鸦更讨厌？（乌鸦嘴）

一头猪说："加油啊"，打一食品？（朱古力）

中国人最早的姓氏是什么？（善）

什么东西只能加不能减？（年龄）

人们甘心情愿买假的东西是什么？（假发）

狼、老虎和狮子谁玩游戏一定会被淘汰？（狼）

小白很像他哥哥，知道为什么吗？（真相大白）

谁天天去看病？（医生）

什么布剪不断？（瀑布）

书店买不到的书是什么书？（秘书）

什么水取之不尽用之不竭？（口水）

想想看：眼睛看不见，口却能分辨，这是什么？（味道）

一点一横长，一撇飘南洋，南洋有个人，只有一寸长。（打一字）（府）

干涉。（打一字）（步）

什么鼠最爱干净？（打一部门名）（环保署）

右手永远抓不到什么？右手）

哞哞叫的牛一下水游泳后就不叫了。（打一成语）（有勇无谋）

人在不饥渴时也需要的是什么水？（薪水）

只要叫它的名字就会把它破坏，它是什么？（沉默）

要想使梦成为现实，我们干的第一件事会是什么？（醒来）

什么人不用电呢？（缅甸人）

一头公牛加一头母牛。（猜三个字）（两头牛）

什么鸡没有翅膀？（田鸡）

三、实训内容、组织方式及步骤

实训内容Ⅰ:猜谜语

柏林(打一外国作家名)

伯牙遇知音(打一三国人名)

徐孺下榻(打一河南地名)

今天(打一国名)

早(打一唐五言诗句)

亦步亦趋(打一学科名)

清规戒律(打一京剧名)

治秃落(打一常用词)

旅行写生(打一艺术名词)

小船停在浪尖上(打一演艺明星)

枪打灯靶(打一科技名词)

黄金(打一现代画家)

玉门关(打李白诗一句)

地道(打一电影名)

实训要求:要求学生积极参与,努力思考,提高猜谜语的技巧。

实训形式:猜谜语。

实训步骤:

第一步:实训前准备。要求参加实训的同学,课前查阅相关书籍,初步了解本次实训所涉及的基础知识。

第二步:实训指导老师念出谜面,学生举手抢答。

第三步:教师公布谜底。

实训内容Ⅱ:脑筋急转弯

世界上哪里的海不产盐?

什么官是不拿工资还得掏钱,是谁都得贴笑脸?

一个警察有一个弟弟,但弟弟却否认自己有一个哥哥,为什么?

什么东西裂开以后,用精密的机器也找不到裂纹?

世界上面积最小的岛在哪里?

为什么歹徒坐车不用花钱?

两对母女同乘火车,却只需要三张票,为什么?

实训要求:要求学生积极参与,努力思考,提高猜脑筋急转弯的技巧。

实训形式:脑筋急转弯。

实训步骤:

第一步:实训前准备。要求参加实训的同学,课前查阅相关书籍,初步了解本次实训所涉及的基础知识。

第二步:实训指导老师念出问题,学生举手抢答。

第三步:教师公布谜底。

四、实训时间及成绩评定

(一)实训时间

实训内容Ⅰ:猜谜语每题答题时间为 45 秒。

实训内容Ⅱ:猜脑筋急转弯每题答题时间为 60 秒。

(二)实训成绩评定

1.实训成绩按优秀、良好、中等、及格、不及格 5 个等级评定。

2.实训成绩评定准则:

(1)是否遵守游戏规则。

(2)答题是否准确。

(3)是否能很好地对实训的内容进行总结和概括。

实训项目三　朗诵、绕口令

一、实训目的

通过实训,帮助学生训练口齿灵活、语音准确、吐字流畅、字正腔圆,以助于表达。

二、基本知识点

(一)朗诵

1.朗诵概念

朗诵是把文字作品转化为有声语言的创作活动。朗诵是公共艺术,是一项创造性的活动,是人类文化现象中重要的一环,朗诵在我国已具有几千年的历史。

朗诵的体裁多种多样,诗歌、散文、寓言、古文、小说、戏剧等,都可以纳入朗诵的范畴中。

2.旅途朗诵的目的

旅途中,导游人员选定适合自己的文字作品,恰到好处地为旅游者进行朗诵,不仅可以增添旅途的情趣,还可以增添很多有益的知识。

3.旅途朗诵的基本要求

(1)注意朗诵的场合和气氛,把握好朗诵的时机。

(2)选择适合自己年龄、身份以音域的体裁和内容。

(3)朗诵时不要矫揉造作,应具有自然的情感。

(4)朗诵要具有行动性、形象性、音乐性等特点。

4.旅途朗诵的基本训练

(1)掌握朗诵内容的中心思想、写作背景、修饰手法和作者的概况。

【练习 8-1】

孟浩然的七律《望洞庭湖赠丞相》的后四句:

欲济无舟楫,

端居耻圣明。

坐观垂钓者,

徒有羡鱼情。

以上四句诗表面是说诗人想过河却没有船,看到别人垂钓而自己只能羡慕,但实际上却表达了诗人出仕无方、不甘隐居的心情,希望张丞相能够推荐援引,以实现自己的抱负。为此,朗诵这首诗时,不能把它看做是一般的写景抒情作品,而应表现这首诗的真正主题。

【练习 8-2】

杜甫的七律《闻官军收河南河北》末尾两句:

即从巴峡穿巫峡,

便下襄阳向洛阳。

当时,长达八年的安史之乱终于结束,喜讯传来,作者心头长期的积郁一扫而光,那种高歌纵酒的畅快心情瞬间便流露出来。因此,从"巴峡穿巫峡",从"襄阳向洛阳"的行程有一种顺流而下的感觉,朗诵时,也就应该有酣畅之感。如果仅是从诗的表面文字理解,作者只是在讲述自己的行程。因而要绵延舒缓地去朗诵,这样就失去了酣畅的感觉,也就失去了诗歌的本意。

(2)掌握朗诵时的抑扬顿挫、有缓有弛、徐疾有致的朗诵技巧,以增强诗词的表现力。

【练习 8-3】

杨慎的词《临江仙》的下阕:

白发渔樵江渚上，

惯看秋月春风，

一壶浊酒喜相逢。

古今多少事，

都付笑谈中。

第一句起点低些、落点高些；第二句起点高些、落点低些，而且整个句子的高度都降低一些；第三句语速稍快，句尾稍扬；第四句要慢下来，句尾同样稍扬，并带有一种历史的沧桑感；第五句与第四句相呼应，处理以起点高，落点低的语势，语速放慢，"笑谈"二字可以稍微突出一些。这样，这阕词有高有低、有快有慢，而词中的时序更迭、世事沧桑、浊酒相逢、笑谈古今的多层含义便——清晰地表达出来了。

【练习8-4】

李白的《望庐山瀑布》：

日照香炉生紫烟，

遥看瀑布挂前川。

飞流直下三千尺，

疑是银河落九天。

这是一首脍炙人口的名诗，气势豪迈，想象奇特，形象地描写了祖国的锦绣河山。为了展现庐山瀑布的生动形象，应该把最能表现庐山瀑布特点的文字突显出来。这就用到了弱化与强调的辩证关系。诗歌前两句写庐山的香炉峰，远远看到的瀑布，是为后面的进一步描写作准备与铺垫，因此可以平稳地渐进，用气发声可以稍微收些；第三句的"直下"写山势之险峻，"三千尺"写瀑布之长，因此可以强调一下，具体来说，"直"字可以加重声，而"三"字可以适当地将字音拉长些；第四句是作者大胆的想象，但只要强调一个"落"字就可以了，加强舌尖弹动的力度，使用虚实结合的声音，适当地延长声音，这样，一个"落"字就把瀑布倾泻而下的气势和如银河落地般的景象生动展现出来了。

（3）吐字要清晰，要富有情感。吐字清晰是准确表达内容的重要前提，同时也是展现有声语言艺术魅力的一个重要手段，根据内容需要，有的朗诵要铿锵有力，有的要见微知著，这就需要朗诵者在吐字的时候讲究喷弹力度。讲究喷弹力度不是要字字用力、声声震耳，而是吐字有力，弹动入耳，特别要注意"喷"和"弹"方面的发音。

喷是对唇发力的要求，即唇的开齐合撮控制得力，使用唇的音主要是声母中的双唇音和唇齿音，同时，唇形还要受韵母四呼（开口呼、齐齿呼、合口呼、撮口呼）的影响。

【练习8-5】

毛泽东的词《沁园春·雪》中的诗句：

　　北国风光，

　　千里冰封，

　　万里雪飘。

这几句描述了祖国雪中的壮美风光。其中"北"、"风"、"冰"、"飘"几个字都用到了唇音,为了表现风光的壮美,这几个字都需要不同程度地加强喷的力度以示强调,但在喷的同时还要注意与虚实明暗不同音色的配合,既注意词语本身的色彩,又注意声音运用的色彩,诗句在吟进中就具有了乐感与美感。

弹是对唇发力的要求,具体来说就是舌在发舌尖音、舌面音、舌根音时注意对不同部位的控制,成阻部位的接触面越小越好,同时根据不同的内容运用与之相适应的力度。

【练习 8-6】

于谦的《石灰吟》:

　　千锤万凿出深山,

　　烈火焚烧若等闲。

　　粉骨碎身浑不怕,

　　要留清白在人间。

这是一首表明人生态度的诗歌,这种刚正不阿、清白磊落的形象需要朗诵者在表达时要有一定的力度,因此,在突出清白品格时,所有力度也要有所区别,特别是最后一句,只要突出"在"字就可境界全出。发这个音时,舌尖要有力度,成阻面要小,除阻时不要拖泥带水。

(4)注意体态语的运用。体态语也是一种"语言",是人们用来辅助有声语言进行表达的有效地手段。体态语是利用身体的姿态作为传递信息、交流思想感情的辅助工具的副语言符号。朗诵者在进行有声语言表达时辅以体态语,有利于把诗歌内容表达得更清楚,有利于把朗诵者的态度和价值趋向更有效地显露出来,也有利于情感的抒发。

【练习 8-7】

李白的《将进酒》的头两句:

　　君不见黄河之水天上来,

　　奔流到海不复回。

朗诵开始时目光可以投向远处,在朗诵到"天"字时,可以侧举胳膊,展开手掌,然后随着语流的引进向相反方向的下侧挥动,眼神也应相应的跟上。这一体态语的运用可以使黄河之水由上游奔流到海的过程更加形象化,同时在体态语的配合下,河水奔流的气势也得以增强。

体态语运用时要注意：

①适合语境。针对环境和对象来考虑用什么样的体态语以及怎样用效果更佳，尤其要注意语境变化时，应调整自己的语言，包括体态语的运用。

②和写法统一。多种体态语的运用要协调一致，如手势、身势、脚部的运用要彼此配合。

③恰到好处。体态语的运用，并非多多益善，它是为了辅助有声语言的表达才使用的，这样才有可能发挥其作用；否则，过多过乱的体态语会干扰诗歌内容正常、准确的表达。

④自然优雅。自然优雅是美学上的一种要求。自然就是朗诵者在使用体态语时有效地辅助有声语言的表达和诗歌内容的传达，又不露雕琢设计的痕迹，让听众在自然而然中进入朗诵者规定的情境中。体态语不仅要自然，还要优雅，给人以美感，朗诵时要落落大方，避免使用生硬做作、粗俗不雅的体态语。

⑤走姿、站姿优美。上场走姿步态稳当，双臂自然摆动，目光直视或关注游客，既给人以安稳踏实的感觉，又不让人觉得做作。朗诵站立的体态要挺拔自信。上体要正直，特别是颈部，要后挺，两脚可并拢，可平行分开，也可前后斜向分开，但重心要尽量放在前脚掌上，这样可以为身体的挺拔提供一个支撑力，同时也便于对小腹肌肉进行控制，有利于发音的自如运用。

(二)绕口令

绕口令本来是宴会中的一种酒令游戏，又叫急口令、拗口令或吃口令，就是将声母、韵母或声调极易混同的字，反复重叠，组成拗口的句子，要求一口气快速念出，借以测验念的人反应灵敏和口齿伶俐程度。

导游员平时应该多练一些绕口令。因为"祖国山水美不美，全靠导游一张嘴"，导游讲解也是一门口头表达艺术，多练绕口令有助于提高口头语言表达的清晰和口齿伶俐的程度，是导游员自我进行修炼的一种方法。另外，在旅途中，导游员可以把念绕口令作为一种才艺向游客展示，特别是当导游员不擅长唱歌的时候，可以用说绕口令来弥补。导游员快速念完之后，游客很佩服，然后导游员就可以一句一句地教游客说，再请几位有表现欲的游客一同来表演绕口令，也是一种很好的互动游乐活动。

1.目的

通过与游客的互动，既可以活跃气氛，又可以减轻游客的旅途疲劳。

2.基本要求

(1)导游员自己必须熟练且做好充分准备。

(2)先简单，再逐渐加大难度。

(3)不要请有口吃病的游客参与。

3.基本训练

(1)语言安排要巧妙有趣。

(2)内容要有一定的情趣。

【练习 8-8】

八百标兵

八百标兵奔北坡

炮兵并排北边跑

炮兵怕把标兵碰

标兵怕碰炮兵炮

【练习 8-9】

汤烫塔

老唐端蛋汤,

踏凳登宝塔,

只因凳太滑,

汤洒汤烫塔。

【练习 8-10】

牛郎恋刘娘

牛郎恋刘娘,刘娘念牛郎。

牛郎年年恋刘娘。刘娘年年念牛郎。

郎恋娘来娘念郎。

念娘恋娘,念郎恋郎,念恋娘郎。

【练习 8-11】

喇嘛和哑巴

打南边来了个喇嘛,手里提拉着五斤鳎(tǎ)目。打北边来了个哑巴,腰里别着个喇叭。

南边提拉着鳎目的喇嘛要拿鳎目换北边别喇叭哑巴的喇叭。

哑巴不愿意拿喇叭换喇嘛的鳎目,喇嘛非要换别喇叭哑巴的喇叭。

喇嘛抢起鳎目抽了别喇叭哑巴一鳎目,哑巴摘下喇叭打了提拉着鳎目的喇嘛一喇叭。也不知是提拉着鳎目的喇嘛抽了别喇叭哑巴一鳎目,还是别喇叭哑巴打了提拉着鳎目的喇嘛一喇叭。

喇嘛炖鳎目,哑巴嘀嘀哒哒吹喇叭。

【练习8-12】

六十六头牛

六十六岁的陆老头,盖了六十六间楼,买了六十六篓油,养了六十六头牛,栽了六十六棵垂杨柳。

六十六篓油,堆在六十六间楼;六十六头牛,扣在六十六棵垂杨柳。

忽然一阵狂风起,吹倒了六十六间楼,翻倒了六十六篓油,折断了六十六棵垂杨柳,砸死了六十六头牛,急煞了六十六岁的陆老头。

【练习8-13】

老六放牛

柳林镇有个六号楼,刘老六住在六号楼。

有一天,来了牛老六,牵了六只猴;来了侯老六,拉了六头牛;来了仇老六,提了六篓油;来了尤老六,背了六匹绸。

牛老六、侯老六、仇老六、尤老六,住上刘老六的六号楼,半夜里,牛抵猴,猴斗牛,撞倒了仇老六的油,油坏了尤老六的绸。

牛老六帮仇老六收起油,侯老六帮尤老六洗掉绸上油,拴好牛,看好猴,一同上楼去喝酒。

【练习8-14】

天上七颗星

天上七颗星,地上七块冰,台上七盏灯,树上七只莺,墙上七枚钉。

吭唷吭唷拔脱七枚钉。喔嘘喔嘘赶走七只莺。乒乒乓乓踏坏七块冰。一阵风来吹来七盏灯。一片乌云遮掉七颗星。

【练习8-15】

司小四和史小世

司小四和史小世,四月十四日十四时四十上集市,司小四买了四十四斤四两西红柿,史小世买了十四斤四两细蚕丝。

司小四要拿四十四斤四两西红柿换史小世十四斤四两细蚕丝。

史小世十四斤四两细蚕丝不换司小四四十四斤四两西红柿。

司小四说我四十四斤四两西红柿可以增加营养防近视,

史小世说我十四斤四两细蚕丝可以织绸织缎又抽丝。

【练习8-16】

酸枣子

山上住着三老子,山下住着三小子,山腰住着三哥三嫂子。

山下三小子,找山腰三哥三嫂子,借三斗三升酸枣子,

山腰三哥三嫂子,借给山下三小子三斗三升酸枣子。

山下三小子,又找山上三老子,借三斗三升酸枣子,

山上三老子,还没有三斗三升酸枣子,

只好到山腰找三哥三嫂子,给山下三小子借了三斗三升酸枣子。

过年山下三小子打下酸枣子,还了山腰三哥三嫂子,两个三斗三升酸枣子。

【练习 8-17】

墙上一根钉

墙上一根钉,钉上挂条绳,绳下吊个瓶,瓶下放盏灯。

掉下墙上钉,脱掉钉上绳。滑落绳下瓶,打碎瓶下灯。

瓶打灯,灯打瓶,瓶说灯,灯骂绳,瓶说绳,绳说钉,叮叮当当,乒乒乓乓。

【练习 8-18】

板凳与扁担

板凳宽,扁担长。

扁担没有板凳宽,

板凳没有扁担长。

扁担要绑在板凳上,

板凳不让扁担绑在板凳上,

扁担偏要扁担绑在板凳上。

【练习 8-19】

煤和灰

东边一堆煤,

西边一堆灰。

先用车推煤,

再用车推灰。

烧煤变成灰,

煤灰来自煤。

煤堆变灰堆,

灰堆赛煤堆。

有煤就有灰,

你说对不对?

【练习 8-20】

羊和狼

东边来了一只小山羊，

西边来了一只大灰狼，

一起走到小桥上，

小山羊不让大灰狼

大灰狼不让小山羊

小山羊叫大灰狼让小山羊，

大灰狼叫小山羊让大灰狼，

羊不让狼，

狼不让羊，

扑通一起掉到河中央。

三、实训内容、组织方式及步骤

实训内容:历史上最强的绕口令——黑灰化肥

幼儿园:化肥会挥发。

小学生:黑化肥发灰,灰化肥发黑。

中学生:黑化肥发灰会挥发;灰化肥挥发会发黑。

大学生:黑化肥挥发发灰会花飞;灰化肥挥发发黑会飞花。

硕士:黑灰化肥会挥发发灰黑讳为花飞;灰黑化肥灰挥发发黑灰为讳飞花。

博士:黑灰化肥灰会挥发发灰黑讳为黑灰花会飞;灰黑化肥会会挥发发黑灰为讳飞花化为灰。

博士后:黑化黑灰化肥灰会挥发发灰黑讳为黑灰花会回飞;灰化灰黑化肥灰会挥发发黑灰为讳飞花回化为灰。

实训要求:表演自然大方,发音标准,中途无不适当停顿,富有节奏感。

实训形式:绕口令

实训步骤:

第一步:用标准的普通话、中度的语速、清晰的发音读,以便在场人员知道绕口令的内容。

第二步:用标准的普通话、较快的语速、清晰的发音读。

第三步:用标准的普通话、最快的语速、清晰的发音读。

第四步:用家乡话读,更增加现场的趣味性、娱乐性。

四、实训时间及成绩评定

(一)实训时间

绕口令时间控制在 5 分钟以内。

(二)实训成绩评定

1.实训成绩按优秀、良好、中等、及格、不及格5个等级评定。

2.实训成绩评定准则：

(1)言谈、举止、服饰、神态是否得体大方。

(2)是否健康向上。

(3)是否感染力强,引人入胜。

(4)是否熟练、连贯、无差错。

(5)是否有创造性及舞台吸引力。

(6)是否能营造活跃气氛。

实训项目四　趣味游戏

一、实训目的

通过对接唐诗、文字接龙、歇后语、替代字快速反应、传声筒、吃全羊等可以与旅游者互动的趣味游戏的学习和训练,帮助学生掌握这些趣味游戏的基本要领,提升学生的才艺。

二、基本知识点

(一)接唐诗

唐诗是我国文学宝库中的一朵奇葩。接唐诗一方面可以活跃团队气氛,另一方面又可以借机进一步帮助大家学习唐诗。这是一举两得的有益活动。

做这个游戏要注意两点:一是导游人员自身要有一定的文学功底,不然要闹出笑话;二是这一游戏只能在一定文化水平的旅行团中进行,否则不但不能取得活跃气氛的效果,反而会引起游客的反感甚至产生不满。

开展此次游戏的方法是:导游先说上句,由游客接下句,看谁接得正确接得快。

海内存知己,天涯若比邻。(唐·王勃《送杜少府之任蜀州》)

落霞与孤鹜齐飞,秋水共长天一色。(唐·王勃《滕王阁序》)

海上生明月,天涯共此时。(唐·张九龄《望月怀远》)

人世有代谢,往来成古今。(唐·孟浩然《与诸子登岘山》)

绿树村边合,青山郭外斜。(唐·孟浩然《过故人庄》)

大漠孤烟直,长河落日圆。(唐·王维《使至塞上》)

独在异乡为异客,每逢佳节倍思亲。(唐·王维《九月九日忆山东兄弟》)

劝君更进一杯酒,西出阳关无故人。(唐·王维《送元二使安西》)

白日依山尽,黄河入海流。欲穷千里目,更上一层楼。(唐·王之涣《登鹳雀楼》)

莫愁前路无知己,天下谁人不识君。(唐·高适《别董大》)

忽如一夜春风来,千树万树梨花开。(唐·岑参《白雪歌送武判官归京》)

马上相逢无纸笔,凭君传语报平安。(唐·岑参《逢人京使》)

近乡情更怯,不敢问来人。(唐·李频《渡汉江》)

两岸猿声啼不住,轻舟已过万重山。(唐·李白《早发白帝城》)

举头望明月,低头思故乡。(唐·李白《静夜思》)

清水出芙蓉,天然去雕饰。(唐·李白《论诗》)

天生我材必有用,千金散尽还复来。(唐·李白《将进酒》)

安能摧眉折腰事权贵,使我不得开心颜。(唐·李白《梦游天姥吟留别》)

孤帆远影碧空尽,惟见长江天际流。(唐·李白《送孟浩然之广陵》)

长风破浪会有时,直挂云帆济沧海。(唐·李白《行路难》)

朱门酒肉臭,路有冻死骨。(唐·杜甫《自京赴奉先县咏怀五百字》)

酒债寻常行处有,人生七十古来稀。(唐·杜甫《曲江》)

无边落木萧萧下,不尽长江滚滚来。(唐·杜甫《登高》)

读书破万卷,下笔如有神。(唐·杜甫《奉赠韦左丞二十二韵》)

为人性僻耽佳句,语不惊人死不休。(唐·杜甫《江上值水如海势聊短述》)

露从今夜白,月是故乡明。(唐·杜甫《月夜忆弟舍》)

出师未捷身先死,长使英雄泪满襟。(唐·杜甫《蜀相》)

笔落惊风雨,诗成泣鬼神。(唐·杜甫《寄李十二白二十》)

文章千古事,得失寸心知。(唐·杜甫《偶题》)

正是江南好风景,落花时节又逢君。(唐·杜甫《江南逢李龟年》)

安得广厦千万间,大庇天下寒士俱欢颜,风雨不动安如山?呜呼!何时眼前突兀见此屋,吾庐独破受冻死亦足。(唐·杜甫《茅屋为秋风所破歌》)

二句三年得,一吟双泪流。(唐·贾岛《题诗后》)

谁言寸草心,报得三春晖。(唐·孟郊《游子吟》)

蚍蜉撼大树,可笑不自量。(唐·韩愈《调张籍》)

不塞不流,不止不行。(唐·韩愈《原道》)

业精于勤荒于嬉,行成于思毁于随。(唐·韩愈《进学解》)

李杜文章在,光焰万丈长。(唐·韩愈《调张籍》)

我有迷魂招不得,雄鸡一叫天下白。(唐·李贺《致酒行》)

衰兰送客咸阳道,天若有情天亦老。(唐·李贺《金铜仙人辞汉歌》)

不见年年辽海上,文章何处哭秋风。(唐·李贺《南园》)

沉舟侧畔千帆过,病树前头万木春。(唐·刘禹锡《酬乐天扬州初逢席上见赠》)

东边日出西边雨,道是无晴却有晴。(唐·刘禹锡《竹枝词》)

山不在高,有仙则名;水不在深,有龙则灵。(唐·刘禹锡《陋室铭》)

千淘万漉虽辛苦,吹尽狂沙始到金。(唐·刘禹锡《浪淘沙》)

请君莫奏前朝曲,听曲新翻杨柳枝。(唐·刘禹锡《杨柳枝词九首》)

文章合为时而著,歌诗合为事而作。(唐·白居易《与元九书》)

野火烧不尽,春风吹又生。(唐·白居易《赋得古原草送别》)

同是天涯沦落人,相逢何必曾相识。(唐·白居易《琵琶行》)

试玉要烧三日满,辨材须待七年期。(唐·白居易《放言》)

乱花渐欲迷人眼,浅草才能没马蹄。(唐·白居易《钱塘湖春行》)

醉卧沙场君莫笑,古来征战几人回!(唐·王翰《凉州词》)

千里莺啼绿映红,水村山郭酒旗风。(唐·杜牧《江南村绝句》)

烟笼寒水月笼沙,夜泊秦淮近酒家。(唐·杜牧《泊秦淮》)

春蚕到死丝方尽,蜡炬成灰泪始干。(唐·李商隐《无题》)

身无彩凤双飞翼,心有灵犀一点通。(唐·李商隐《无题》)

相见时难别亦难,东风无力百花残。(唐·李商隐《无题》)

夕阳无限好,只是近黄昏。(唐·李商隐《乐游原》)

天意怜幽草,人间重晚晴。(唐·李商隐《晚晴》)

风暖鸟声碎,日高花影重。(唐·杜荀鹤《春宫怨》)

曾经沧海难为水,除却巫山不是云。(唐·元稹《离思》)

姑苏城外寒山寺,夜半钟声到客船。(唐·张继《枫桥夜泊》)

吟安一个字,捻断数茎须。(唐·卢延让《苦吟》)

苦恨年年压金线,为他人作嫁衣裳。(唐·秦韬玉《贫女》)

(二)文字接龙

这是一项既简单又有趣味的活动,首先由导游人员说出第一个词语后,请第一位游客接着该词语的最后一个字(或该词的同音、多音、谐音词)说出第二个词语,第二位游客接着第一位游客说出的词语的最后一个字说出第三个词语,这样一直下去,最后回到导游人员先说出的第一个词语的第一个词(或该词的同音、多音、谐音词)。如:生活→活动→动作→作用→用法→法院→院士→士兵→兵营→营销→销售→售货→货物→物产→产生→生活。接不上或接错了或重复了前面游客说出的词语都判为失败。

(三)歇后语

歇后语是中国民间俗语的一种特殊形式。所谓"歇后语",就是由两部分组成的一句话,前一部分像谜面,后一部分像谜底,通常只说前一部分,而本意在后一部分。歇后语最大的优点就是幽默,有人也叫它俏皮话,即是风趣投机的语言。

歇后语可以运用于旅行途中的小游戏当中,导游员可以说前面一部分,让游客猜后面部分,相当于猜谜,当然最好是选择那些风趣幽默、耐人寻味的歇后语让游客来猜。

蝙蝠身上擦鸡毛——你算什么鸟?

八百年前立的旗杆——老光棍!

鳖下的——王八蛋!

布袋里失火——烧包!

苍蝇采蜜——装疯(蜂)

茶壶里的水——滚开!

大火烧竹林——一片光棍!

床单作尿布——够大方!

炊事员行军——替人背黑锅。

从河南到湖南——难上加难!

一二三四五六七——王(忘)八!

一二三五六——没事(四)

吃饱了的牛肚子——草包!

裁缝不带尺——存心不良(量)

曹丕的钱——未必(魏币)

《百家姓》去掉赵——开口就是钱!

爱克斯(X)光照人——看透你了!

拔了塞子不淌水——死心眼!

斑马的脑袋——头头是道!

报幕员上场——调戏

鼻孔喝水——够呛!

车祸——乘人之危!

城墙上的守卫——高手(守)

唱戏的腿抽筋——下不了台!

产妇进产房——要升(生)了!

擦粉进棺材——死要面子!

蚕宝宝的嘴——出口成诗（丝）！

蝉不叫蝉——知了！

唱戏的淌眼泪——可歌可泣

吃核桃——非砸了不可！

厨房里的垃圾——鸡毛蒜皮

广州的癞蛤蟆——难缠（蟾）！

保护视力——小心眼！

爆竹店里起火——自己庆贺自己！

抱着孩子推磨——添人不添力。

医生卖棺材——死活都要钱！

船舱里装太阳——度（渡）日

布告贴在楼顶上——天知道！

肮脏他娘哭肮脏——肮脏死了！

床底下点蚊香——没下文（蚊）！

(四)替代字快速反应

活动是这样进行的：导游先向游客交代数字替代的内容，并要游客迅速记住该内容，如用拳头代表"脑袋"，用一个手指代表"鼻子"，用两个手指代表"眼睛"，用三个手指代表"耳朵"，用四个手指代表"嘴巴"，用五个手指代表"头发"。游戏开始，导游伸出两个手指，游客马上要是指着自己的眼睛不动。指错了得予以唱歌或演节目的"惩罚"。依次第二轮、第三轮进行下去。

(五)传声筒

由导游悄悄向第一位游客说一句比较复杂的话，然后由他将此句话悄悄传给第二位、第三位游客，一直这样传下去，传到最后一个人时讲出该句话，最后的结果肯定与原话有很大的出入，从而使大家因开心发笑而精神愉悦。

(六)吃全羊

这是一个一车人一起参加的游戏。导游组织开展这项活动前，告诉吃全羊的规定，每一人一次找羊身上任何一样可以吃得部分，但有人吃过的就不能吃，不能吃的部分不能吃。然后从第一个人开始，一个接着一个往下说，例如：我吃羊头，我吃羊腿……越往后吃，可以吃的就越少，答错人受"罚"。如果大家都答对了，则导游受"罚"。

三、实训内容、组织方式及步骤

实训内容：猜歇后语

刘姥姥进了大观园——

外甥提灯笼——

老鼠钻进铁桶里——

天要下雨，娘要出嫁——

泥菩萨过河——

盲人上街——

大炮打苍蝇——

元旦翻日历——

丈二和尚——

周瑜打黄盖——

实训要求：要求学生积极参与，努力思考，提高猜歇后语的技巧。

实训形式：歇后语。

实训步骤：

第一步：实训前准备。要求参加实训的同学，课前查阅相关书籍，初步了解本次实训所涉及的基础知识。

第二步：实训指导老师念出上句，学生举手抢答。

第三步：教师公布下句。

四、实训时间及成绩评定

（一）实训时间

歇后语每题答题时间为 45 秒。

（二）实训成绩评定

1.实训成绩按优秀、良好、中等、及格、不及格 5 个等级评定。

2.实训成绩评定准则：

（1）是否遵守游戏规则。

（2）答题是否准确。

（3）是否能很好地对实训的内容进行总结和概括。

参考文献

浙江省旅游局.导游业务.北京:中国旅游出版社,2004

黄明亮,刘德兵.导游业务实训教程.北京:科学出版社,2007

国家旅游局人事劳动教育司.模拟导游.北京:旅游教育出版社,2000

徐云松.旅行社服务案例分析.北京:高等教育出版社,1999

韩荔华.实用导游语言技巧.北京:旅游教育出版社,2002

王健民.出境旅游领队实务.北京:旅游教育出版社,2005

后　记

　　《新编导游业务实训教程》是 2010 年度浙江省高校重点教材之一,项目编号为ZJG2010270,经课题组全体成员共同努力编写而成。

　　在本教材的编写过程中,我们参阅了大量旅游类教材和相关实训教材、网络资料,也有部分旅行社实际案例。在此,谨向原作者表示衷心的感谢。

　　本书由朱红霞、佘曙初担任主编,李妍、徐峰担任副主编,具体的分工为:朱红霞(第二模块)、佘曙初(第一、三模块)、傅琴琴(第四、五模块)、李妍(第六模块)、徐峰(第七、八模块)。最后由朱红霞统稿完成。

　　由于我们的水平有限,本书中难免有不当之处,还望专家和同行批评指正。

编　者
2012 年 3 月

新编导游业务实训教程